Das Alte Testament verstehen II

Von Josua bis Maleachi

Die Geschichte und Prophetie Israels

Einführung, Auslegung und Anleitung
zur Praxis des Glaubens

Albert Zeilinger

**Christliche
Verlagsanstalt
Konstanz**

Bibel · Kirche · Gemeinde, Band 24

Das Umschlagbild zeigt einen Ausschnitt aus einem Wandgemälde im Doppelgrab von Ipuki und Nebamon in Theben (14. Jahrh. v. Chr.). Wie die Witwe des Nebamon, so warf auch Tamar Asche auf ihr Haupt und legte ihre Hand auf des Haupt (2 Sam 13,19). Die Abbildung ist dem (vergriffenen Buche von Michael Avi-Yonah und Emil G. Kraeling, „Die Bibel in ihrer Welt" entnommen, das 1964 im Friedrich Bahn Verlag, Konstanz, in die deutsche Sprache übersetzt, erschienen ist.

Die Bibelzitate des AT folgen der Übersetzung Martin Luthers in der revidierten Fassung von 1984, erschienen in Deutsche Bibelgesellschaft, Stuttgart 1985

CIP-Kurztitelaufnahme der Deutschen Bibliothek

Zeilinger, Albert:
Das Alte Testament verstehen / Albert Zeilinger. –
Konstanz: Christliche Verlagsanstalt
(Bibel, Kirche, Gemeinde; ...)
2. Von Josua bis Maleachi: d. Geschichte u. Prophetie Israels. –
1. Taschenbuch-Orig.-Ausg. – 1987
(Bibel, Kirche, Gemeinde; Bd. 24)
ISBN 3-7673-7624-5
NE: GT

1. Taschenbuch-Originalausgabe 1987

Satz: MZ-Verlagsdruckerei, Memmingen
Druck: Jacob-Druck GmbH, Konstanz
Weiterverarbeitung: CVD-Buchbinderei, Konstanz
ISBN 3-7673-7624-5
Printed in Germany

Inhaltsverzeichnis

Abkürzungsverzeichnis

AT	Altes Testament
ATD	„Altes Testament Deutsch“. Vandenhoeck & Ruprecht, Göttingen
bzw.	beziehungsweise
ca.	circa, ungefähr
f, ff	folgender Vers, folgende Verse
Kap.	Kapitel
LXX	Septuaginta. Griechische Übersetzung des AT
NT	Neues Testament
par	Parallelen
s.	siehe
S.	Seite
sog.	sogenannt
usw.	und so weiter
V.	Vers, Verse
vgl.	vergleiche
z.B.	zum Beispiel
z.T.	zum Teil

Die Abkürzung der biblischen Bücher erfolgt nach den Loccumer Richtlinien.

Die verwendeten Kommentare und ihre Abkürzungen:

AW	=	Artur Weiser, Das Buch der zwölf Kleinen Propheten. I. Hosea, Joel, Amos, Obadja, Jona, Micha, ATD 24
AW²	=	Artur Weiser, Das Buch Jeremia, ATD 20+21
CW	=	Claus Westermann, Genesis, Biblischer Kommentar Altes Testament I/1–I/3, Neukirchener Verlag, Neukirchen-Vluyn
CW²	=	Claus Westermann, Das Buch Jesaja, Kap. 40–66, ATD 19
EW	=	Ernst Würthwein, Die Bücher der Könige, ATD 11 1/2
GvR	=	Gerhard von Rad, Das erste Buch Mose, ATD 2/4; Das fünfte Buch Mose, ATD 8

HR = Helmer Ringgren/Otto Kaiser, Das Hohe Lied, Klagelieder, Das Buch Esther, ATD 16/2

HWH = Hans Wilhelm Hertzberg, Die Bücher Josua, Richter und Ruth, ATD 9

HWH² = Hans Wilhelm Hertzberg, Die Samuelbücher, ATD 10

HWW = Hans Walter Wolff, Studien zum Jonabuch, Neukirchener Verlag, Neukirchen-Vluyn

KE = Karl Elliger, Die zwölf Kleinen Propheten. II. Nahum, Habakuk, Zephanja, Haggai, Sacharja, Maleachi, ATD 25

KG = Kurt Galling, Chronik, Esra und Nehemia, ATD 12

MN = Martin Noth, Das zweite Buch Mose; Das dritte Buch Mose, Das vierte Buch Mose, ATD 5–7

NWP = Norman W. Porteous, Das Buch Daniel, ATD 23

OK = Otto Kaiser, Das Buch des Propheten Jesaja, Kap. 1–12; 13–39, ATD 17+18

WE = Walther Eichrodt, Der Prophet Hesekiel, Kap. 1–18; 19–48, ATD 22, 1+2

WHS = Werner H. Schmidt, Exodus, Biblischer Kommentar Altes Testament II, Neukirchener Verlag, Neukirchen-Vluyn

WZ = Walther Zimmerli, Ezechiel. Gestalt und Botschaft, Biblische Studien 62, Neukirchener Verlag, Neukirchen-Vluyn

Abkürzung der Quellen des Pentateuch:

J = Jahwist

E = Elohist

P = Priesterschrift

D = Deuteronomist

R = Redaktor

Da z. B. die hebräische und die griechische Sprache einen anderen Lautbestand haben als die deutsche, kann man Namen usw. meist nur annähernd in Umschrift wiedergeben. Es gibt verschiedenartige Versuche, die Laute des Hebräischen und Griechischen zu umschreiben. Wenn also einem Leser eine bestimmte Form der Umschrift geläufig ist, kann derselbe Begriff in anderer Umschrift in diesem Buch erscheinen. Hier wird der Schreibweise der Loccumer Richtlinien gefolgt. Einige Namen, die nun in ihrem Lautbestand von der bisherigen, gewohnten Form stark abweichen, sind zum leichteren Verständnis untenstehend aufgeführt.

Jetzt:	statt:	Jetzt:	statt:
Ahaschwerosch	Ahasveros (Xerxes)	Kinneret	Genezareth
		Kisch	Kis
Aschdod	Asdod	Kohelet	Prediger (Salomo)
Ascher	Asser	Merodach	Marduk
Bascha	Baësa	Naaman	Naëman
Belschazzar	Belsazer	Noomi	Naëmi
Elija	Elia	Pascha	Passa
Elischa	Elisa	Schilo	Silo
Ezechiël	Hesekiel	Schulammit	Sulamit
Hiskija	Hiskia	Schunem	Sunem
Ijob	Hiob	Tarschisch	Tarsis
Jiftach	Jeftah	Tobias, Sohn des Tobit	Tobias
Joschija	Josia		
joschijanisch	josianisch	das Buch Tobit	Tobias
Joschua oder Jeschua	Josua oder Jesus	Usija	Usia
		Waschti	Vasti
Kerit	Krit	Zidkija	Zedekia

Im hebräischen Urtext des Alten Testaments findet sich ein vierbuchstabiges Wort als Gottes Eigenname: JHWH; in der Bibelwissenschaft wird es als Tetragramm bezeichnet.
Der gläubige Jude spricht es – gemäß dem Gebot in Exodus 20,7 – nicht aus.
Ob die im christlichen Bereich übliche Aussprache „Jahwe“ eine der Bedeutung des Wortes gemäße ist, bleibt umstritten. Mit Rücksicht auf den christlichen Leser dieses Buches sind Autor und Verlag dennoch dem üblichen Sprachgebrauch gefolgt und haben an dieser Sprech- und Schreibweise festgehalten. Allerdings soll dadurch die jüdische Intention, nämlich die Einzigartigkeit Gottes durch eine auch sprachliche Distanz zu unterstreichen, in ihrer grundsätzlichen Berechtigung nicht bestritten werden.

Schenk mir, o Gott,
Verstand, der dich erkennt,
Eifer, der dich sucht,
Weisheit, die dich findet,
einen Wandel, der dir gefällt.
Thomas von Aquin

Einführung

Die Juden haben die 39 Rollen ihrer heiligen Schriften in drei Einheiten zusammengefaßt, die mit einem Bau verglichen werden können: Das Fundament ist die *Tora*, enthalten im Pentateuch, in den fünf Büchern Mose. Den Aufbau darüber geben die *Nebiim*, die Propheten. Unter diesem Sammelbegriff faßten die Juden aber von Josua an die Geschichtsbücher und die prophetischen Bücher zusammen. Sie sahen in den führenden Gestalten von Josua bis Elischa die „frühen Propheten" – im Unterschied zu den späteren „Schriftpropheten", deren Reden schriftlich festgehalten wurden. Der Überbau schließlich besteht aus den *Ketubim*, den übrigen Schriften, vor allem aus den Psalmen und den Lehrbüchern der Weisheit Israels.
Im 1. Band dieses Werks wurde die Tora mit den Urgeschichten, den Vätergeschichten, den Mosegeschichten und den Gesetzessammlungen behandelt. Außerdem findet sich dort eine grundlegende Einführung in das AT und in die Methoden seiner Erforschung.
In diesem 2. Band soll die Geschichte Israels von der Landnahme an lebendig werden: die Siedlungszeit, die Richterzeit, die Königszeit, die Zeit des Exils und des Judentums danach. In sie eingebettet ist das Wort und das Wirken der Propheten. Sie werden historisch in die Geschichte ihrer Zeit eingeordnet, denn sie gehören zur Geschichte Israels und haben selbst Geschichte gemacht.
Das ergibt einen Überblick von ca. 1250 bis ca. 150 vor der Zeitenwende. War die Geschichte der Wüstenzeit nur wie ein Auftakt oder eine Ouvertüre, so stellen diese 11 Jahrhunderte das eigentliche Drama der jüdischen Geschichte dar, mit wechselnden Schicksalen. Was dann noch folgte, war nach christlichem Urteil der Höhepunkt

der Heilsgeschichte durch die Erscheinung Jesu Christi, von der jüdischen Geschichte her gesehen der Untergang Jerusalems und die große Zerstreuung Israels unter alle Völker. Beides aber, das Kommen Jesu und die weltweite Zerstreuung Israels, geben Anlaß zu der Hoffnung auf das Reich Gottes, das der Messias Jesus herbeiführen wird. Diese Hoffnung gründet sich auf die Verheißungen, die Jahwe seinem Volk und Jesus seiner Gemeinde gegeben hat.

DIE GESCHICHTE UND PROPHETIE ISRAELS

Das Buch Josua

Ein Bericht von der Landnahme
Die historische Zeitangabe: ca. 1250–1200 v. Chr.

Die Stämme, die Mose aus Ägypten geführt und in der Wüstenzeit gesammelt hat, waren durch das gemeinsame Schicksal und vor allem durch den Bund Gottes am Sinai zu einem Volk, dem erwählten Volk Gottes geworden. Ein Volk braucht aber ein Land. Das wandernde Israel lebt von der Verheißung, daß Jahwe es nach Kanaan führen wird. Erst dort kann es im vollen Sinn zu einem Volk werden: zum heiligen Volk im heiligen Land. Aber dieses Land ist nicht leer und wartet keineswegs auf neue Siedler. Es muß erst eingenommen werden. Das geschieht sowohl friedlich als auch kriegerisch. Diese sog. Landnahme war ein komplizierter und langdauernder Prozeß. Im Buch Josua wird uns nur ein Teil davon berichtet: der wichtigste Teil und die wirksamste Landnahme. Während das friedliche Einsickern einiger Stämme sich fast unbemerkt vollzog und nicht mit einem historischen Namen verbunden ist, steht in der Mitte des kriegerischen Berichts eine Führergestalt: der Nachfolger Moses, Josua.

Die Eigenart des Buches Josua

Die literarische Einordnung

Das Buch Josua gehört einerseits noch zum Pentateuch, zu den 5 Büchern Mose; darum hat man auch von einem Hexateuch, von 6 Büchern, gesprochen. Andererseits ist mit Mose ein selbständiges Zeitalter abgeschlossen; mit Josua beginnt ein neues. Darum zählt Josua für die jüdische Überlieferung bereits zu den „frühen Propheten“. Im christlichen Kanon leitet er die eigentlichen Geschichtsbücher ein. Die Samariter, die im Gebiet Samaria zurückgeblieben waren und sich dann als eigene Gemeinde konstituierten, ließen nur die 5 Bücher Mose als heilige Schriften gelten und schlossen Josua davon aus.

Im Unterschied zum Pentateuch, der sich aus vielen Quellen und Überlieferungen zusammensetzt, ist dieses Buch ein geschlossenes, einheitliches Werk mit dem Thema der Landnahme. Es gehört seinerseits wieder in einen größeren Zusammenhang: nämlich in die Gesamtkomposition der Deuteronomisten, von denen das 5. Buch Mose stammt und seinen Namen hat. Das ist ein Kreis gesetzestreuer jüdischer Lehrer, die nach der Zerstörung Jerusalems im Land zurückgeblieben sind und sich streng an das Gesetzbuch hielten, das zur Zeit Hiskijas 722 verfaßt und unter Joschija 622 wiederentdeckt wurde. Man nannte es Deuteronomium, das zweite Gesetz, das mit erläuternden und ermahnenden Predigten im 5. Buch Mose niedergelegt ist. Aus dem gleichen Kreis stammt also das Josuabuch. Es gehört damit in den Zusammenhang eines großen Werks der Geschichte Gottes mit Israel von den Anfängen bis zum Exil.

Der Inhalt des Buches Josua

besteht aus drei Teilen:
Kap. 1–12 Die Landnahme
Kap. 13–19 Die Landverteilung
Kap. 20–24 Anweisung für das Wohnen im Land
Der Skopus ist die Verwirklichung der Verheißung an Abraham, daß Gott ihm ein großes Volk in diesem Land schenken werde, Gottes Volk in Gottes Land (1Mose 15). Das ist der Grundton des Buches: Das Land Kanaan gehört Jahwe. Er erobert es für Israel. Darum sind die Kämpfe „Jahwes Kriege". Er gibt das Land dem Volk Israel zum Lehen. Es ist also nicht Eigentümer, sondern nur Haushalter über Gottes Eigentum.
Die Einwanderung ist sowohl der Abschluß der Auswanderung aus Ägypten und der Wüstenwanderung als auch der Beginn der Seßhaftigkeit.

Das Problem der Historizität

Wir haben in diesem Buch nicht ohne weiteres eine historische Darstellung der Einwanderung. Das hat nicht nur historische, sondern auch theologische Gründe. „Die alttestamentlichen Bücher sind grundsätzlich keine historischen Dokumente. Sie beschreiben die Geschichte Gottes mit dem Volk und mit der Welt, die durchaus anders verläuft und andere Gesetze hat als das, was wir gewöhnlich Geschichte nennen . . . Hier ist auch das Zeitverständnis ein anderes

... Die Einwanderung ist für eine solche Darstellung überhaupt nicht ein profanhistorisches, sondern ein theologisches Ereignis. Die historischen Ereignisse dienen der theologischen Aussage. Es wird im Grund das beschrieben, was hinter und über der Historie steht" (HWH S. 9).

Historisch gesehen gab es schon Einwanderungskämpfe vor und ohne Josua. Die Rahelstämme Josef (d.h. Efraïm und Manasse) und Benjamin gehörten zu den letzten Einwanderern. Die Führerpersönlichkeit Josua hat diese Stämme geeint und in der Mitte Kanaans, um die Heiligtümer Gilgal und Bet-El, angesiedelt. Weil sein Wirken die Einwanderung abschloß, wurde er in der Erinnerung der Mann der Gesamteinwanderung. Diese geschichtliche Stellung und Autorität konnte er aber nur darum bekommen, weil er den Zusammenhang mit der Herausführung aus Ägypten und der Wüstenwanderung unter Mose wahrte.

Der neue Mann

Josua wird vorher schon einige Male erwähnt:

2 Mose 17,9.13.14 ist er bereits der Heerführer Israels im Kampf gegen die Amalekiter.

2 Mose 24,13 begleitet er als Diener und Adjutant Moses seinen Herrn auf den Berg Gottes und kehrt nach 2 Mose 32,17 mit ihm zurück. Er hält den Jubel und Trubel um den goldenen Stier für ein Kriegsgeschrei, was ihm als Heerführer am nächsten liegt.

2 Mose 33,11 heißt es, daß „sein Diener und Jünger Josua, der Sohn Nuns, nicht aus dem Begegnungszelt wich"; daß er also auch eine kultische Aufgabe hatte.

4 Mose 11,28: Bei der Geistausgießung über die Mitarbeiter Moses wollte Josua, „der dem Mose diente von seiner Jugend an", aus Eifer für seinen Herrn denen wehren, die im Lager geblieben waren und dennoch „in Zungen redeten".

4 Mose 13,8.16 finden wir ihn als Vertreter des Stammes Efraïm unter dem Namen Hoschea unter den 12 Kundschaftern. Er wurde von Mose in Josua umbenannt. Beide Namen bedeuten Helfer, Retter

(Jahwe ist der Retter, Gotthilf). Wie Jehoschua = Jesus. Die LXX gibt den Namen Josua mit Jesus wieder. 4Mose 14,6 zeigt sich Josua mit Kaleb als Optimist und will das Kulturland einnehmen, was beide fast das Leben kostet. Darum dürfen sie später auch als einzige in dieses Land gelangen (4Mose 14,38; 26,65; 5Mose 1,38; 31,3).
4Mose 27,18–23 wird Josua als Moses Nachfolger bestimmt und eingeführt. Vgl. 5Mose 3,21–29; 31,1–8.14; 32,44; 34,9.
4Mose 34,17: Josua soll mit Eleasar zusammen die Landverteilung vornehmen.

Jos 1:
Nach Moses Tod gibt Gott dem Josua den Auftrag, über den Jordan zu ziehen und das Land einzunehmen. Aber kein Auftrag ohne Verheißung. „Wie ich mit Mose gewesen bin, so will ich auch mit dir sein. Ich will dich nicht verlassen noch von dir weichen. Sei getrost und unverzagt ... Siehe, ich habe dir geboten: Sei fest und stark. Laß dich nicht schrecken und verzage nicht; denn Jahwe, dein Gott, ist mit dir, wohin du auch gehst." So wie es für Abraham nur nötig war, zu glauben und zu gehorchen, so ist es für Josua Pflicht, fest und stark zu sein. Viermal werden diese Worte gebraucht. Ängstlich und verzagt zu sein wäre Mißtrauen gegen Gott und Unrecht gegenüber dem Volk. Der von Josua verlangte Glaubensgehorsam ist ein Wortgehorsam und ein Buchgehorsam (V. 8, vgl. Psalm 1). Sofort führt Josua den Befehl aus und bereitet die Invasion vor. Das Wort „hineinkommen" in V. 10 hat einen tiefen und weiten Sinn. Es wird gebraucht von dem Eingehen des Mannes zu einer Frau, von dem Eingehen zur Versammlung der Väter nach dem Tod; hier von dem Heimkommen zur Ruhe wie am siebten Tag der Schöpfung (vgl. Psalm 95 und Hebr 4).
Josua ist Moses Nachfolger, aber nicht sein Nachahmer. Das war nicht möglich. „Es stand hinfort kein Prophet auf wie Mose." Die Verheißung „Ich will ihnen einen Propheten, wie du bist, erwecken aus ihren Brüdern" (5Mose 18,15–18) galt nicht dem Josua des AT, sondern dem Jehoschua des NT, dem Messias Jesus. Josua war ein anderer Typ. Er war der Kriegsmann, der Feldherr. Mose hatte die Aufgabe, das Volk aus Ägypten herauszuführen; Josua hatte es in das Neuland hineinzuführen. Mose hatte den Anfang zu machen; Josua oblag die Fortführung. Mose legte den Grund, Josua baute darauf. Moses Auf-

trag war der Exodus; Josuas Auftrag war die Landnahme. Andere Aufgaben verlangen andere Gaben. Darum ist die Eigenständigkeit und Originalität eines Nachfolgers von Wichtigkeit. Das gilt immer und überall – unter der Voraussetzung, daß dennoch die Kontinuität gewahrt wird!

Eine biographische Frage am Rande: Wenn Josua von Anfang an Moses Adjutant war, wie alt mag er dann bei der Übernahme des Führeramtes gewesen sein? Bei der Amalekiterschlacht müßte er mindestens 30, wenn nicht 40 Jahre gezählt haben. 40 Jahre dauerte die Wüstenzeit. Somit ergäbe sich ein Alter von über 70 Jahren. Das ist für einen Feldherrn möglich. Aber Josua steht ja erst am Anfang, und seine Feldzüge lassen ihn als einen sehr beweglichen Mann in den besten Jahren erkennen. Jedoch sind alle diese Erwägungen moderner Art. Für den Juden spielen sie keine Rolle, zumal auch Moses Alter mit 120 Jahren angegeben wird. Zu bedenken ist ferner, daß den Berichten verschiedene Quellen zugrunde liegen.

Die Einwanderung

Jos 2–12

Die historische Zeitangabe: um 1200 v. Chr

Eine Vorstellung über die Geographie des Landes vermittelt Karl Matthiae/Winfried Thiel, Biblische Zeittafeln, Karte IV, Evangelische Verlagsanstalt, Berlin (DDR) 1985; Lizenzausgabe Neukirchener Verlag, Neukirchen-Vluyn 1985, s. hier S. 315 (die Schreibweise der Namen wurde den Loccumer Richtlinien angepaßt).

Die Erkundung

Jos 2,1–24

Einer erfolgreichen Invasion muß eine sorgfältige Aufklärung vorangehen. Josua ist bis Schittim gekommen, das Jericho gegenüberliegt. (Dieser Name wird 4Mose 25 als der Ort der Versündigung mit dem moabitischen Kult genannt.) Er muß nun wissen, wer und was ihn drüben erwartet. Aber diesmal schickt er die zwei Kundschafter heimlich aus, damit sich ja nicht wiederhole, was er selbst als Kundschafter erlebt hat: daß ungünstige Nachrichten das Volk in Angst versetzen und damit lähmen. Die beiden Männer geben sich den Anschein

harmloser Reisender und begeben sich in das öffentliche Gasthaus, in welchem sie von der Besitzerin Rahab nicht nur bei Tag, sondern auch bei Nacht sehr persönlich bedient werden. Aber die „Fremdenpolizei“ hat von diesem Besuch Kenntnis erhalten und fordert die Auslieferung der Spione. Und nun geschieht das Merkwürdige, daß diese Frau mit Schläue und List ihre Gäste schützt und ihnen zur Flucht verhilft. Warum tut sie das? Das ist doch Kollaboration mit dem Feind! Nur wegen der Heiligkeit des Gastrechts? Das könnte in einem öffentlichen Haus nicht gelten. Ihr Motiv ist vielmehr Angst und Berechnung aufgrund einer hellseherischen Ahnung: „Ich weiß, daß Gott euch das Land gegeben hat; denn ein Schrecken vor euch ist über uns gefallen.“ Man weiß in Jericho, was Jahwe an Israel getan hat. Man schließt daraus, was der Stadt von dem heranziehenden Volk geschehen kann. Rahab hört von ihren Gästen immer die neuesten Nachrichten. Darum handelt sie klug: Sie hilft den Kundschaftern, damit sie und ihr Haus künftig verschont werden. Das müssen sie beschwören. Josua übernimmt später die Verantwortung für die Einhaltung dieses Schwurs. Damit ist auch der Zweck dieses Unternehmens erfüllt. Josua weiß nun um die äußere Lage und die seelische Einstellung der Einwohner Kanaans Bescheid. „Alle Einwohner sind aufgelöst in Angst vor uns.“ Was Rahab sagt, wird für ihn das Zeichen dafür, daß Jahwe die Einwanderung selbst vorbereitet hat.
Hebr 11,31 wird das Handeln Rahabs als Ausdruck ihres Glaubens an die Macht Jahwes und an die Redlichkeit Israels gedeutet, als Glaubenszeugnis einer Heidin: „Durch den Glauben wurde die Hure Rahab nicht umgebracht mit den Ungläubigen, weil sie die Kundschafter freundlich aufnahm.“ Nach Mt 1,5 wird Rahab nach der Eroberung dem Volk Israel einverleibt und später die Mutter des Boas, der die Moabiterin Rut heiratet, dessen Urenkel David sein wird.

Das Jordan-Wunder

Jos 3,1–5,1

Der ursprüngliche Bericht wurde erweitert und ergänzt. Das Wunderbare des Wunders wird hervorgehoben und überhöht. Der Durchgang durch den Jordan wird wie eine gottesdienstliche Handlung geschildert. Er ist ein heiliges Geschehen, für das man sich heiligen muß. Die

Priester tragen die Bundeslade vor dem Volk her. Sobald ihre Füße ins Wasser tauchen, kommt das Wasser des angeschwollenen Flusses oberhalb zum Stehen und läuft unterhalb ab, so daß Israel auf trockenem Boden hindurchgehen kann. Die Parallele zum Schilfmeerwunder ist augenfällig (Jos 4,23). Was dort dem Volk unter Mose geschenkt wurde, wird ihm jetzt unter Josua zuteil. Dieser Durchzug soll ihn als Nachfolger Moses legitimieren. Auf jegliche Erklärung dieser Stauung wird verzichtet. Ob oberhalb dieser Stelle ein Dammbruch das Wasser über das Land geleitet hat oder wie Gott hier eingegriffen hat – das ist unwesentlich und würde in der Optik Israels das Wunder verkleinern.

Dennoch gibt Hertzberg ein Beispiel aus historischer Zeit (1267): Ein arabischer Schriftsteller berichtet, daß unweit der Jabbokmündung der Einsturz eines Stückes vom Steilufer den Jordan gestaut habe. Zehn Stunden habe es gedauert, bis der Fluß sich wieder sein Bett gegraben hatte. Bei hohem Wasserstand ist das gut vorzustellen. Dieses letztere wird auch hier im biblischen Text erwähnt.

Als Denkmal für dieses Anfangswunder werden 12 Steine aus dem Jordan genommen und beim benachbarten Heiligtum Gilgal aufgerichtet (vgl. 5 Mose 27,2). Nach einer anderen Überlieferung werden mitten im Flußbett 12 Steine aufgeschichtet, die man „dort noch bis auf den heutigen Tag“ sehen kann. Ob sie eine künstliche Furt bilden, über die man bei niedrigem Wasserstand von Stein zu Stein gehen oder springen kann?
Die Wirkung dieses Wunders war nicht nur Ermutigung für Israel, sondern Angst und Verzagtheit für die Einwohner. „Es wagte keiner mehr zu atmen vor Israel.“

Der Einzug als kultisches Ereignis

Die Beschneidung in Gilgal
Jos 5,2–9
Diese Beschneidung wird so erklärt: Die Väter des Auszugs seien beschnitten gewesen, nicht aber die Kinder, die während der Wüstenwanderung geboren wurden. Das entspricht dem ursprünglichen Brauch, daß die Beschneidung im Alter der Mannbarkeit vollzogen

wurde und ein Zeichen der Zeugungsfähigkeit, Wehrfähigkeit und Kultfähigkeit war. Erst später wurden Kinder beschnitten (vgl. 2Mose 4,24–26). V. 9 weist aber auf eine andere Sachlage hin: „Heute habe ich die Schande Ägyptens, d.h. die Verhöhnung der Ägypter, von euch abgewälzt." Die damals unbeschnittenen Israeliten wurden also von den beschnittenen Ägyptern verhöhnt! Auch die Midianiter hatten keine Beschneidung. Historisch gesehen entsteht daraus das Problem, daß es bei Abraham eine Beschneidung gab, nicht aber bei den Israeliten in Ägypten. Eine Erklärung dafür ist nicht bekannt. Über der Vorgeschichte Israels liegt eben ein fast undurchdringliches Dunkel.

Dieser Akt der Beschneidung hat aber noch eine tiefere Bedeutung: Der Einzug ins Heilige Land wird dadurch als ein kultisches Ereignis dargestellt, wodurch das Volk instand gesetzt wird, das ausführende Organ Gottes zur Besetzung des Heiligen Landes zu werden.

Das Passa in Gilgal

Jos 5,10–12

Die erste Passafeier in Kanaan macht wiederum deutlich, daß schon der Einzug ins verheißene Land ein kultisches Ereignis ist. Bereits in 2Mose 12 wird erkannt, daß das Passa das uralte Hirtenfest ist, bei dem es um die Erstgeburt geht. Es war ursprünglich mit dem Weidewechsel und alsdann mit dem Auszug aus Ägypten verbunden. Jetzt wird es „am Tag nach dem Passa" mit dem Fest der ungesäuerten Brote und gerösteten Körner vereint: die Erstgeburt der Herde mit der Erstlingsfrucht des Ackers, das Lamm mit dem Brot, das Fest der Hirten mit dem Fest der Bauern, das Fest Israels mit dem Fest Kanaans. An sich gehört das Passa in die Hausgemeinschaft. Hier und nach 5Mose 16 wird es im Heiligtum gefeiert. Dazu kommt hier das Essen der Körner. So wurde eben in Gilgal jährlich das Passa gefeiert.

Damit wurde auch der Schlußstrich unter die Wüstenzeit gezogen: Die göttliche Versorgung mit Manna hörte auf – eine theologische Feststellung; denn das Manna gab es auf dem Weg zum Sinai, aber nicht im Ostjordanland.

Die Begegnung mit dem Engel

Jos 5,13–15

Josua stand allein vor Jericho und hielt Ausschau, wie er die Stadt erobern könne. Da gewahrte er eine mächtige Gestalt mit blankem Schwert. Furchtlos ging er auf sie zu: „Gehörst du zu uns oder zu unseren Feinden?“ Er war zum Zweikampf bereit. „Nein, sondern ich bin der Fürst über das Heer Jahwes (*sar-zeba-jahwe*) und bin jetzt gekommen –“. Hier bricht der Satz ab. Es sollte das folgen, was 6,2 steht: der Auftrag zum Kampf und die Verheißung des Sieges. V. 15 ist wörtlich gleich mit 2Mose 3,5. So hat auch diese Begegnung mit dem Engelfürst Michael ähnliche Bedeutung wie die Gottesbegegnung am brennenden Dornbusch.

Der Fall Jerichos

Jos 6,1–27

Jericho ist nach heutiger Kenntnis die älteste Stadt der Welt. Die ausgegrabenen Fundamente wurden vor mehr als 6000 Jahren v. Chr. gelegt und zeugen von der Stärke dieser Festung. Sie war ein Sperrfort ersten Ranges und hatte jetzt eine Igelstellung eingenommen. Die Eroberung einer solchen Festung war für ein Wüstenvolk unmöglich. Dafür fehlte die Erfahrung und vor allem das Belagerungsgerät. Hier ist Jahwe mit seinem Engelheer der allein Handelnde, Josua der Zuschauer und Israel die Gemeinde, die nicht zum Kampf, sondern zur festlichen Prozession aufgerufen wird.

Aus der umständlichen Schilderung ergibt sich folgendes: Israel soll an sechs Tagen je einmal um die Stadt ziehen, am siebten Tag siebenmal. Dabei ist die Marschordnung so: Eine Vorhut der Krieger macht den Anfang. Es folgen sieben Priester mit je einem *schofar*, dem Widderhorn, das im Krieg für Signale dient. Sie blasen immerfort langgezogene Töne. Die Bundeslade wird ihnen nachgetragen. Dann kommt das Volk und zuletzt eine militärische Nachhut. Unheimlich ist das Schweigen der Menschen. Unheimlich das Tönen der Hörner. Das Ganze wirkt magisch und muß die Eingeschlossenen in lähmende Angst versetzt haben. Am siebten Tag zogen sie in gleicher Weise siebenmal um die Stadt. Auf ein Zeichen Josuas erhob das ganze Volk ein fürchterliches Kriegsgeschrei. „Da fiel die Mauer um.“ Wodurch? Durch Erdbeben? Das Wie des Geschehens interessierte die Juden nicht. Durch das Eingreifen der Engel! Das war die wirkliche Erklärung. Die Krieger erstiegen die Trümmer, wo sie gerade waren, und vollstreckten an der Stadt den Bann. Das Wort *chäräm* (griechisch *anáthema*) bedeutet „Weiheakt" und bezeichnet alles, was Jahwe gehört. Es ist darum dem profanen Gebrauch entzogen und muß entweder Jahwe geopfert oder dem Heiligtum übergeben werden. Nur das Haus der Rahab wurde verschont. Zuletzt sprach Josua einen Fluch über den, der die Stadt wiederaufbaut. Er erfüllte sich nach dem Bericht 1 Kön 16,34.

Für uns ist die Härte der Kriege Jahwes ein Problem und ein Anstoß für Glauben und Denken. Es geht dabei immer um die Existenz und das Überleben Israels, aber auch um die Ehre Jahwes. Darum können wir jene Zeit nicht mit den Maßstäben christlicher Moral oder moderner Toleranz messen. Schließlich hat die Kirche bei der Ketzerverfolgung Dörfer und Städte ausgerottet und ganze Landschaften zur Wüste gemacht. Auch in unserer Zeit werden immer noch ganze Völker oder Stämme vernichtet, so daß der Unterschied nicht groß ist.

Achan und Ai

Jos 7,1–8,29

Bei der weiteren Eroberung des Landes geht Josua vorsichtig vor. Zuerst Erkundung, dann militärische Operation. Ai liegt 2 km östlich von Bet-El. Es ist kein Eigenname, sondern heißt „Trümmerstätte", auch heute noch. Es war also vorher schon einmal zerstört.

HWH S. 50: „Neuere Ausgrabungen haben erwiesen, daß die hier früher vorhandene Ortslage schon im 3. Jahrtausend zerstört worden ist. Der Name war verschollen, und nur die Bezeichnung ‚Die Trümmerstätte' blieb erhalten. Ebenfalls haben die Ausgrabungen ergeben, daß hier in frühisraelitischer Zeit eine kleine benjaminitische Siedlung auf der zerstörten Stätte vorübergehend gelegen hat. Somit hat die Zerstörung des Ortes und ihr Werden zur ‚Trümmerstätte' etwa ein Jahrtausend vor der israelitischen Einwanderung stattgefunden. Andererseits haben die später dort siedelnden Israeliten die vielen Lokaltraditionen und die in ihnen sich darstellende Überlieferung von der Eroberung Ais nicht geschaffen; sie haben sie lediglich erzählt und vielleicht kombiniert. Woher aber kamen diese Traditionen? Es ist nicht ausgeschlossen, daß Klänge aus sehr alter Zeit noch nachgehallt sind; Lokaltraditionen haben ein erstaunliches Leben. Es ist aber auch möglich, daß hier die Erinnerung an Kämpfe um das Gebiet von Bethel festgehalten worden ist."

Den Spähern scheint die Einnahme von Ai eine Kleinigkeit zu sein. Sie sind nach dem ersten Erfolg übermütig geworden. 3000 Mann (es muß wohl 300 heißen oder 3 militärische Einheiten) genügen. Aber sie werden in die Flucht geschlagen und lassen 36 Tote zurück.
Das war nicht nur ein mißlungenes Unternehmen und ein verlorener Kampf. Das gefährdete die Existenz, wenn der Mythos der Unbesiegbarkeit schwindet und die Kanaanäer ihre Angst verlieren. Das ist auch ein Zeichen, daß Jahwe von den Israeliten gewichen ist. Josua bringt das im Gebet vor Gott. Und der Herr antwortet: Israel hat sich versündigt und heimlich etwas von der Beute genommen, die zum Bann gehört. Darum steht es jetzt unter einem Bann. Der Fehltritt des einen Mannes wird als Frevel des ganzen Volkes angesehen. Die Schuld des Individuums belastet das verantwortliche Kollektiv. Dagegen wendet sich später Jer 31,29f; Klgl 5,7; Ez 18,2.
Durch das Los soll der Schuldige gefunden werden. Von den Stämmen trifft es Juda, von den Stammesgeschlechtern Serach, von den Sippen Sabdi und von ihren Familien den Achan. Er ist geständig, einen kostbaren babylonischen Mantel, Barren von 200 Lot Silber und 50 Lot Gold genommen und in seinem Zelt vergraben zu haben. Weil dieses Vergehen nicht nur ein moralisches ist, ein kleiner Diebstahl, sondern ein sakral-theologisches, eine Sünde wider Gott, wird das Todesurteil über ihn und die ganze Familie gefällt. Sie werden in das judäische Achor geführt und dort gesteinigt. Tal Achor heißt Unglückstal. Das gestohlene Gut wird vor Jahwe niedergelegt, d.h. dem Heiligtum übergeben. Dann aber heißt es, es sei verbrannt worden (was bei Silber und Gold schlecht möglich ist). Von der hier (wohl irrtümlich) angenommenen Verbrennung der Sünder hat die Kirche dann die Verbrennung der Ketzer und Hexen abgeleitet!
Nun ist Israel vom Bann befreit und der Weg nach Ai frei. Josua leitet selbst das Unternehmen und wendet auf göttliche Weisung die Taktik des Hinterhalts und der scheinbaren Flucht an, um den Gegner aus der Stadt zu locken. Josuas Lanze hat dabei die gleiche Funktion wie Moses Stab 2 Mose 14 und seine erhobenen Arme 2 Mose 17. Die Niederlage Ais ist total. Der Bann wird vollstreckt: Alle Menschen wer-

den getötet, die Stadt wird zu einem Schutthaufen „für immer“. Nur die Beute darf diesmal dem Volk überlassen werden (vgl. 5Mose 2,34f; 3,6f; Jos 11,14; aber 1Sam 15,9 wurde das nicht anerkannt). Es wurde also ein Unterschied gemacht zwischen dem, was allein Jahwe gehört, und dem, was Israel zur Nutznießung übergeben wird.
Hier würde sich nun am besten die Eroberung Bet-Els anschließen, von der in Ri 1,22–26 berichtet wird.

Die Gibeoniten

Jos 9,1–27
Der Einbruch Israels nötigte die Ureinwohner Kanaans zu einmütigem Widerstand. Wie wird Josua damit fertig werden? Die Leute in dem nordöstlich von Jerusalem gelegenen Gibeon schlugen eine Bresche in die Einheitsfront. Sie fürchteten, das gleiche Schicksal wie Ai zu erleiden, und wandten eine List an: Sie verstellten sich als Gesandte eines weit weg wohnenden Stammes und baten untertänig um einen Nichtangriffspakt. Sie spielten ihre Rolle so echt, daß Israel darauf hereinfiel. „Da nahmen die Obersten von ihrer Speise (das ist bereits eine bindende Vertragszeremonie), aber befragten den Mund Jahwes nicht“ (V. 14). Es kam natürlich bald heraus, daß sie ja „mitten unter ihnen wohnten“, daß sie Israel betrogen hatten. Zur Strafe dafür wurden sie zu Knechten degradiert, nämlich zu Holzhauern und Wasserschöpfern für die Gemeinde und das Heiligtum. Aber sie blieben am Leben, und das war ihr Ziel. Das Heiligtum war zunächst Gilgal, wo Josua zuerst sein Hauptquartier hatte (10,15). Es gab aber auch bei Gibeon ein Heiligtum: „die Höhe von Gibeon“, wo das heilige Zelt, das neben der Bundeslade einen Eigenwert hatte, seinen Ort bekam (1Chr 16,39; 21,29; 2Chr 1,3.13). „Bis auf den heutigen Tag“ bedeutet, daß die Dienstverpflichtung später für den Tempel in Jerusalem galt.
Dieser Vertrag war ein Markstein auf dem Weg zur Eroberung des Landes durch Jahwe, ein wichtiges Zeugnis für das erste friedliche Nebeneinander von Alt- und Neubürgern in Kanaan!

Der Sieg im Süden

Jos 10,1–43

Jericho, Gilgal, Ai samt Gibeon bildeten gleichsam einen Brückenkopf im Neuland. Nun wurde eine Strategie mit größeren Aktionen möglich. Es ergab sich von selbst, daß zunächst das Südland erobert wurde. Denn die Städte Jerusalem und Hebron samt Jarmut, Lachisch, Eglon, die in der Niederung am Hang des judäischen Berglandes liegen, schlossen sich zu einem Rachefeldzug gegen Gibeon zusammen. Das erinnert an 1Mose 14! Dort und hier haben wir die erste Erwähnung von Jerusalem. Die Namen Melchisedek und Adoni-Zedek (Eigennamen, die sich auf Gott beziehen) verstärken die Beziehung beider Kapitel.

Die Gibeoniten rufen Israel zu Hilfe gegen die „Amoriter" (ein Sammelname für die Ureinwohner). Josua zog unbemerkt bei Nacht heran und überraschte die Belagerer durch einen Rückenangriff, der eine Panik auslöste und zu einem großen Sieg mit einer umfassenden Verfolgung wurde. Dabei erlebte man wiederum, wie Jahwe selbst durch zwei Wunder in die Schlacht eingriff: Zuerst kam ein Meteoritenhagel (vgl. Ri 5,20), der auf einer Strecke von 25 km die Flüchtenden begleitete und viele Opfer forderte. Um den Sieg und die Verfolgung ganz ausnützen zu können, wurde der Tag verlängert und die Mondnacht einbezogen. Im „Buch des Wackeren" (in dem auch das Bogenlied 2Sam 1,18ff und der Tempelweihespruch 1Kön 8,13 aufgezeichnet sind) wird ein Gebet Josuas überliefert: „Sonne, stehe still zu Gibeon, und Mond, im Tal Ajalon!" Nun kann natürlich die Sonne nicht still stehen, zumal sich die Erde um sie dreht. Die kosmische Ordnung kann nicht gestört werden, sonst würde der ganze Kosmos zerstört. Also muß dieses Wunder eine andere Erklärung finden. Werner Schaaffs, Professor der Physik in Berlin, gibt sie in seinem Buch „Christus und die physikalische Forschung" in dem Kapitel „Sonne, stehe still zu Gibeon", S. 139ff. Er bezeichnet das Ereignis als ein optisches Lichtbrechungsphänomen, das man Halo-Erscheinung nennt, und schildert es so:

„Wenn wir diesen Erlebnisbericht heute betrachten, so würde ein Stillstand von Sonne und Mond in der physikalischen Wirklichkeit eine starke Verlangsamung der Umdrehungsgeschwindigkeit der Erde bedeuten. Das läßt sich aber nur durch einen mit größter Zerstörung auf der Erdoberfläche verbundenen kosmischen Gewaltakt verstehen. Unmöglich wäre es zu verstehen, daß die Erde danach, ohne Schaden genommen zu haben, wieder in ihren alten Rotationszustand und ihre alte Stellung zur Sonne zurückgegangen wäre. Es bleibt also nur übrig, den beobachteten Stillstand der Sonne durch ein optisches Brechungsphänomen zu erklären, welches die durch die Sonne bewirkte Tageshelligkeit bis weit in die Nacht verlängerte. Fragt man, ob das prinzipiell möglich ist, so muß man es bejahen. Solche Phänomene in der Atmosphäre werden zu der Gruppe der Halo-Erscheinungen gerechnet. Es kommt nämlich vor, daß durch Eisnädelchen in größten Höhen oder durch Beimischungen in der Zusammensetzung der Atmosphäre eine Brechung von Lichtstrahlen der Sonne derart eintritt, daß neben der eigentlichen Sonne noch eine Nebensonne, unter Umständen mehrere Nebensonnen, auftritt. Ich habe das selbst vor etwa 10 Jahren hier in Siemensstadt beobachtet, wie über der eigentlichen etwas tiefer am Himmel stehenden und mir nicht direkt sichtbaren Sonne eine zweite viel höher stehende zu sehen war. Wenn Sie sich nun vorstellen, daß die eigentliche Sonne am Horizont im Dunst verschwindet, so steht die Nebensonne noch eine ganze Weile am Himmel und leuchtet. Wie sollte ein Mensch in jener alten Zeit wissen, daß die wirkliche Sonne nicht dort stehen muß, wo die Strahlen herkommen? Er kann doch gar nicht anders urteilen als nach seinem Eindruck, daß die Sonne stehengeblieben sei! Als ich selbst das Phänomen nachmittags um 15.30 Uhr beobachtete, dachte ich zunächst, daß meine Taschenuhr nicht stimme, bis ich die wahre Ursache merkte. Während der Amoriterschlacht muß dieses Sonnenphänomen selten stark ausgeprägt gewesen sein. Wodurch? Darüber gibt uns der Bericht eine hochinteressante Auskunft, wenn auch der Berichterstatter sich selbst in gar keiner Weise über die Zusammenhänge klar geworden sein kann. In dem Bericht steht nämlich, daß der Herr große Hagelsteine vom Himmel fallen ließ. Wir sagen heute, es hat ein Meteorsteinfall stattgefunden. Meines Wissens ist dieser biblische Bericht die erste dokumentarisch belegte Beobachtung über einen Meteorsteinfall und fehlt in keiner historischen Darstellung über Meteore. Der Bericht gibt an, daß sich der Meteorsteinfall über ein großes Gebiet erstreckt habe, nämlich an den Westabhängen des Gebirges Juda von Bet-Horon bis nach Azeka. Das ist 25 km in der Länge und mindestens 500 qkm in der Fläche. Es muß ein Riesenmeteor in die Erdatmosphäre eingedrungen und geplatzt sein. Wahrscheinlich hat er zu einem räumlich sehr ausgedehnten Meteoritenschwarm gehört, dessen Bewegungsrichtung von Norden nach Süden lief, denn Bet-Horon ist im Norden gelegen, und die Orte Azeka und Makkeda liegen im Süden. Stundenlang fielen daher Meteorsteine. Nun weiß jeder Meteoritenforscher, daß auch bei den größten Meteormassen nur ein winziger Teil in fester Form auf die Erdoberfläche hinunterkommt, daß alles andere beim Eintritt in die Erdatmosphäre verdampft und zerstäubt. Das bedeutet nun bei einem sehr ausgedehnten Meteorschwarm die Einlagerung einer Fremdschicht in die hohe Atmosphäre, so daß eine starke Änderung des optischen Brechungsindex die Folge ist. Das bedeutet wiederum, daß die Sonnenstrahlen durch Brechung und Spiegelung einen ganz anderen Verlauf als normalerweise nehmen können und dadurch eine Halo-Erscheinung besonderer Prägung entsteht ... So kann die Sonne im astronomischen Sinn längst untergegangen sein, aber mit ihren Strahlen dennoch 6 Stunden und mehr scheinen. Dieses Experiment läßt sich mit geeigneten Stoffen im Laboratorium verifizieren. Ich halte den biblischen Bericht auf Grund eigener Forschung für sehr wahrheitsgemäß, nicht nur im bezug auf die Schilderung des Eindrucks des Naturgeschehens, sondern auch im bezug auf das Gebet des Josua. Es wird nämlich nicht gesagt, daß das Gebet des Josua: ‚Sonne, stehe still zu Gibeon, und Mond, im Tal Aialon' *vor* dem Beginn der Schlacht bei Gibeon, die sich dann über ein weites Gebiet hinzog, gesprochen worden ist, sondern erst nach Beginn der Schlacht, als nämlich Josua erkannte, was sich am Himmel abzuspielen begann. Da erst bat er, daß der Herr bis in die tiefe Nacht hinein in dieser Weise helfen möge. Als Josua sein Gebet erhob, hatte Gott schon mit der Tat begonnen! Das ist eine uralte und wunderbare Erfahrung in Gottes Gemeinde, die wir selbst unzählig oft erfahren haben, daß Gott das schon begonnen und getan hatte, um was wir noch im ernsten Gebet baten."

Nachdem die „Könige" des Südlandes getötet waren, wurden auch ihre Städte eingenommen: Makkeda, Libna, Lachisch – der Entsatzversuch des Häuptlings von Geser mißlingt –, Eglon, Hebron und Debir. Das ist das spätere Staatsgebiet Juda. Das ganze Südland von Kadesch bis Gaza, von Goschen bis Gibeon ist in der Hand Israels – nur nicht Jerusalem.

Hinter allen Berichten steht die theologische Grundaussage: Jahwe besitzt das Land, Israel braucht es nur zu besetzen. Gott erobert das Land, sein Volk führt es aus. Die Vorentscheidung fällt durch Jahwe, die Schlußentscheidung durch Israel. „Der Herr wird für euch streiten." Darum braucht das erwählte Volk nur Glaubensgehorsam und Einsatzbereitschaft.

Der Sieg im Norden

Jos 11,1–15

Von der Eroberung des mittleren Kanaan wird merkwürdigerweise nichts berichtet. Der Blick geht gleich nach Norden. Der Bericht ist kurz und summarisch, ohne Hinweis auf die angewandte Taktik, eigentlich ein Spiegelbild des Südens. Wiederum ein Städtebündnis unter der Führung des Königs Jabin von Hazor, einer bekannten geschichtlichen Gestalt. Die Schlacht findet bei Merom statt. Es liegt 20 km nordwestlich von der Nordspitze des Sees Gennesaret (Kinneret) und 15 km südwestlich von Hazor, auf dem späteren Stammgebiet Naftali. Die erbeuteten Pferde konnten nicht verwendet werden, weil Israel keine Reiterei hat, und werden darum gelähmt; so noch bei David 2Sam 8,4. Von den eroberten Städten wird nur Hazor gebannt.

Nun wird Jabin als König von Hazor in Ri 4,2 erwähnt, und es entsteht Unsicherheit über seine geschichtliche Einordnung. Welche Stelle ist „echt“, d.h. ursprünglich, der summarische Bericht in Jos 11 oder der ausführliche in Ri 4? Man neigt verständlicherweise zu letzterem. Nun hat der israelische Archäologe Prof. Yigael Yadin die einst größte Stadt Kanaans, Hazor, ausgegraben und in dem hochinteressanten Bildbericht „Hazor, die Wiederentdeckung der Zitadelle König Salomos“ dargestellt. Er kommt S. 254f zu dem Ergebnis: „Hier erbrachten die Ausgrabungen endlich den Nachweis für den authentischen Ereignisablauf; er entspricht genau den in der Bibel beschriebenen Vorgängen. Zuerst kommen die Schlachten unter Josua, in deren Verlauf die großen kanaanitischen Zentren von den angreifenden israelitischen Stämmen zerstört wurden, danach folgte in einem langen Prozeß die Neubesiedlung einiger dieser Stätten durch die noch halbnomadischen Israeliten, die langsam, aber sicher die Niederlassungen in richtige Städte verwandelten, vor allem seit der Zeit der Könige. Die Darstellung im Buch Josua bildet demnach den historisch wahren Kern, während es sich bei der Erwähnung Jabins in Ri 4 um eine nachträgliche Interpolation handeln muß.“

Die weitere Entwicklung der Landnahme im Norden hatte hernach einige Schwierigkeiten. Ri 1,33 heißt es von Naftali, daß es nur Wohnrecht unter den Kanaanitern erreichte. Aber der Blick der Berichterstatter bleibt nicht an den Stämmen hängen, sondern sieht das gesamte Israel. Die Einzelheiten verschwinden hinter dem Endergebnis der Landnahme. Das zeigt der folgende Abschnitt.

Das ganze Land

Jos 11,16–12,24

Hier wird eine statistische Zusammenfassung geboten. Die Landnahme soll vollendet erscheinen. Kap. 12 erwähnt darum auch Mittelkanaan.

Die Eroberung wird im Regelfall als kriegerisch dargestellt. Nur die Hiwiter in Gibeon und die Enakiter in Gaza, Gat und Aschdod, deren Steingräber noch Zeugen sind, bildeten eine Ausnahme. Der Grund für den Bann wird mit Verstockung angegeben, was aber keine Unterlagen in den Berichten hat. Historisch gesehen geschah die Einwanderung mit längerer Zeitdauer und wechselndem Erfolg. Das zeigt vor allem das Richterbuch. Im Lauf der Zeit sind Kanaaniter und Israeliter zusammengewachsen. Darum gab es auch die religiöse Kontroverse zwischen Jahwe und Baal.

Das Buch Josua ist ein späterer Rückblick unter mehr theologischen als historischen Aspekten. Es will ähnlich wie Johannes „in, mit und unter" dem gegebenen Stoff bestimmte Wahrheiten theologisch sichtbar machen. Sie sind das eigentliche Geschichtsmächtige (HWH).

Die Landverteilung

4 Mose 32+34; Jos 13–19

Auf die Eroberung des Landes folgt die Verteilung des Landes. Die militärische Besetzung muß ergänzt werden durch die Zivilverwaltung und den inneren Aufbau.

Die Vorgeschichte

Die frühere Besiedlung durch israelitische Stämme

Dazu schreibt HWH: Ruben muß einmal mit den übrigen Lea-Stämmen Simeon und Juda gemeinsamen Besitz gehabt haben. Später sitzt er im Osten und fristet nach 5 Mose 33,6 f und Ri 5,15 f ein kümmerliches Leben. Nach 1 Mose 35,21 f; Jos 15,6; 18,17 hat er aber auch etwas mit Westjordanien zu tun gehabt. Im Blick auf 1 Mose 49,5–7 liegt der Schluß nahe, daß in einer weit zurückliegenden Zeit der Ein-

wanderung die sechs Lea-Stämme Ruben, Simeon, Levi, Juda, Issachar, Sebulon in Mittelkanaan gesessen haben, aber einer Katastrophe anheim fielen, die ihre Zersprengung nach Norden, Süden, Südosten nach sich zog. In diesen Raum sind dann offenbar die Rahel-Stämme Manasse, Efraïm, Benjamin eingezogen.
Diese Vorgeschichte spielte sich also vor der Mosezeit ab. Da Josua aus Efraïm stammt (4 Mose 13,8), war er der Führer der Rahel-Stämme, die in Mittelkanaan einbrachen. Ihm haben sich dann die übrigen Stämme, die schon vorher zu siedeln begonnen hatten, angeschlossen. Durch ihn erfolgte dann der Zusammenschluß der 12 Stämme. Im Buch Josua werden also die später gewordenen Zustände erzählt.

Erste Landvergabe im Ostjordanland
4 Mose 32,1–42 (J?)
Es ist nicht verwunderlich, wenn schon während der mühevollen Wanderschaft gute Landstriche das Verlangen wecken, nicht nur länger zu rasten, sondern zu bleiben und zur Ruhe zu kommen.
Die Stämme Ruben und Gad, dazu die Hälfte von Manasse wollen sich im Ostjordanland niederlassen: in Jaser und Gilead, die im Bergland südlich des Jabbok liegen. Sie sehen hier gute Weide für das Vieh. Um nicht in den Verdacht der Drückebergerei zu geraten, versprechen sie Waffenhilfe, d. h. sie stellen ihre Mannschaft zur Eroberung des Landes. Unter dieser Bedingung wird ihr Antrag genehmigt. So wird also Kanaan von ganz Israel eingenommen! – Hier haben wir einen alten Erzählstoff vor uns, der historischen Wert hat.

Die Verplanung des Westjordanlandes
4 Mose 33,50–34,29 (R)
„Das Ganze setzt auf der einen Seite die Pentateucherzählung in einem bereits späten Stadium und auf der andern Seite das deuteronomische Geschichtswerk voraus und gehört damit zu dem Vorgang der redaktionellen Zusammenarbeit dieser beiden literarischen Komplexe“ (MN).
Für die Landnahme werden die harten Worte gebraucht: vertreiben, vernichten, verwüsten, einnehmen, verteilen.
Es folgt eine genaue Grenzbeschreibung, die dem Davidreich ent-

spricht. Die Südgrenze ist weit in den Negeb hinausverlegt. Die Nordgrenze ist die Ostküste des Sees Gennesaret.
Die Reihenfolge der Stämme folgt der geographischen Lage der künftigen Stammesgebiete von Süden nach Norden, die damit schon als gegeben vorausgesetzt wird.

Der Befehl an Josua zur Landverteilung

Jos 13,1–14
Jahwe beleiht Israel mit seinem Landbesitz.
Dazu schreibt HWH: Der Verfasser zeichnet ein Bild des Landes in einer Zeit, da es wirklich israelitisch war, als die Stämme fest an bestimmten Stellen saßen. Das Wohnen der Stämme ist also für ihn das Ergebnis einer Planung und Verheißung. Es ist ferner das Bild des davidischen Großreiches und seiner Ansprüche. Sein Reich war ein Territorialstaat, der über die Grenzen eines national einheitlichen Gebildes hinausging. Darum die Erwähnung des Philisterlandes (13,13) und das Zugeständnis, daß im Bergland noch Ureinwohner selbständig sind (13,6). Der spätere Zustand ist also der von Jahwe schon von Anfang an gewollte. Wie durch die Segensworte Jakobs und Moses das Wesen der Stämme vorgezeichnet sein soll, so durch das Weisungswort Josuas ihr Lebensraum.

Die geographische Reihenfolge der Stämme:

im Süden:	Simeon, Juda
in der Mitte:	Benjamin, Efraïm, halb Manasse
im Norden:	Issachar, Naftali, Sebulon, Asser, Dan
in Ostjordanien:	Ruben, Gad, halb Manasse

Siehe Karte S. 315.

Die Verteilung des Ostjordanlandes

Jos 13,15–33
Ruben sitzt im Süden, östlich des Toten Meeres und des unteren Jordan.
Gad schließt sich nach Norden an. Eine Grenze zwischen beiden wird nicht angegeben, weil Ruben später von dem stärkeren Stamm Gad aufgesogen wurde. Er weiß sich seiner Haut zu wehren (1Mose 49,19; 5Mose 33,20f).

Manasse-Ost liegt im Norden von Gad.
Vgl. dazu die Gauliste Salomos in 1 Kön 4.
Die Ortsverzeichnisse stammen vom König Joschija, der beim Zusammenbruch Assurs versucht hat, die früher abgerissenen Teile wieder zurückzugewinnen.

Die Verteilung des Westjordanlandes

Einleitung
Jos 14,1–15
Die Verteilung geschieht gemeinsam durch die drei Autoritäten: durch den Priester, den politischen Führer, die Stammesfürsten, die nach 4 Mose 32,28 ein Mitbestimmungsrecht haben. Gott selbst entscheidet durchs Los.
Kaleb erhält als Sonderanteil Hebron. Kaleb und Juda sind eng verbunden. Vielleicht hat im Süden um Hebron ein 6-Stämme-Bund bestanden (mit Juda, Kaleb, Otniël, Kenan, Keniter und der weltliche Stamm Levi) oder auch nur ein 4-Stämme-Bund; denn Hebron hieß früher „Stadt des Arba", und „*'arba'*" bedeutet „vier".

Der Stamm Juda
Jos 15,1–63
Daß er zuerst genannt wird, entspricht seiner Bedeutung im Blick auf David. Die Grenzen sind auch die der Davidszeit. Jerusalem bleibt ausgeklammert. „Die Jebusiter aber wohnten in Jerusalem, und Juda konnte sie nicht vertreiben. So blieben die Jebusiter mit denen von Juda in Jerusalem wohnen bis auf diesen Tag" (V. 63). Aber die Grenze verläuft dem Hinnomtal entlang, unmittelbar südlich des westlichen Stadthügels, heute Zion genannt.

Die Josef-Stämme
Jos 16,1–17,18
Die zweite Stelle in der Reihenfolge entspricht wieder ihrer Bedeutung – wie auch in 1 Mose 49. In 16,2–3 werden Stämme genannt, die noch kanaanitische Enklaven sind, also nicht unterworfen wurden! Efraïm ist der wichtigere Stamm, dann erst wird Manasse aufgeführt und begründet, warum Josef zwei Lose braucht. Beide Stämme kön-

nen die Kanaaniter nicht restlos vertreiben; erst unter David werden diese fronpflichtig (16,10; 17,12–18).

Die übrigen sieben Stämme

Jos 18,1–19,51

18,1: Schilo, 20 km südlich von Sichem, wird zum Zentralheiligtum durch den Sitz der Bundeslade – während das Zelt auf der Höhe von Gibeon stand (2 Chr 1,3 ff). Zelt und Lade waren ursprünglich zwei verschiedene Wanderheiligtümer. Nun wird hier behauptet, das Zelt sei in Schilo aufgerichtet worden, weil zum Zelt das Losorakel gehört und das Land durchs Los verteilt wird.

18,11–28 *Benjamin*:

In diesem Gebiet liegt das Heiligtum Mizpa und Rama.

19,1–9 *Simeon*:

Sein Zentralheiligtum ist Beërscheba.

Nun folgen die Stämme in Galiläa:

19,10–16: *Sebulon*.

19,17–23: *Issachar*.

Es beugt sich den Kanaanäern (1 Mose 49,14) und wird Ri 1 nicht mehr als Kämpfer erwähnt.

19,24–31: *Asser*.

19,32–39: *Naftali*.

19,40–48 *Dan*:

Es mußte seinen ursprünglichen Sitz westlich von Juda und Benjamin in der Richterzeit aufgeben (V. 47) und kam so in eine einzigartige Lage. Das geschah durch den Druck der Philister (vgl. Simson, der zu Dan gehörte!). Ri 17–19 erzählt vom Umherziehen dieses Stammes und vom Erwerb neuen Gebietes im Norden. Der eroberte Ort wurde Dan genannt und ein Heiligtum. Später heißt es deshalb: „Von Dan bis Beërscheba" erstreckt sich Israel.

19,49–51: Josua erhält ein besonderes Erbteil innerhalb seines Stammes.

Damit ist die Verteilung zu Ende. Sie ist zunächst mehr ein Plan als ein Besitz. Die Stämmegeographie von Josua 13–19 bezeichnet die Gebiete, auf welche die Stämme einen Anspruch erhoben. Erst unter David war der Plan zur Wirklichkeit geworden.

Der innere Aufbau
Jos 20–24

Verwaltungsmaßnahmen
Jos 20–21

Die Asylstädte
Jos 20,1–9

Es war schon vorher geplant, daß Zufluchtsstätten bestimmt werden für solche, die unbeabsichtigt eines Vergehens schuldig oder zu Totschlägern geworden und von Bluträchern verfolgt wären. Sie sollten an einem Heiligtum eine Freistätte finden, bis Sühne geschehen sei. Es geht dabei um die Reinhaltung des Landes von Blutschuld.

Siehe 2 Mose 21,12–14; 4 Mose 35,9–15; 5 Mose 4,41–43; 19,1–13. Die praktische Anwendung oder Verletzung zeigt 1 Kön 1,50–53; 2,28–34; 1 Makk 10,43.

Die Freistädte sind: Kedesch in Galiläa, Sichem in Efraïm, Hebron in Juda, Bezer in Ruben, Ramot-Gilead in Gad, Golan-Baschan in Manasse.

Nach der Auflösung des Nordreiches 722 waren die vier Städte Kedesch, Bezer, Ramot, Golan nicht mehr im Besitz Israels. Nach dem Fall des Südreiches auch nicht mehr Hebron, und Sichem war danach samaritanisch. So gab es keine Freistädte mehr, und darum bekam die Gemeinde die Möglichkeit der Amnestie, die hier in V. 6 bereits angedeutet ist.

Die Levitenstädte
Jos 21,1–42

Der Stamm Levi ist bei der Einwanderung unter Josua kein politischer Stamm mehr – ursprünglich war er im Süden zusammen mit Simeon und Juda –, sondern ein religiös-kultischer Stand. Er hat deshalb nur Wohnrecht innerhalb der anderen Stämme. Es gab Levitengeschlechter: die Familien der „Söhne“ Kehats, Gerschoms, Meraris und die Priesterfamilien der „Söhne“ Aarons. Diese letzten wurden um Jerusalem her angesiedelt: in Gibeon, Anatot, Betlehem, Hebron. Die Liste dieses Kapitels ist vielleicht nachexilisch; denn das Gebiet der

Samariter ist ausgespart. Die Gesamtzahl der Städte ist 48 (4×12), und Jerusalem wird die 49. Stadt (7×7).

Ruhe und Frieden

Jos 21,43–22,8

Jahwe gab Israel das ganze Land. Die Israeliten empfangen es „von Gottes Gnaden". Darum waren die Eroberungen „Kriege Jahwes".
Jahwe gab Israel Ruhe. Das ist der Höhepunkt der erfüllten Verheißung. Nun können auch die ostjordanischen Krieger mit dem Segen in ihre Heimat entlassen werden. „Keins der guten Worte Jahwes war dahingefallen; es war alles in Erfüllung gegangen." Diese Feststellung, aus der Freude und Dankbarkeit spricht, war richtig, als David sein Großreich errichtet hatte. Hier ist es noch ein Vorgriff aufs Zukünftige.
Deshalb hat dieser Text auch Predigtcharakter.

Die Notwendigkeit eines Heiligtums

Charakteristisch für die alte Zeit sind Stammesverbände, die sich um ein Heiligtum gruppieren. Der Kultus ist das Band, das sie zusammenhält – mehr als die politische Notwendigkeit. Darum müssen die israelitischen Stämme an vorhandenen Kultstätten anknüpfen oder neue schaffen.

Der Altar am Jordan

Jos 22,9–34 (P)

Die ostjordanischen Stämme bauen für ihren Gottesdienst einen Altar am Jordan in der Nähe der beim ersten Durchzug errichteten Steinkreise. Gilgal heißt wörtlich: zusammengerollte Steine, vgl. Golgota. Es wird nicht klar, ob er westlich des Jordan zu stehen kommt (so V. 10) oder sinngemäß östlich (so ist wohl V. 11 aufzufassen). Die Westjordanier, die ihr Heiligtum in Schilo haben, regen sich darüber auf, weil sie das als einen Abfall ansehen. Was für die Ostjordanier ein Zeichen der Treue zu Jahwe ist, erscheint den Westjordaniern als Untreue. Sie rechtfertigen sich gegen diesen Vorwurf: Sie wollen einen eigenen Altar darum haben, damit kein Streit entsteht, wenn sie über die Grenze hinüberkämen in das Heiligtum der anderen, und damit die Verehrung Jahwes auch in Ostjordanien gesichert bleibt.

Jahwe wird V. 11 „der starke Gott" genannt. So wird dieser „Altar des Zeugnisses" (V. 34) zum Zeichen des Vertrages, daß auch die Ostjordanier zum Volk Gottes gehören.
Dieser Stoff wurde in deuteronomischer Zeit geformt, als Jerusalem das einzige Heiligtum wurde. Vielleicht sogar nach dem Exil überarbeitet. Der theologische Skopus ist die Einheit in der Anbetung Gottes.

Der Altar auf dem Ebal
Jos 8,30–35
Josua baute zuvor schon einen Altar auf dem Berg Ebal. Es soll gezeigt werden, daß Josua diese Gegend um Sichem sich gottesdienstlich angeeignet hat, wie es in Gilgal (Kap. 5) geschah. Wenn Bet-El schon (durch Jakob) einen heiligen Stein hatte, dann braucht auch Sichem einen solchen. Er diente vor allem als Denkstein für das Gesetz.
Der Ort Ebal überrascht. Denn die altheilige Stätte ist der Garizim (5 Mose 11,29). Er trägt das Heiligtum der späteren Samariter. Aus der Feindschaft gegen sie und ihnen zum Trotz wird hier der Ebal genannt – ein Zeichen für die späte Abfassung dieses Textes. Er ist überhaupt eine Nachbildung von 5 Mose 27 und nimmt Jos 24 vorweg.
Für die Inschrift sind die in 5 Mose 27,2 f genannten, mit Kalk überzogenen Steine nötig. Aber die technische Möglichkeit hat den Verfasser nicht beschäftigt. Dem Sakramentsgottesdienst folgt der Predigtgottesdienst, der hauptsächlich in der Verlesung des Gesetzes besteht. Mit Segen und Fluch wird die Verantwortung des Volkes unterstrichen.
Auch hier geht es nicht um chronologische Historie, sondern um den Weg und Willen Gottes, der für das Leben Israels grundlegend und entscheidend ist.

Der Landtag zu Sichem

Jos 24,1–28
Hier ist nun der geschichtliche Zeitpunkt und der historische Ort, wo sich ganz Israel mit dem Haus Josef (V. 15) zum sakralen Zwölf-Stämme-Bund im Bekenntnis zu Jahwe zusammenschloß! Das ist eines der wichtigsten Ereignisse in der Geschichte Israels, äußerlich umfassender als alles Bisherige. Das Wunder am Schilfmeer und der Bund am Sinai unter Mose waren die Grundlage, gleichsam der Eckstein (vgl. Eph 2,20–22). Das erlebte aber nur ein Teil Israels (den wir stammesge-

schichtlich nicht näher bestimmen können). Der Durchgang durch den Jordan und der Bund von Sichem ist der Aufbau auf dieser Grundlage, gleichsam die 12 Grundsteine zum Eckstein. Das erlebt nun ganz Israel und übernimmt die Tradition Moses und den Glauben an Jahwe.
Josua gestattet dabei eine „freie Wahl": „Wählt euch heute, wem ihr dienen wollt. Ich aber und mein Haus wollen Jahwe dienen. Stellt euch das nicht so leicht vor; denn Jahwe ist ein heiliger und eifernder Gott! Trotzdem – wir wollen Jahwe dienen! So schloß Josua an diesem Tag einen Bund für das Volk."
Ein reformatorischer Akt! Diese Bundesverpflichtung am Zentralheiligtum der Josef-Stämme in Sichem ist also eine zuverlässige historische Überlieferung, zu der uns nur das zeitliche Datum fehlt. Das war der offizielle Abschluß der Einwanderung! An dem Predigtstil der Rede Josuas erkennen wir die formende Hand der Deuteronomisten. Noch einmal sei auf 8,30–35 und auf 5 Mose 11 und 27–30 hingewiesen, die diesen Bundesschluß inhaltlich ergänzen.

Josuas Abschied und Tod

Seine Abschiedspredigt
Jos 23,1–16
Sie richtet sich an alle Ältesten, Oberhäupter, Richter und Amtleute. Ihr Stil ist deuteronomisch. Es könnte eine Predigt aus der Zeit nach 587 sein, denn es wird nicht nur von den guten Worten Jahwes geredet, von denen nichts dahingefallen ist, sondern auch von den schlimmen Worten, daß er den Treubruch rächt, „bis er euch vertilgt hat aus diesem guten Land" (V. 15).

Josuas Tod und Begräbnis
Jos 24,29–33
Durch sein hohes Alter wird Josua noch zu den Vätern gezählt. Er war nicht nur Diener Moses, sondern *ebed jahwe*, Knecht Gottes, wie jener. Er ist eine Gestalt der Heilsgeschichte.
Drei historische Gräber in Efraïm: Josua in Timnat-Serach, 30 km südsüdwestlich von Sichem; Eleasar, der Sohn Aarons, in Gibea; die Gebeine Josefs in Sichem.

Heiligtümer und Gräber sind für alle Zeit feste Stätten und ergeben zuverlässige Traditionen.

ANHANG: DIE UNBESETZTEN GEBIETE

Es folgt eine Zusammenstellung der Hinweise darauf, daß kriegerische Eroberung und Vernichtung von Städten und Stämmen nur die Herrschaft Israels sicherten, daß es aber nicht gelang, alle Orte und Landschaften zu unterwerfen, und daß eine friedliche Koexistenz angebahnt wurde:

9,1–27: Der Vertrag mit den Gibeoniten, ein Beweis für die friedliche Koexistenz, hervorgehoben 11,19.

9,33: Bei der Verkündigung des Gesetzes auf dem Ebal waren „Fremdlinge und Einheimische" einmütig beieinander.

11,22: Die Enakiter in Gaza, Gat und Aschdod konnten nicht überwunden werden.

13,6: Die Bergbewohner vom Libanon nordwärts haben sich gehalten.

13,13: Die Leute von Geschur und Maacha „wohnten mitten unter Israeliten bis auf den heutigen Tag"!

15,63: „Die Jebusiter aber wohnten in Jerusalem, und Juda konnte sie nicht vertreiben. So blieben die Jebusiter mit denen von Juda in Jerusalem wohnen bis an diesen Tag."

16,2–3: Die Gebiete der Arkiter und der Jafletiter bis Geser hin blieben kanaanäische Enklaven.

16,10: Die Kanaanäer in Geser wurden nicht vertrieben. Sie blieben „mitten unter Efraïm bis auf diesen Tag und wurden fronpflichtig".

17,12–13: „Manasse konnte diese Stadt nicht erobern, sondern die Kanaanäer vermochten im Land zu bleiben", später erst wurden sie fronpflichtig.

17,15: Im Waldgebirge haben sich die Perisiter und Refaiter halten können.

17,16.18: Die Kanaanäer in den Ebenen haben noch Panzerwagen, gegen die Israel nichts ausrichten kann, wissen sich also militärisch und politisch zu behaupten.

19,47: Dem Stamm Dan ging sogar sein ganzes Gebiet verloren. Er mußte nach Norden ausweichen und sich ein neues Land suchen.

23,7: Warnung, sich nicht mit den Völkern zu vermischen, die noch übrig sind.

1 Mose 49,14: Auch der Stamm Issachar beugte sich den Kanaanäern.

Die Fortsetzung dieser Zusammenstellung erfolgt im Richterbuch.

Der komplizierte Prozeß der Landnahme

Dazu haben die Professoren Martin Noth in „Geschichte Israels" und Gerhard von Rad in „Theologie des AT" Ergebnisse der Geschichtsforschung vorgelegt, die im folgenden referiert werden. Vieles mag überraschen und befremden oder schockieren, weil der Bibelleser nur den Josuabericht kennt. Man wird geneigt sein, darin nur vage Hypothesen zu sehen, die sich nicht zu Wahrscheinlichkeiten oder gar zu Tatsachen erhärten lassen. Aber schon das Verzeichnis der unbesetzten Gebiete im Josuabuch selbst und erst recht im Richterbuch zeigen, daß die Landnahme nicht einlinig war und sich über längere Zeit hinzog. Andere Stellen wie 1 Mose 49 und Mitteilungen in verschiedenen Büchern der Bibel sind von den Exegeten in den Zusammenhang der Landnahme eingeordnet worden. Also hat nicht die Phantasie zu den folgenden Erwägungen geführt, sondern die Bibel selbst. Freilich liegt, historisch gesehen, über den Anfängen Israels ein Dunkel, das darum nicht aufgehellt werden kann, weil Israel an rein historischen Fragen nur sekundär interessiert war. Primär ging es ihm um die theologische Bedeutung der Geschichte – in diesem Fall um die Gewißheit: Das Land gehört Jahwe. Er hat es seinem Volk gegeben und jedem Stamm seinen Teil zugewiesen. Er ging in Krieg und Frieden vor seinem Volk her, um es zur Ruhe zu bringen.

Und nun die historischen Ergebnisse, die aus verschiedenen biblischen Berichten gewonnen wurden. Sie zeigen zunächst eine

friedliche Einwanderung.
Die israelitischen Stämme sind in diejenigen Landteile eingerückt, die nur dünn oder gar nicht besiedelt waren, vor allem in die Gebirge. Als Kleinvieh-Nomaden kamen sie aus der Steppe zum winterlichen Weidewechsel auf die abgeernteten Felder des Kulturlandes. Darum gab es kaum Kriege oder größere Auseinandersetzungen mit den Kanaanitern – vielleicht mit Ausnahme von Levi und Simeon, denn diese Stämme mußten sich wieder zurückziehen. Issachar, Sebulon und Dan hatten ihren Landbesitz um den Preis der Abhängigkeit erreicht. Sie mußten Frondienste leisten. Die Erzählungen in Josua 1–12 betreffen hauptsächlich den Stamm Benjamin.

Einige Stämme haben sich erst im Land aus Sippen gebildet.
Das bezeugen diejenigen Stammesnamen, die ursprünglich Ortsnamen sind, also erst in Palästina auf die Bewohner übertragen werden konnten: Juda, Efraïm, Benjamin, Naftali.

Die Stämme sind nicht zur gleichen Zeit eingewandert:
Juda ist die älteste Stammesgruppe und hat im ersten Stadium Fuß gefaßt. Josef ist erst eingerückt, als Simeon und Levi geräumt hatten. Ruben war wieder fast verschwunden. Dan kam nach den anderen (Ri 18).
Der Anfang der Landnahme liegt um 1250, das Ende vor 1100. Die Einwanderung hat aber jeweils nur Jahrzehnte gedauert. In jener Zeit sind auch in Mesopotamien landsuchende Stämme aufgetreten, die Aramäer genannt wurden und ihre eigene aramäische Sprache hatten. Auf dem Boden Palästinas haben sie „die Sprache Kanaans“ angenommen. Es ist also richtige Überlieferung, daß die Ahnen Israels verwandt waren mit den Aramäern in Mesopotamien. (Daß etwa 300 Jahre v. Chr. die aramäische Sprache wieder in Palästina herrschend wurde, hing mit der geschichtlichen Entwicklung zusammen und deutet auf Einwanderungen in der nachexilischen Zeit.)

Die Stämme kamen nicht aus der gleichen Gegend:
Das Haus Josef und Gad kamen aus dem Osten und haben sich darum in Mittelpalästina angesiedelt. Juda kam aus dem Südosten, Kaleb, Otniël, die Keniter aus dem südlichen Negeb nach Hebron.

Der Zwölf-Stämme-Verband:
Die 12 Stämme haben sich also erst bei der Landnahme zusammengefunden. Wenn aber die Stämme zu verschiedener Zeit und aus verschiedener Gegend einwanderten, woher stammt dann die alte Überlieferung, daß die 12 Stämme ein Ganzes bilden und sich Israel nennen?! Denn diese Urtradition muß aus der Zeit kommen, als Levi noch ein Stamm war; bei der Landnahme ist er aber bereits aufgelöst oder versprengt oder verschollen. Ob die Stämme in früherer Zeit einen größeren Zusammenhang bildeten und sich dann bei der Landnahme wiedergefunden haben?! Es ist auch keine Zeit festzustellen, in welcher der geschichtliche Befund und Bestand dem überlieferten Zwölfersystem entsprochen hätte. Es war also ein verwickelter Prozeß, in welchem sich die 6 Lea-Stämme und die 2–3 Rahel-Stämme mit 3 weiteren zusammenfanden. Sie haben sich allerdings nie ganz als Einheit verstanden. Ein Dualismus der Lea-Stämme und der Rahel-Stämme blieb bestimmend, z.B. nach Sauls Tod und nach Salomos Tod. Bei der Begründung des israelitischen Zwölf-Stämme-Verbandes spielt Josua eine große Rolle, vgl. Landtag zu Sichem Jos 24.
Nun ist die Zwölfer-Zahl ein geschichtliches Element - nicht nur für Israel. Es gibt auch 12 Aramäerstämme (1Mose 22), 12 ismaëlitische Stämme (1Mose 25), 12 edomitische Stämme (1Mose 36) und 6 horitische Stämme (1Mose 36). Auch aus Griechenland sind Zwölfer-Verbände bekannt. Es waltet hier also eine gesetzmäßige Ordnung von Stämmen ohne staatliche Einrichtung mit dem Mittelpunkt eines gemeinsamen Kultus, der monatlich oder zweimonatlich am Heiligtum gepflegt wurde. Es handelt sich also nicht um einen politischen Verband – politisch und militärisch hatte jeder Stamm seine eigene Verfassung, und nur wenn sie bedroht waren, gab es heiligen Krieg –, sondern um einen sakralen Verband, der Amphiktyonie genannt wurde, d.h. Gemeinschaft der um ein Heiligtum wohnenden Sippen oder Stämme. Diese sakrale Gemeinschaft verlangte Bundesverpflichtung, gewährte aber sonst viel Freiheit.

Der Sakralverband:
Für den Verband Israel ist das gemeinsame Heiligtum die heilige Lade, ein Wanderheiligtum der Nomaden, die später an einem zentralen Kultort aufgestellt wurde: in Sichem (Jos 24), dann Bet-El, dann Gilgal, dann Schilo, schließlich Jerusalem. Die Bundeslade ist Stätte und Sinnbild der göttlichen Gegenwart, Gottes Thronsitz.
Israel hat seine nomadischen Überlieferungen ehrfürchtig gepflegt, mit der kanaanäischen Religion verwoben und fortwährend geprägt und umgeprägt. Mitgebracht hat es die im ganzen Orient verbreitete Beschneidung (mit der Einschränkung, die in Jos 5, 2–9 gemacht und auf S. 21f erläutert wird), den Sabbat, das heilige Zelt, die heilige Lade, das Paschafest. Übernommen hat es für den Gottesdienst die üblichen Formen: Opfer, Wallfahrten und Feste (Richter 21,4–5). Kultus war für Israel nicht so wesentlich. Die Hauptsache sind Satzungen und Recht. Darum Gesetzesworte auf steinernen Tafeln, Gesetzesverlesung, Bundesschluß durch Bekenntnis und Verpflichtung. Vielleicht alle 7 Jahre eine Erneuerung im Rahmen eines kultischen Festes (Ri 21,19). Darum ist das israelitische Amt nicht ein priesterliches, sondern ein richterliches. Die Rechtsprechung im einzelnen lag in den Händen der Sippenältesten (2 Mose 18), die im Tor Recht sprechen, gelegentlich waren es auch die Priester. Das zentrale Richteramt hat es mit dem Gottesrecht zu tun, das die Richter auslegen und öffentlich verkünden, über die Beachtung wachen und Weiterbildungen vornehmen. Die Richter sind also Gesetzessprecher, die für die Kontinuität der Rechtsüberlieferung Sorge tragen. Die Verkündigung und Beachtung des Gottesrechts war also die wesentliche Aufgabe des Verbandes. Seinem Inhalt nach betraf es das Verhältnis Israels zu seinem Gott und hatte das Anliegen, die Unversehrtheit dieses Verhältnisses zu sichern. Dieses Verhältnis ist eine spezielle und singuläre Bindung für Israel, die aus dem Vorgang der Sammlung um ein gemeinsames Zentralheiligtum nicht mehr erklärt werden kann, sondern nur durch eine grundlegende Gottesbegegnung und eine einmalige Gotteserfahrung. Sie ist im Urbekenntnis Israels ausgedrückt, daß Jahwe das Volk aus Ägypten geführt hat durch seine starke Hand und eingeführt in das verheißene Land.

Das Buch der Richter

Die Nöte nach der Landnahme
Die Zeit: ca. 1200–1000 v. Chr.

Die Eigenart des Buches der Richter

Der Inhalt

Es behandelt die Periode zwischen der Landnahme und der Staatwerdung, zwischen Josua und Samuel. Es schildert die Nöte von außen und die Zersplitterung im Innern. Es erzählt von Zeiten der Ruhe und von Zeiten der Unterdrückung bis an den Rand der Existenz, aber auch von Kämpfen und Siegen. Der Faden der Erzählung folgt einem festen theologischen Schema: Abfall von Jahwe – Strafe durch feindliche Bedrückung – Schreie des Volkes – Erbarmen Jahwes – Rettung durch einen Helden – Ruhezeit. Dann wiederholt sich das da capo al fine.

So schematisch wie die erzählten Geschehnisse, so schematisch sind auch die genannten Zahlen: 480 Jahre, nämlich 12 × 40 Jahre liegen zwischen dem Auszug aus Ägypten und dem Tempelbau. 7 × 40 Jahre beträgt die Zeit der Richter. Von diesen 280 Jahren sind 220 Ruhejahre und 60 Notjahre. Die runde Zahl des Orients ist 40. Sie begegnete uns schon bei Isaak, bei Mose und der Wüstenwanderung und hat starke symbolische Bedeutung.

Die literarische Form

Die Erzählungen bilden eine Perlenschnur von Anekdoten. Die Quellen dafür sind Stammesüberlieferungen und volkstümliche Heldengeschichten, poetische Stücke (wie das alte Deboralied und die Jotamfabel) und Richterlisten.

Die Richterliste

Nach der Zahl der 12 Stämme sollen es auch 12 Richter gewesen sein:

1. Otniël	aus dem Stamm Simeon
2. Ehud	aus dem Stamm Benjamin
3. Schamgar	aus dem Stamm Ascher?
4. Debora und Barak	aus dem Stamm Naftali

5. Gideon aus dem Stamm Manasse
6. Tola aus dem Stamm Issachar
7. Jaïr aus dem Stamm Ruben
8. Jiftach aus dem Stamm Gad
9. Ibzan aus dem Stamm Juda?
10. Elon aus dem Stamm Sebulon
11. Abdon aus dem Stamm Efraïm
12. Simson aus dem Stamm Dan

Man spricht von sechs großen Richtern: Ehud, Debora und Barak, Gideon und Abimelech, Jiftach, Simson, evtl. Otniël; und von sechs kleinen Richtern: Schamgar, Tola, Jaïr, Ibzan, Elon, Abdon.
Was sind Richter? In unserem heutigen Sinn hatte nur Debora ein richterliches Amt und vielleicht Otniël oder einige von den kleinen. Die großen waren mehr Retter als Richter. Sie waren Helden im Kampf und retteten Israel von seinen Feinden. Aber wer im Krieg führt und hernach herrscht, hat auch die Autorität zu richten und zu schlichten. In der Hauptsache haben die Richter dafür zu sorgen, daß Jahwe zu seinem Recht kommt: in seinem eigenen Volk und gegenüber den Feinden seines Volkes. So waren die Richter Charismatiker und verbanden Charisma und Amt zur Einheit. Als Gestalten von Gottes Gnaden, die durch ihr Charisma und Amt herrschen und richten, wurden sie Vorläufer der Könige.

Die theologische Tendenz

Der Verfasser gehört zum deuteronomistischen Kreis. Damit ist er Vertreter des Gesetzes, der in der politischen Bedrängnis Gottes Strafe für den geistlichen Abfall und in der Rettung Gottes Erbarmen sieht. Gott hält den Bund und will sein Volk durch Gericht und Gnade zu diesem Bund zurückführen. Durch das ganze Buch zieht sich die Spannung zwischen der Sünde Israels und der Gnade Gottes. Im Volk entstand die Frage: Warum hat sich der Wille und die Verheißung Jahwes für das ganze Land nicht durchgesetzt? Die Antwort des Buches lautet: wegen der Sünde Israels. Wenn ganz Israel den Bund vom Landtag zu Sichem gehalten hätte, wäre es anders gekommen. Israel hat Gottes Gnade gehindert, aber es konnte Gottes Gnadenwillen und Treue nicht hindern. In diesem Sinn will das Richterbuch nicht nur berichten, sondern belehren. Durch die Belehrung will es das Vertrauen auf Jahwes Macht und Bundesgerechtigkeit stärken. Man könnte den Skopus des Richterbuchs mit der Liedzeile formulieren: „Gott sitzt im Regimente und führet alles wohl“ (vgl. EKG 295,7). Aber auf der Erde fehlt ein zentrales Regiment. Damit erwacht bei aller Dankbarkeit für Gottes Königsherrschaft doch die Sehnsucht nach einem irdischen nationalen Königtum.

Die Schwierigkeiten der Landnahme

Ri 1,1–2,5

Das Richterbuch knüpft an die Landverteilung an. Einerseits ist es ein Rückblick auf die im Josuabuch geschilderte Landnahme – aber diese Wiederholung soll älter sein als Josua, meint der Kommentator Hans Wilhelm Hertzberg (HWH) –, andererseits macht es deutlich, daß die Landnahme mit Josua eben nicht abgeschlossen war. Die Landverteilung durchs Los ist noch nicht der Besitz des Landes. Der Zueignung muß die Aneignung folgen. Die Feldzüge und Siege Josuas sind den Durchbrüchen und Zangenbewegungen der Panzerdivisionen im Zweiten Weltkrieg zu vergleichen, welche Entscheidungen vorbereiteten. Aber die Infanterie mußte nachrücken, um die Gebiete im einzelnen zu erobern und zu besetzen. Und dennoch blieben genug „Partisanengegenden“ übrig, die nicht zu „säubern“ waren. So wird das erste Kapitel eher zu einer Liste der unbewältigten Gegner und der unbesetzten Gebiete.

1,1–20: *Juda* und *Simeon*

Der Stamm Simeon war früher, vor Mose und Josua, in Mittelkanaan ansässig, bis ihn eine Katastrophe von dort vertrieb und in den Süden zwang (1Mose 34+49,5–7), wo er später von Juda aufgesogen wurde.

Die Bemerkung 1,8, Juda habe Jerusalem erobert, gilt ja erst für David und wird durch V. 21 aufgehoben. Aber die Grenze Judas ging hart an die Mauern von Jerusalem heran, so daß den Jebusitern ihr Umland gewaltsam genommen wurde.

1,12–15 enthält eine Anekdote von Kaleb und Otniël. Der Stamm

Kaleb gehörte mit Juda und den Kenitern aus der Sippe Hobab, Moses Schwager, zu einem Stämmeverband. HWH: Die Ortsangaben weisen darauf hin, daß die Südstämme nicht von Norden her, sondern von Süden in das Land eingezogen sind; vgl. Horma 4 Mose 21,1–3. Nicht erobert wurden die küstennahen Städte Gaza, Aschkelon, Ekron (18). Nicht vertrieben wurden die Bewohner der Ebene, weil sie Panzerwagen hatten (19).

1,21: *Benjamin*

vertrieb nicht die Jebusiter aus Jerusalem.

1,22–26: Das Haus *Josef*

eroberte Bet-El durch Bestechung des Wächters (vgl. Rahab).

1,27–28: *Manasse*

vertrieb nicht Bet-Schean, Taanach, Dor, Jibleam, Megiddo. Das sind beachtlich große Gebiete. HWH S. 153: „Das Einsickern manassischer Gruppen wird schon früher erfolgt sein, so daß diese später dem Stamm Manasse zugerechnet wurden, für den hier die natürliche Ausdehnungsmöglichkeit bestand."

1,29: *Efraïm*

vertrieb nicht Geser.

1,30: *Sebulon*

vertrieb nicht Kitron und Nahalol.

1,31–32: *Ascher*

vertrieb nicht Akko, Sidon, Achlab, Achsib, Helba, Afek, Rehob. Sie saßen umgekehrt mitten unter den Kanaanäern, ebenso wie

1,33: *Naftali*.

Er vertrieb nicht Bet-Schemesch (Sonnenstadt), Bet-Anat (Stadt der Mondgöttin Anat). Es blieben also die Heiligtümer bestehen. Darum wurde diese Gegend später „Bezirk der Heidenvölker" genannt, hebräisch *gelil haggojim* = Galiläa.

1,34–35: *Dan*

wurde ins Gebirge gedrängt und konnte nicht in die Ebene kommen. Das Ganze ist eine ernüchternde Bilanz, aber eine notwendige Ergänzung und Korrektur zum Josuabuch, das nur in Andeutungen von diesen „Resten" der Ureinwohner berichtete. Allerdings spricht Ri 2,21–23 historisch richtig von den Völkern, die Josua übriggelassen hat.

2,1–5. Der Engel des Herrn rechnet diese Schwierigkeiten und das militärische Versagen den Stämmen als Schuld an und dreht den Spieß um: „Ich will sie nicht vor euch vertreiben, damit sie euch zum Fallstrick werden und ihre Götter zur Falle." Ein hartes Gerichtswort, das aber die Situation am besten charakterisiert. Die Götter Kanaans sind tatsächlich für Israel wie die Falle für die Vögel. „Baal war die stärkste Bedrohung, der Israel begegnet ist, weil hier das eigentliche Wesen Israels in Frage gestellt wird" (HWH S. 155). Wird Baal im Frieden siegen, nachdem Jahwe den Krieg gewonnen hat? Das künftige Thema Israels heißt: Jahwe oder Baal?

Die Richterzeit

Ri 2,6–16,31

Allgemeiner Überblick

Ri 2,6–3,6

Hier werden die Grundlinien dieser Geschichtsepoche und das Schema der Geschichtsschreibung aufgezeigt. Sehr überraschend ist die negative Feststellung, daß die Nachkommen der Josuazeit Jahwe nicht mehr kannten und nicht mehr um seine rettenden Wundertaten wußten (2,10). Darum übernahmen sie den Baalkult. Und das wurde der Grund ihrer Bedrängnis. Wenn der Herr ihnen Richter erweckte, so dienten sie Jahwe nur so lange, als die Richter lebten, und fielen danach wieder ab.

3,1–6 enthält nochmals eine zusammenfassende Liste der kanaanäischen Stämme, „die der Herr übrigließ, damit er durch sie Israel prüfe"! Die Israeliten „wußten nichts mehr von den Kriegen um Kanaan", das heißt doch, daß sich ein friedliches Nebeneinander ergab, daß sie zusammen wohnten, miteinander Handel trieben, wechselseitig heirateten (convivium, commercium, connubium) und schließlich einen gemeinsamen Kult hatten (communicatio in sacris). „Eine Gefahr für Israel wurden die Kanaanäer nicht wieder; oder wenn sie es wurden, so wurden sie es als Freunde, nicht als Feinde" (Wellhausen, Israelitisch-jüdische Geschichte).

Diese Entwicklung ist historisch naheliegend. Die militärisch Unterlegenen waren die kulturell Überlegenen! „Die Ausgrabungen bestätigen, wie armselig die Bautechnik der israelitischen Zeit (frühe Eisenzeit) gegenüber der kanaanäischen (späte Broncezeit) gewesen ist" (HWH S. 158). Die Kanaanäer mußten die Lehrmeister Israels werden!

Die Hauptperiode der israelitischen Einwanderung fällt mit dem Erscheinen der Philister zusammen. Es war um 1200 im Vorderen Orient eine Völkerwanderung im Gang, die nicht nur semitische Stämme aus Arabien in Bewegung setzte, sondern auch indogermanische Völker aus dem Nordrand des Mittelmeeres. Sie eroberten die Küsten Syriens und Ägyptens und bewiesen als Seevölker Kraft und Überlegenheit. Da nun Philister und Israeliten um den Boden Kanaans kämpften, sind sie zu Erbfeinden geworden. Die genannten Küstenstädte Gaza etc., die Israel nicht unterwerfen konnte, waren wahrscheinlich schon unter dem Einfluß oder in der Hand der Philister (3,3).

Die Richter Otniël, Ehud, Schamgar
Ri 3,7–31

Otniël 3,7–11
Die Herrschaft eines mesopotamischen Königs über Kanaan ist zu dieser Zeit historisch kaum denkbar. Der Name Kuschan weist eher auf einen den Midianitern verwandten Stamm im Südosten Kanaans (Moses zweite Frau war eine Kuschiterin, 4 Mose 12,1). Von Otniël ist bereits in 1,13–15 erzählt worden. Eine charakteristische Darstellung des Richteramtes gibt V. 10: „Der Geist Jahwes kam auf ihn. Und er wurde Richter in Israel und zog aus zum Kampf."
8 Jahre dauerte die Not und 40 Jahre die Ruhe.

Ehud 3,12–30
Die ostjordanischen Stämme Moab, Ammon, Amalek drangen über den Jordan nach Westen, wie einst Israel. Es gab vor allem eine Fehde zwischen Moab und Benjamin, die sich um Gilgal herum abspielte. Benjamin wurde tributpflichtig. „Jahwe erweckte ihnen einen Retter, Ehud." Er wird gar nicht Richter genannt. Seine Heldentat ist auch kein moralisches Vorbild, aber sie wird mit sichtlichem Wohlgefallen erzählt. Er ermordet durch eine List den feindlichen König. Dann schneidet er mit den rasch mobilisierten Heerscharen den Moabitern den Rückweg ab.
18 Jahre Not, 80 Jahre Ruhe.

Schamgar 3,31, vgl. 5,6
Er wendet sich auf eigene Faust gegen die Philister. Der Ochsenstekken mit eiserner Spitze macht ihn zu einem Kameraden Simsons. Es wird keine Stammeszugehörigkeit genannt. Er ist auch kein Richter. Er wird nur eingefügt, damit die Zwölf-Zahl voll wird.

Debora und Barak

Ri 4,1–5,31

Der Bericht
4,1–24
Hier erscheint wieder der König Jabin von Hazor, der aber von Josua besiegt wurde, hier also an falscher Stelle steht. Es muß ein anderer Fürst in Kanaan sein, der durch seinen General Sisera 20 Jahre lang Israel unterdrückt.
Beachtlich ist, daß eine Frau Richterin ist, und zwar im eigentlichen Sinn. Zugleich war ihr die Gabe der Prophetie verliehen. „Sie hatte ihren Sitz unter der Palme“ bei Bet-El in Efraïm (vgl. 1 Mose 35,8). Sie animierte Barak (das heißt Blitz) aus dem Heiligtum Kedesch in Naftali zum Kriegszug gegen die Panzerarmee Siseras. Durch einen Überraschungsangriff von dem heiligen Berg Tabor herunter schlug er die Feinde. Auch hier ist Jahwe der eigentlich Handelnde, der das Heer verwirrt wie am Schilfmeer. Der General flieht zu Fuß und verbirgt sich in dem Zelt Jaëls, der Frau des Keniters Heber. Sie schlägt dem Schlafenden einen Zeltpflock durch die Schläfe. Das ist zwar ein Bruch des Gastrechts und doch die Heldentat einer Frau. Mit diesem historisch bedeutsamen Sieg ist das Übergewicht Nordkanaans gebrochen.
20 Jahre Not, 40 Jahre Ruhe.

Das Siegeslied
5,1–31
Dieses Lied ist eines der ältesten Literaturdenkmäler im AT. Es erinnert an das Lied Mirjams 2 Mose 15. Man singt es im Gottesdienst der Gemeinde. Es wird eingeleitet durch eine kurze Zusammenfassung des Weges Jahwes mit seinem Volk. Die Stämme werden im einzelnen aufgeführt – die sich zu den Waffen rufen ließen und die abseits blie-

ben. Die V. 4.20–21 erzählen von Wolkenbrüchen, die den Bach Kischon zur reißenden Flut machten und Verwirrung stifteten. Das Lied preist die Tat Jaëls und schildert das bange vergebliche Warten der Mutter Siseras auf seine Heimkehr. Es schließt: „So sollen umkommen, Herr, alle deine Feinde! Die ihn aber liebhaben, sollen sein, wie die Sonne aufgeht in ihrer Pracht."
In dieser Schlacht spiegelt sich der apokalyptische Urkampf und Endkampf, in den Gott selbst eingreift.

Gideon

Ri 6,1–8,35

Dieser Retter aus dem Stamm Manasse wird auch nicht Richter genannt, ist aber die bedeutendste Gestalt der Richterzeit. Er gewinnt die Stellung eines Königs, obwohl er Titel und Krone ablehnt. Immerhin heißt sein berüchtigter Sohn Abimelech = mein Vater ist König.

Die Midianiter werden in 1Mose 25,2 auf Abraham und seine zweite Frau Ketura zurückgeführt. Mose ist mit ihnen familiär verbunden und hat religiös und organisatorisch ihre Hilfe erfahren. Nun bestanden und bestehen zu der südlichen Gruppe des großen und verbreiteten Wüstenstammes freundliche Beziehungen, nicht aber zu dem im Ostjordanland lebenden Teil (vgl. 4Mose 25,14–18; 31,1–13). Hier kommen die ostjordanischen Midianiter zunächst als räuberische Beduinen. Gideon wirft sie auf ihr Gebiet zurück und sichert die Grenzen zur Wüste hin.

Gideons Berufung

6,1–40

Israel muß immer wieder in die Berge flüchten und dort die noch gerettete Ernte verbergen, dort auch dreschen. Der Engel des Herrn (2,1; 5,23; 6,11; 13,3) „zeigte sich ihm, erschien" – der Ausdruck für eine göttliche Offenbarung. Die Eiche oder Terebinthe von Ofra bei Sichem wird zu einem Jahweheiligtum (V. 24). Auf den Gruß des Engels „Jahwe mit dir" protestiert Gideon: Wenn Jahwe wirklich mit uns wäre, warum ist uns denn das alles widerfahren? Wo sind seine Wunder? Eben darum jetzt seine Berufung und Sendung. Wieder hat er einen Einwand wie Mose, wie Jeremia: Er ist der Jüngste der Familie. Darum verlangt er ein Zeichen und will ein Opfer richten. Als es durch Gottes Feuer verzehrt wird, erschrickt er wie Jesaja. Aber der Herr versichert: „Friede mit dir! Fürchte dich nicht! Du wirst nicht sterben."

Zunächst muß in der eigenen Familie „reiner Tisch gemacht werden". Daß sein Vater Joasch auf seinem Grundstück ein Baal-Astarte-Heiligtum geduldet hat und daß die Dorfbewohner Gideon wegen sakralen Frevels zur Rechenschaft ziehen wollen, ist beachtlich. Es wird in ein Jahweheiligtum umgewandelt (vgl. Bonifatius und die Donareiche!). Gideon bekommt von daher einen neuen Namen: Gottesstreiter.

Beim nächsten Einfall der Midianiter „erfüllte der Geist Jahwes den Gideon". Er läßt in seinem Stamm Manasse mobil machen und bietet auch die Nachbarstämme zur Waffenhilfe auf. Aber er will seiner Sache ganz gewiß sein und bittet wieder um ein Zeichen, mit frischgeschorener Wolle, das sogar wiederholt wird, um jeglichen Zufall auszuschließen.

Gideons Sieg

7,1–8,3

Wenn das feindliche Heer an einer Quelle lagerte, kann es nicht so zahlreich gewesen sein wie der Sand am Meer. Aber Gideons Heer mit 32000 Mann ist dem Herrn zu groß. Nach einem Sieg könnte Israel den Erfolg sich selbst zuschreiben. Darum muß es dezimiert werden. Nach dem Kriegsgesetz 5 Mose 20,8 sollen die Ängstlichen und Verzagten heimgeschickt werden, damit sie die andern nicht „anstecken". 22000 machen davon Gebrauch. Aber auch die 10000 müssen noch „gesichtet" werden. Nach einem Marsch zum Wasser bleiben nur 300 übrig. Das Kriterium der Auswahl ist nicht ganz verständlich. Ob es besondere Draufgänger sein sollen? Diese wenigen übernehmen von den Weggehenden die Signalhörner und die Wegzehrung, die in Mehlkrügen aufbewahrt wurde.

In der Nacht schleicht sich Gideon mit seinem Adjutanten an das Lager heran, um zu erkunden. Dabei hört er den Angsttraum der Vorposten, der ihn selbst siegesgewiß macht. In kluger Taktik teilt er drei Hundertschaften ein und führt sie von drei Seiten an das Lager heran. Ihre Waffen sind eigentlich nur Signal-Hörner und verborgene Fakkeln. Um Mitternacht werden schlagartig alle Hörner geblasen, die Fackeln geschwungen und der Kriegsruf gebrüllt: „Hier Schwert Jahwes und Gideons." Die Panik besorgt das andere. Hier kämpft Jahwe allein, nicht Gideon. Es geschieht wie am Schilfmeer, wie bei Jericho, wie bei Josuas Schlacht (Kap. 10), wie bei Barak. Jetzt bleibt Gideon nur noch die Verfolgung und das Abschneiden des Rückwegs. Er schickt darum Botschaft an den Bruderstamm Efraïm, sie möchten den Flüchtigen die Wasserstellen wegnehmen und den Jordanübergang besetzen. Die Niederlage der Midianiter war total.

Schier hätte es noch eine gefährliche Verstimmung gegeben, weil die Efraïmiter nicht am Ruhm des Sieges beteiligt waren. Aber Gideon war klug: Was habe ich denn getan im Vergleich mit euch? Ich habe ja nur das Signal geblasen, die Vernichtung des Gegners habt doch ihr besorgt! So glätteten sich die Wogen.

Die Machtstellung Gideons
8,4–35

Auf dem Weg ins Ostjordanland zur Verfolgung des Restes muß Gideon für seine 300 Mann um Brot bitten, das ihm mit Spott verweigert wird. Trotz Hunger und Müdigkeit gelingt ihm auch die Vernichtung der letzten Verbände. Bei der Rückkehr rächt er sich grausam an den Spöttern und übt Blutrache an den midianitischen Fürsten dafür, daß sie seine Brüder erschlagen haben.

Israel bietet seinem Helden das Königtum an. Aber er lehnt es für sich und seine Söhne ab: „Jahwe soll Herrscher über euch sein." Das charismatische Amt genügt, ein institutionelles Königtum ist nicht nötig.

Er begehrt nur aus der Kriegsbeute die goldenen Ringe und Mondplättchen, welche die Beduinen bis heute ihren Kamelen als Amulette einflechten oder umhängen. Aus einem halben Zentner Gold macht er einen Kultgegenstand für das neue Heiligtum Ofra: einen Efod. Das ist aber hier kein Priestergewand, sondern ein fester Gegenstand zur Orakelerteilung. Es sollte eine Ehrung Jahwes sein. Aber es führte zum Götzendienst, vgl. 2 Mose 32. Auch bei Gottesmännern wird die Schuld beim Namen genannt. Gideon legte sich einen großen Harem zu. Die vielen Frauen schenken ihm 70 (!) leibliche Söhne. Eine der Nebenfrauen, die den Abimelech gebar, blieb aber in Sichem im

Elternhaus (wie Simsons Frau); sie gehörte vielleicht einem angesehenen Geschlecht an.
Gideon wurde im väterlichen Grab in Ofra bestattet. Nach ihm setzte sich wieder der Baalkult in Israel durch.
7 Jahre hatte die Not gedauert. 40 Jahre währte die Ruhezeit.
Die Grenzen nach dem Südosten blieben gesichert. Nur die Angriffe aus dem Nordosten hatte später Jiftach zurückzuweisen.

Abimelech

Ri 9,1–57
Ein Anhang zur Gideongeschichte. Der Hintergrund: der Gegensatz der Kanaanäer und Israeliten und vielleicht die Erinnerung an das Blutbad von Sichem 1 Mose 34.
Der ehrgeizige Sohn der Sichemitin wiegelt seine Sippe auf gegen die väterliche Familie in Ofra, um durch ihre Anerkennung und durch ihre Unterstützung König zu werden. (V. 6: Das Wort Millo, das auch in Jerusalem vorkommt, heißt Befestigung oder Burg.) Inmitten einer verwegenen Schar bricht er in sein Vaterhaus ein und tötet alle 70 (genauer 68) Brüder bis auf Jotam, der sich versteckt hatte. Aus sicherer Entfernung (vom Garizim) spricht dieser die berühmte spöttische Fabel, daß die Bäume einen König suchten, aber vom Ölbaum und Feigenbaum und Weinstock eine Absage bekamen; nur der Dornbusch war geneigt und „schwebte über den Bäumen". Jotam flucht den undankbaren Sichemiten: Feuer gehe aus von Abimelech und verzehre sie und umgekehrt. In Israel kann sich Abimelech nicht durchsetzen. Er ist ja Kanaanäer aus Sichem und dient dem Baal-Berit, dem Bundesgott. Nach drei Jahren „sandte Gott einen bösen Geist zwischen Abimelech und die Männer von Sichem". In schrecklichen Blutbädern erfüllte sich das Unheil an beiden. Zuletzt warf bei einer Belagerung eine Frau einen Mühlstein auf Abimelech und zerschmetterte ihm den Schädel.

Tola und Jaïr

Ri 10,1–5
Über die Richter gibt es zwei Traditionen: die großen Richter sind Helden und Retter, die kleinen sind wirkliche Richter. „Nach ihm

stand auf“ heißt: Jahwe ließ Richter erstehen. Das war also kein Zufall. Tola aus Issachar amtiert 23 Jahre. Jaïr aus Gilead in Ostjordanien waltet 22 Jahre seines Amtes. Seine 30 Söhne, die auf 30 Eseln reiten, sind wohl wegen der 30 Dörfer genannt, die als Siedlungen Jaïrs betrachtet werden.

Jiftach

Ri 10,6–12,7

10,6–18: Das Gebirge Gilead im mittleren Ostjordanien ist den Angriffen der Ammoniter ausgesetzt, die sich von Ruben und Gad verdrängt fühlen (V. 13) und nun gegen sie vorgehen. Zur gleichen Zeit kamen die Philister von Westen her. Es fehlt ein führender Mann.

11,1–11: In der Not erinnerte man sich an Jiftach, den man aus der Familie ausgestoßen hatte, weil er ein unehelicher Sohn war. Er wurde Haupt eines Freikorps und genoß durch seine Erfolge großen Respekt. Ihm trägt man den Oberbefehl an, aber nicht nur für den Krieg, sondern auch für den Frieden. Jiftach betet zuerst zu Jahwe in Mizpa und bespricht alles mit ihm. Dieser Ort ist ein Heiligtum in Ostjordanien und heißt wegen seiner Höhenlage „Warte“.

11,12–33: Dann verhandelt er mit Ammon – vergeblich. „Da kam der Geist Jahwes auf Jiftach“, und er marschierte, kämpfte und siegte; denn „Jahwe gab sie in seine Hand“.

11,30–40: Zuvor tat er das unselige Gelübde, im Fall des Sieges ein Brandopfer darzubringen mit dem, was ihm aus seiner Haustür entgegengehen würde. Nun ist es seine Tochter, sein einziges geliebtes Kind, das den Siegesreigen anführt und den Vater ehrt. Er kann sein Gelübde nicht widerrufen, und die Tochter weigert sich nicht, für Jahwe zu sterben. Wer denkt hier nicht an Abraham und an 1 Mose 22! V. 40 zeigt, daß dahinter ein jährliches Fest der Jungfrauen steht, zu dem ein Menschenopfer den Anlaß gab.

Beide Gestalten sind tragisch. Die Erzählung ist zart und schön.

12,1–7: Wiederum werden die Männer von Efraïm neidisch, weil sie nicht am Kampf beteiligt wurden, obwohl sie ja die Bitte Jiftachs um Waffenhilfe nicht erhört hatten. Vielleicht hatte der Konflikt auch etwas mit seinem Richteramt zu tun. Diesmal kam es leider zu Kampf und Blutvergießen. Jiftach siegte, und seine Leute besetzten die Fur-

ten des Jordan. Wenn ein Flüchtender hinüber wollte, mußte er das Wort Schibboleth nachsagen. Die Efraïmiter konnten aber kein „sch" aussprechen und wurden daran erkannt und erschlagen. Dieses Wort ist nun auch bei uns sprichwörtlich für ein Merkmal und Kennzeichen.
Nach 18 Notjahren war Jiftach 6 Jahre Richter in Israel.

Ibzan, Elon, Abdon

Ri 12,8–15
Ibzan aus Betlehem verwaltete 7 Jahre das Richteramt. Auch er hatte 30 Söhne und 30 Töchter.
Elon aus Sebulon war 10 Jahre in dieser Funktion.
Abdon aus Efraïm richtete 8 Jahre. Er hatte 40 Söhne und 30 Enkel, die auf 70 Eseln ritten – letzteres für uns eine unverständliche Angabe.
Die Größe dieser Familien, wie bei Jaïr, zeigt die Machtstellung an, welche die Richterautorität stützte.

Simson

Ri 13,1–16,31

Einleitung
Dieser Held ist ein Charismatiker eigener Art. Ein „unregelmäßiges Verbum". Er ist ganz ambivalent: liebenswert und furchtbar, humorvoll und tödlich ernst, unterhaltsam in Rätseln und listig, ein Spaßmacher und ein „Killer", leichtsinnig und gefährlich, riesenstark wie Tarzan und kindlich schwach, der Überlegene, der zuletzt doch unterliegt, ein Gottesmann und doch ein ganzes Weltkind, kein Heiliger. Ein Einzelganger, der dennoch Richter genannt wird, obwohl er weder Heerführer noch Rechtsberater ist. Israel ist durch ihn nicht gerettet worden; er bedeutet nur den Anfang der Errettung von den Philistern.
Die Simsongeschichten werden berichtet, aber nicht bewertet. Es wird mit größter Unbefangenheit erzählt. Darum sind diese Anekdoten so schön und so spannend. Und doch ist überall der Herr dabei!
13,1:
Die indogermanischen Philister, hebräisch *pelischtim*, nach denen das

Land Kanaan dann Palästina genannt wird (was die Israelis heute nicht mehr gern hören), waren im 12. Jahrhundert aus der Ägäis und aus Kreta (Am 9,7; Jer 47,4) eingewandert und haben sich im südlichen Teil der fruchtbaren Küstenebene festgesetzt: in Aschdod, Aschkelon, Ekron, Gat, Gaza. Sie wurden der gefährlichste und zäheste Gegner, den Israel unter seinen Nachbarn gehabt hat, der eigentliche Erbfeind. Sie werden die Unbeschnittenen genannt, und es besteht auch ein religiöser Gegensatz. 40 Jahre lang waren sie die Herren im Lande.

Simsons Geburt
13,2–25:
Der Stamm Dan, der zunächst an der Westküste saß, war unter diesem Druck in Auflösung begriffen. Die meisten zogen nach Norden. Einige hielten sich noch eine Weile. Dazu gehörte Manoach mit seiner unfruchtbaren Frau (vgl. Sara, Rebekka, Rahel, Hanna).
Wir hören eine Ankündigungsgeschichte der Geburt eines Gottesgeweihten – wie bei Isaak, Samuel, Johannes dem Täufer und Jesus. Nasiräer sind von Gott ergriffen, von Gott erweckt, zu besonderem Dienst gerufen oder durch Gelübde selbstverpflichtet. Ihre Kennzeichen sind das ungeschorene Haar und die Abstinenz von Wein. Sie sind von Gottes Geist „berauscht“. Der Geist des Herrn wird diesen Geweihten „umtreiben“, und er wird sich unstet herumtreiben.
Die so ausführlich und schön erzählte Engelbegegnung erinnert an Abraham 1 Mose 18, an Jos 5 und an Gideon Ri 6. Sie enthält auch die Frage nach dem Namen – wie bei Jakob 1 Mose 32 und bei Mose 2 Mose 3.
Der Name *schimschon* hängt zusammen mit *schemesch* = Sonnenmann.

Simsons Hochzeit
14,1–20:
Er nimmt ein Philistermädchen aus Timna, eine Liebe auf den ersten Blick. Seine Eltern müssen um sie werben. Sie „wußten nicht, daß es von Jahwe kam“.
Unterwegs zerreißt Simson einen jungen *Löwen,* in dessen Aas sich ein Bienenschwarm niederließ.

Beim Hochzeitsgelage gibt der übermütige Ehemann ein Rätsel auf, das darauf Bezug nimmt. Da es dabei um 30 Feierkleider geht, bedrohen die Gäste die junge Frau mit dem Tod, wenn sie nicht die Lösung erkundet und ihnen mitteilt. Voll Zorn erschlägt Simson 30 Philister, um den Gästen die Kleider zu geben, und kehrt ins Vaterhaus zurück. Das ist an sich noch keine Auflösung der Ehe. Denn es gibt auch die Form der sogenannten Zadiqa-Ehe, bei der die Frau nicht dem Mann folgt, sondern im Vaterhaus bleibt; vgl. Ri 8,31. Hier aber wird es anders aufgefaßt. Die Verlassene wird dem Brautführer gegeben.

Simsons Streiche
15,1–16,3:
Als Simsons Zorn sich gelegt hatte, kehrte er mit einem Versöhnungsgeschenk zurück, um sich mit seiner Frau zu vereinigen. Zu spät. Das Angebot der jüngeren Schwester schlägt er aus. Er sinnt auf Rache.
Er fängt 300 *Füchse*, bindet je 2 an den Schwänzen zusammen und steckt eine Fackel dazwischen. So jagt er die zu Tod erschreckten Tiere in die Kornfelder, Weinberge und Ölplantagen und verbrennt die Ernte. Die Geschädigten verbrennen aus Wut die Familie seiner Frau in Timna. Das löst wiederum die Rache Simsons aus. Eine Eskalation der Vergeltung!
Die Philister suchen ihn in Juda und bedrängen dessen Bewohner. Darum wollen sie, mit Simsons Einverständnis, ihn gebunden ausliefern. Im kritischen Augenblick zerreißt er aber die Stricke (er wird zum „Entfesselungskünstler") und erschlägt mit einem *Eselskinnbakken* tausend Philister (vgl. Schamgar 3,31). Hernach wird dem Dürstenden durch ein Wunder im Fels (vgl. Mose) eine Quelle eröffnet. Der Ort Lehi heißt „Kinnbacken". Dort gibt es eine Quelle, die aus einem Felsen kommt, der wie ein Eselskinnbacken aussieht.
In Gaza begibt sich der Held zu einer Hure. Das wird unbedenklich erzählt. Die Philister umstellen das Haus und bewachen das *Stadttor*. Aber noch in der Nacht hebt Simson die Flügel des Stadttors aus den Angeln und trägt sie auf die Höhe vor Hebron.

Simsons Fall
16,4–31:
Und wieder gewann er ein Philistermädchen lieb und wohnte bei ihr:

Delila. Durch Drohung und Lockung mit Geld wird auch sie überredet, das Geheimnis seiner Kraft zu erkunden, damit er bezwungen werden kann. Dreimal macht er täuschende Angaben und zerreißt alle Fesseln wie Spinngewebe. Schließlich aber erliegt er den Tränen der Frau und öffnet sein Herz, offenbart sein Geheimnis. Im Beischlaf werden ihm die Haare des Hauptes abgeschnitten. Mit dem Wahrzeichen des Gottgeweihten hat ihn auch die Gotteskraft verlassen. „Er wußte nicht, daß der Herr von ihm gewichen war." Er wird überwältigt, geblendet, in Ketten gelegt. Im Gefängnis muß er die Mühle drehen. Bei einem großen Fest zu Ehren ihres Gottes Dagon lassen sie ihn als Spaßmacher holen. Das Volk begrüßte ihn mit dem Spottlied (V. 24):

„Unser Gott hat gewandt in die Hand
uns den Simson, der wider uns stand,
der zur Wüste gemacht unser Land,
unser viele gestreckt in den Sand."

Man hatte aber nicht darauf geachtet, daß ihm die Haare wieder gewachsen waren. Der Blinde läßt sich zwischen die zwei tragenden *Säulen* des Saals führen, in dem und auf dem die führenden Leute des Volkes sich versammelt hatten. Simson bittet Jahwe um die Kraft zur Rache, umfaßt die Mittelsäulen und knickt sie. Das Haus stürzt zusammen, und er nimmt mehr Philister mit sich in den Tod, als er vorher umgebracht hatte.

Seine Brüder holten ihn und begruben ihn in seines Vaters Grab.

40 Jahre Not und 20 Jahre Gegenwehr durch Simson. Zweimal liest man, er habe 20 Jahre lang Israel „gerichtet" (15,20; 16,31), womit er nur in die Reihe der Helden aufgenommen wird.

Kritische Anmerkungen:

Die Simsongeschichten sind in mancher Hinsicht anstößig. Nicht nur in der Unmoral. Nicht nur wegen des Mangels an geistlicher Substanz gerade bei einem Gottgeweihten. Auch nicht wegen der maßlosen Übertreibung seiner Streiche, wodurch die Anekdoten zu Heldensagen werden. Vielmehr ist bedenklich, daß durch den Namen Schimschon, von *schemesch* = Sonne abgeleitet, ein dahinterstehender Sonnenmythos erkannt wird: Die Haare, die seine Kraft bedeuten, sind die Sonnenstrahlen. Und diese Verbindung von Sonnenmythos + Heldensage + Umgetriebensein vom Enthusiasmus eines Nasiräers paßt nicht zu einem „Richter“ in Israel und nicht zur Offenbarung Jahwes. Simson ist für uns ein Zeichen für die breitgefächerte Vielfalt religiöser Erscheinungen in Israel – auch ein Beitrag zur Religionsgeschichte.

Gerhard von Rad schreibt in „Gottes Wirken in Israel“ über die Richter S. 51–52: „Simson hatte einen göttlichen Auftrag, und für diesen Auftrag hatte er göttliche Gaben. Charisma nennt das Neue Testament diese göttliche Berufsausrüstung. Aber was vollbringt Simson damit? Sein Leben zeigt einen fortgesetzten Wechsel zwischen Krafterweisen und erniedrigender Schwäche. Seine Gotteskraft verpufft doch immer wieder in wirkungslosem Schabernack. Er spielt mit seinem Charisma und betätigt es nicht im Gehorsam. So zeigen uns die Simson-Geschichten das Bild einer vertanen Gotteskraft; vertan im Niederreißen. Sie zeigen das klägliche Unterliegen in dem Kampf zwischen Eros und Charisma. Simson schafft nichts, und er geht zuletzt in dem Chaos unter, das er um sich herum verbreitet. Und der Toten, die in seinem Tod starben, waren mehr, denn die bei seinem Leben starben.“

Heilsgeschichtlich gesehen sind Simsons Taten ein Vorzeichen für die nachfolgende Errettung Israels von den Philistern durch Gottes Kraft. Praktisch gesehen weist der Nasiräer Simson voraus auf Johannes den Täufer und auf Jesus, der nach Mt 2,23 den Beinamen Nazoräer erhielt, was aber bei ihm von Nazaret abgeleitet ist.

Hebr 11,32 nennt Simson zusammen mit den anderen Richtern und Märtyrern. Kirchenväter haben Simson als Typos für Christus hingestellt, der mit seinem Tod mehr gewirkt hat als in seinem Leben.

Stammesgeschichten

Ri 17–21

Beide Geschichten dieses Anhangs sind ein Beweis für das eigene Leben der Stämme. Beide haben etwas zu tun mit einem Leviten aus Betlehem.

Vom Stamm Dan

Ri 17,1–18,31

Das Thema dieser farbigen Erzählung ist die Gewinnung einer neuen Heimat für den kleinen und unternehmungslustigen Stamm Dan, der schon früh aus seinem „Los“ an der Mittelmeerküste vertrieben wurde. Dazu muß eine Stadt und ein Heiligtum gegründet werden.

17,1–6:

Ein Mann namens Micha auf dem Gebirge Efraïm gibt seiner Mutter entwendetes Geld zurück. Sie läßt daraus einen Hausgott (Efod = Terafim) schnitzen und gießen für die Hauskapelle des Sohnes. Der „füllt einem seiner Söhne die Hand“, d. h. er bestellt ihn zum Hauspriester durch Bereitstellung der Einkünfte.

17,7–13:

Ein Levit aus Betlehem in Juda sucht eine neue Bleibe und kommt gerade zu Micha. Der stellt ihn statt seines Sohnes als Priester an.

18,1–10:

Kundschafter Dans kommen auch dorthin und bleiben über Nacht. Sie wollen von dem Priester erfahren, ob Gott sie auf diesem Weg zum Ziel führt. So gelangen sie nach Lajisch und können ihrem Stamm gute Nachricht von dort zurückbringen.

18,11–26:

Nun setzt sich Dan mit seinen 600 Kriegern in Bewegung. Im Vorbeigehen nehmen sie aus Michas Haus das Götzenbild und auch gleich den Priester mit. Micha ist machtlos ihnen gegenüber.

18,27–31:

Die ahnungslosen Bewohner von Lajisch werden überfallen, erschlagen und die Häuser verbrannt. Die Stadt wird hernach unter dem Namen Dan wiederaufgebaut und mit dem Bild ein Heiligtum errichtet, das später durch seinen Stierdienst bekannt wird (1 Kön 12,28–30; vgl. 2 Mose 32). Die Priesterdynastie von Dan hat sich nicht nur auf die Leviten, sondern sogar auf Mose zurückgeführt. Später hat man den Text geändert und statt Mose den gottlosen König Manasse eingefügt.

Vom Stamm Benjamin

Ri 19,1–21,25

18,1 und 19,1 beginnen: „Zu der Zeit war kein König in Israel", und 21,25 schließt: „Deshalb tat jeder, was ihn recht dünkte." Es gab keine Schranken für Unrecht und Gottlosigkeit. Diese Geschichte ist eine der schlimmsten im AT.

19,1–10:

Ein Levit im Gebirge Efraïm hatte eine Nebenfrau aus Betlehem. Die lief ihm weg und kehrte in ihr Vaterhaus zurück. Ihr Mann zog ihr nach, „um freundlich mit ihr zu reden und sie zurückzuholen". Der Schwiegervater freute sich darüber und behielt den Leviten und seine Tochter gastfreundlich noch ein paar Tage bei sich.

19,11–30:

Auf dem Rückweg wollte der Levit nicht als Fremder in der Stadt der Jebusiter, in Jerusalem, einkehren, sondern kam bei Sonnenuntergang noch nach Gibea in Benjamin. Aber niemand wollte ihn über Nacht aufnehmen. Ein zugezogener Efraïmiter beherbergte ihn. In den Frieden des Abends kamen „ruchlose Männer", umstellten das Haus und forderten, den Durchwanderer herauszugeben. Der Hauswirt trat für ihn ein, bat sie, keine solche Schandtat zu begehen und bot seine Tochter dafür an. Da brachte der Gast in seiner Not seine Nebenfrau heraus. Die vergewaltigten sie die ganze Nacht bis zum Morgen. Als es hell wurde, lag sie tot vor der Tür. Der Levit lud sie auf den Esel und kehrte heim. Doch beerdigte er sie nicht, sondern zerstückelte sie in 12 Teile und sandte diese den 12 Stämmen Israels als Aufruf zur Sühne und Vergeltung.

20,1–48:

Da versammelte sich Israel wie *ein* Mann, um diese Schandtat zu rächen. Sie verlangten von Benjamin die Herausgabe der Frevler. „Aber die Benjaminiten wollten nicht auf die Stimme ihrer Brüder hören." Juda begann den Kampf und wurde geschlagen. Auch beim zweiten Versuch behaupetete sich Benjamin durch einen Ausfall aus Gibea. Erst beim dritten Mal hatte Israel durch einen Hinterhalt Erfolg und brachte Benjamin eine vernichtende Niederlage bei, so daß dieser Stamm fast ausgelöscht wurde.

21,1–25:

Das Volk bedauert es sehr, daß es dadurch um einen Stamm weniger geworden sein soll. Zwar muß auf Unrecht Strafe folgen. Aber auch das kranke Glied am Leib der Gemeinde bleibt noch ein Glied! Die übriggebliebenen Benjaminiter taten ihnen also leid. „Wie können wir ihnen helfen, daß sie zu Frauen kommen? Wir haben geschworen, ihnen keine von unseren Töchtern zu geben." Nun hatte Jabesch in Gilead die Waffenhilfe verweigert. An diesem Ort wurde darum der Bann vollstreckt – nur nicht an den Mädchen. Die boten sie den Benjaminiten an. Aber sie reichten nicht aus. Darum wurde geplant, bei einem Fest im kanaanäischen Schilo (das damals noch nicht erobert war) die Mädchen, die zum Reigentanz herausgehen, zu rauben. So kehrte wieder Frieden ein. Aber um welchen Preis! Der letzte Satz des Richterbuchs erklärt: „Zu der Zeit war kein König in Israel; jeder tat, was ihn recht dünkte."

Und doch waltet auch über dieser „königlosen, der schrecklichen Zeit" *der* König Israels, Jahwe. Und so, wie Israel an Benjamin tat, so läßt er auch Gnade walten im Gericht.

Die Parallelen zu dieser grausigen Geschichte sind auffallend: Die Schandtat in Gibea ist eine fast wörtliche Wiedergabe der Schilderung der „ruchlosen Leute" in Sodom 1 Mose 19. Was ist primär, was sekundär? Oder stammen beide von demselben Erzähler? Die Zerstückelung der Leiche ist eine Parallele zur Zerstückelung der Rinder Sauls, womit er die Stämme mobilisiert, 1 Sam 11,7. Der Frauenraub erinnert an den Raub der Sabinerinnen.

Durch die Erzählungen des Richterbuches entsteht der Eindruck, daß von der Landnahme bis zu Davids Staatsgründung nur Schreckliches in Kanaan geschah – von außen und von innen. Dieser Schein trügt, weil eben nur das Außerordentliche erzählt wird, und das war allerdings meist schlimm, sowohl politisch als auch religiös. Immerhin sind von den angenommenen 280 Jahren doch 220 Jahre ruhige Zeiten gewesen. Es gab also nicht nur Kämpfe und Gewalttaten, sondern auch ein friedliches Miteinander und Nebeneinander.

Von den Lichtseiten jener Richterzeit erzählt das Buch Rut.

Das Buch Rut

Goethe nennt es „das lieblichste kleine Ganze, das uns episch und idyllisch überliefert worden ist". Es gehört zu den besterzählten Stükken der Bibel und ist ein Kunstwerk aus Meisterhand.
In der hebräischen Bibel findet man es im 3. Teil, den Ketubim = Schriften, in der Reihe der 5 Megillot = Festrollen, die zu Festen verlesen werden: Hoheslied, Rut, Klagelieder, Prediger, Ester. Wegen der Ernteschilderungen wird Rut an Pfingsten, dem jüdischen ersten Erntefest, im Gottesdienst benützt. Aber bereits die LXX stellt es hinter das Richterbuch, zu dem die erzählte Geschichte zeitlich gehört (1,1). Denn Rut steht in der Genealogie Davids als seine Urgroßmutter.
Die Zeit der Abfassung dieses Büchleins liegt allerdings später. Hier ist ein gutes Verhältnis zu Moab als selbstverständlich vorausgesetzt. Und das weist auf die mittlere Königszeit.

Die Heimkehr in Jahwes Land

1,1–22

Zur Zeit der Richter entstand eine Hungersnot. Darum wanderte Elimelech aus Betlehem mit seiner Frau Noomi (die Liebliche) und seinen Söhnen Machlon und Kiljon nach Moab aus. Der Mann starb bald, die Söhne, deren Namen als „Krankheit" und „Schwindsucht" gedeutet werden können, nach 10 Jahren und hinterließen ihre Frauen Orpa und Rut kinderlos. Als die Hungersnot vorüber war, wollte die Schwiegermutter wieder in ihre Heimat ziehen. Die jungen Frauen sollen „ins Haus ihrer Mütter" (!) zurückkehren. (V. 11 bringt die Andeutung einer Schwagerehe, vgl. 1 Mose 38; 5 Mose 25,5–10; Mt 22,24.) V. 13: „Mein Los ist zu bitter für euch." Noomi bleibt die Einsamkeit ohne Rechtsschutz und Altersversorgung. Es ist schrecklich, ohne Söhne zu sterben, die den Namen und den Besitz fortsetzen. Die Schwiegertöchter wollen sie zwar nicht im Stich lassen. Aber Noomi redet ihnen energisch zu, weil sie um ihre Zukunft besorgt ist. Orpa ist schließlich den Vernunftgründen zugänglich und nimmt herzlichen Abschied. Doch Rut hält unbeirrbar an ihrem außergewöhnlichen Entschluß fest, unter allen Umständen die Hausgemeinschaft fortzusetzen um den Preis, daß sie Vaterland, Mutterhaus und Religion verlassen muß (wie Abraham 1 Mose 12,1).

1,16–17:

Das ist die dichterische Sprache des Bekenntnisses. Das theologische Kernstück dieses Kapitels. Rut gibt die Heimat mit ihrer Sitte und Sprache, den Rechtsverband, die Glaubensgemeinschaft auf und tritt mit dem Übergang über den Jordan in den Machtbereich Jahwes ein. Gerade durch das Verlassen bekommt sie neue Heimat, ja ewige Heimat, gerade durch dieses Opfer ihres Lebens Erfüllung. (Vgl. Mt 19,27–30: „Wer verläßt ... um meines Namens willen, der wird's vielfältig empfangen ...".) Kein Wunder, daß dieses Wort häufig als Trautext gewünscht wird; er sagt wirklich alles aus, was für eine Ehe grundlegend ist.

Die Namensänderung Noomi, die Liebliche, in Mara, die Bittere, wird nicht aufrechterhalten. Dafür sorgt Gott.

Die Heimkehr in „Gottes eigenes Land" geschieht zur Zeit der Gerstenernte, die eine entscheidende Rolle in dieser Geschichte spielt.

Die Ährenleserin

2,1–23

Gottes Lohn für Ruts Treue: Ihr Leben unter der Regie Gottes.

Das Ährenlesen ist die Arbeit und das Recht der Armen. Es ist sehr anstrengend und braucht viel Fleiß und Ausdauer, wenn es etwas einbringen soll. Frauen sind dabei den Launen der Schnitter ausgesetzt und auf die Güte der Besitzer angewiesen. Durch „Zufall" kam Rut auf den Acker des angesehenen und vermögenden Boas („in ihm ist Kraft"), des Verwandten von Elimelech. In der Bibel kommt also doch das Wort „Zufall" vor: Rut 2,3; Mt 6,33. „Es traf sich" vom hebräischen *gara, migrä* = Zufall oder Schicksal. Zufall für den, den es trifft; Schicksal im Blick auf den, der es schickt! Zufällig kommt auch noch Boas selbst auf dieses Feld und erkundigt sich nach dem „jungen Mädchen" (das Wort wird aber auch für die junge Frau gebraucht). Wegen ihrer Treue zu Noomi gewährt er ihr Vergünstigungen und Schutz, was sie mit Bescheidenheit und Takt annimmt.

2,11–13 ist das theologische Kernstück des 2. Kapitels: „Du bist zu Jahwe gekommen, daß du unter seinen Fittichen Zuflucht hättest."

Aus dieser Begegnung kommt großes Glück für beide Frauen. Jahwe nimmt sich der Witwen an. Der Segen Gottes kommt auf den, der Barmherzigkeit tut, und auf die, welche Barmherzigkeit empfangen. Noomi staunt, als sie den Namen hört; denn Boas gehört zu den Lösern (*goël*). Der nächste Verwandte hat das Recht und die Pflicht, verwaisten Grund und Boden nicht in fremde Hand fallen zu lassen, sondern Rechtsansprüche einzulösen und der Sippe das Land zu erhalten (vgl. auch Jer 32). Von Elimelech her besteht noch ein Besitzanteil an einem Grundstück (4,3). Zum Einlösen gehören aber nicht nur die wirtschaftlichen Verpflichtungen, sondern auch die personellen: dem ursprünglichen Besitzer durch Leviratsehe einen Nachkommen und Erben zu geben.

Eine riskante Eheanbahnung

3,1–18

„Ich will dir eine Ruhestatt suchen, damit du es gut hast": Das ist „der Hafen der Ehe". Aus Fürsorge wird Noomi zur Kupplerin oder Vermittlerin. Das ist riskant. Rut soll sich in der Nacht dem Boas anbieten. Das ist bedenklich von der Sitte her: „Das tut man nicht in Israel" (1 Mose 34,7; 2 Sam 13,12). Es ist auch theologisch bedenklich: Noomi will Gott nachhelfen wie einst Sara mit der Hagar (1 Mose 16). Es ist aber zu bedenken: Noomi hat die Verantwortung für Rut. Es wäre unverantwortlich, eine sich bietende Möglichkeit, die unsichere Lage zu verändern, nicht zu ergreifen. Noomi hat die Lösung (im doppelten Sinn des Wortes) im Auge. Immerhin ein gefährliches Spiel.
Die Tenne des Boas liegt nahe dem Hirtenfeld von Betlehem. Boas wird am Nachmittag bis zum Abend gegen den Westwind worfeln, die Spreu vom Korn sondern. Man pflegt in der Nähe des Kornhaufens zu übernachten, um Diebstähle zu verhindern. Beim Einbruch der Dunkelheit wird gefeiert mit Essen und Trinken. Rut hat sich inzwischen wie zur Hochzeit bereitet. Sie soll gleichsam als Braut zu ihm gehen. Sie setzt alles aufs Spiel. „Und sie kam leise und deckte zu seinen Füßen auf und legte sich hin." (HWH: Das hebräische Wort „Flügelausbreiten" wird auf die Heirat angewendet; „den Kleiderzipfel aufdecken" hat einen sexuellen Sinn, auch „erkennen" und „sich schlafen legen", vgl. Beischlaf; „zu seinen Füßen" ist euphemistisch für die Beine.) „Er beugte sich vor (oder: drehte sich um); und siehe, eine Frau lag zu seinen Füßen (oder: an seiner Seite)."

Man hält den Atem an. Noomi, ist dieses Risiko nötig? Hättest du nicht selbst den Boas aufsuchen und alles mit ihm besprechen können? Rut kann ja mit Schimpf und Schande davongejagt werden. Boas kann ja auch die günstige Gelegenheit eines Schäferstündchens ausnützen, ohne eine Rechtsfolgerung daraus zu ziehen, für die kein Zeuge da ist! Für Noomi ist der normale Weg der unsichere. Sie verspricht sich mehr von der unmittelbaren Erscheinung der jungen Frau. Denn Boas ist ein bedächtiger Mann, der sich von einer alten Frau nicht überreden, aber vielleicht von der Schönheit und Anmut der Rut überwinden läßt. Was wird er tun? Was macht Jahwe daraus?
„Mit meisterhafter Sicherheit wird der Nachtszene die Bedenklichkeit und Schwüle genommen" (HWH S. 273). Rut hat einfach im Gehorsam gehandelt – wie Ester: „Komme ich um, so komme ich um." Darum antwortet sie: Nimm mich als dein eigen an; denn du bist der Löser. Es geht nicht nur um mich, sondern um die Familie. Boas ist auch hier der ehrenhafte Bauer, der auch jetzt seine Besonnenheit nicht verliert. Er erkennt die göttliche Führung. Sie hat jetzt noch größere Liebe zur Familie ihres Mannes erwiesen als zuerst. Sie hätte auch sonst eine gute Partie mit jüngeren Männern machen können. Er gibt ihr sein Ehrenwort. Daß er sie für den Rest der Nacht hierbleiben läßt, bedeutet Schutz vor den Gefahren der Nacht, da zur Erntezeit junge Männer trunken herumschweifen können. Andererseits darf niemand ihre Anwesenheit bemerken, damit ihre Ehre nicht angetastet werden kann. Als Zeichen seines Wohlwollens und zur Sicherung vor Mißdeutung gibt er ihr 40 kg Getreide mit.

Die „Lösung"

4,1–22

Rechtsangelegenheiten werden auf dem Platz beim Tor verhandelt. Zufällig kommt am Morgen gerade der Verwandte vorbei, der den ersten Anspruch auf die Einlösung hat. Die zwei Verhandlungspartner brauchen 10 Zeugen, das ergibt die Zahl 12. Die Verhandlung wird sehr geschickt geführt: Es wird zuerst vom Besitz und dann von der Frau gesprochen. Der fragliche Acker konnte bisher nicht verkauft werden, weil Noomi ihren Anteil daran hat. Es besteht also eine Erbengemeinschaft. Jetzt ist Noomi im Begriff, ihren Anteil abzustoßen. Der andere ist bereit, ihn abzulösen. Man hält noch einmal den

Atem an: Aber dann mußt du auch die Moabiterin „in Kauf nehmen". Da tritt jener zurück, um nicht sein Erbteil zu schädigen. Zur Bestätigung des Rechtsgeschäftes und zur Besiegelung des Vertrags wird nach altem Brauch der (rechte) Schuh ausgezogen. Der Schuh ist das Sinnbild der Herrschaft (sagt HWH. Bei Verweigerung der Pflicht wird einem Menschen der Schuh ausgezogen, 5 Mose 25,9). Nun ist der Weg frei. Die Ehe ist öffentlich „aufgeboten" und verkündigt. Boas wird dazu beglückwünscht. Dabei wird die Kanaanäerin Tamar als seine Ahnfrau erwähnt, wie auch nach Mt 1,5 die Kanaanäerin Rahab seine Mutter sein soll. So wird die Moabiterin Rut seine Frau und die Urgroßmutter Davids – wie später die Hetiterin Batseba die Mutter Salomos. Alle Völker sind an der Heilsgeschichte beteiligt!

Boas nimmt Rut zu sich, und sie bekommt einen Sohn. Rechtlich ist er Machlons Kind. Noomi legt ihn des zum Zeichen auf ihren Schoß und wird seine Wärterin. Die Nachbarinnen sagen: Der Noomi ist ein Sohn geboren, und nennen ihn damit Ben-Noam, Wonnesohn. Biologisch ist er Boas' Sohn. Er nannte ihn Obed, der Dienende (vgl. *ebed jahwe*, Gottesknecht). Der wird der Vater Isais, welcher Davids Vater ist.

Jahwe war hier der eigentliche Löser. Er hat alle Schwierigkeiten gelöst. Seine Führung – der Josefgeschichte ähnlich – läßt nicht nur zwei arme Frauen unter seinen Fittichen Zuflucht und eine Ruhestatt finden. Vielmehr wird die gnädige Führung ihrer Familie eingefügt in die Heilsgeschichte Gottes mit seinem Volk Israel und – durch Einbeziehung der andern Völker – mit der ganzen Menschheit.

Die Samuëlbücher
Von der Volkwerdung zur Staatsbildung

Einleitung

Die bisherigen Bücher von Exodus über Josua zu den Richtern haben die Volkwerdung Israels zum Inhalt. Die Samuëlbücher beschreiben die Staatsbildung Israels und berichten vom letzten Richter, Samuël, von dem tragischen König Saul und von dem siegreichen König David. Ursprünglich bildeten die Erzählungen von dieser Geschichtsepoche ein einziges Buch. Erst im 15. Jahrhundert teilte man den Stoff auf zwei Rollen auf. Die griechische Septuaginta (LXX) faßt die Samuël- und Königsbücher in vier „Bücher der Königsherrschaften" zusammen, was die katholische Kirche übernommen hat.
Die in den Samuëlbüchern beschriebenen Ereignisse stehen zu einem großen Teil in zeitlicher Nähe zu ihrer Abfassung, so daß hier Zeitgenossen zu Wort kommen. Das gibt ihrer Geschichtsschreibung Vorrang vor allen bisherigen Überlieferungen und einen hohen historischen Wert. Es sind freilich auch Stücke aufgenommen, die literarisch selbständige Traditionen darstellen. Der Endverfasser bzw. Redaktor gehört wohl dem deuteronomistischen Kreis an. Das zeigt seine Einstellung zu den drei Hauptgestalten Samuël, Saul und David. Samuël ist der von Mutterleib an für die Führungsaufgabe vorgesehene Gottesmann, der wie Mose die Leitung des Volkes mit prophetischen und priesterlichen Gaben und Aufgaben vereinigt. Das ist, theologisch gesehen, der Idealzustand; denn ein irdischer König beeinträchtigt das Königtum Jahwes, obwohl er aus politischen und letztlich aus heilsgeschichtlichen Gründen notwendig ist. Diese Spannung wirkt sich nachhaltig auf die Beurteilung Sauls aus. Er ist der Erwählte und zugleich der Verworfene. Geschichtlich hat er zweifellos mehr bedeutet, als die Berichte zunächst erkennen lassen. Ohne die Vorarbeit Sauls wäre die Schaffung eines geeinten Reiches nicht denkbar gewesen. David ist mit messianischem Glanz umkleidet. Er hat das Volk geeint, den Staat gebildet und ein Großreich geschaffen. Mit ihm beginnt die eigentliche Geschichte Israels und gewinnt zugleich ihren Höhepunkt.
Alle drei sind je in ihrer Art Wegbereiter für den göttlichen Messias.

Samuël, der letzte Richter
Priester + Prophet + Königmacher
Seine Zeit: ca. 1050–1010 v. Chr.

1Sam 1–15

Samuëls Geburt und Berufung zum Propheten

1Sam 1–3

Der Efraïmit Elkana in Rama („die Höhe“, dem späteren Arimatäa) hat zwei Frauen: die Lieblingsfrau Hanna ist unfruchtbar, die Nebenfrau Peninna hat Kinder und spielt sich gern gegen die andere auf. (Die Parallele zu Lea und Rahel liegt nahe und erinnert auch an Sara, Rebekka, Simsons Mutter und Elisabet.) Bei der jährlichen Wallfahrt nach Schilo, dem Sitz der Bundeslade (zwischen Bet-El und Sichem gelegen), schüttet Hanna im Gebet vor dem Herrn ihr Herz aus und bittet um einen Sohn, den sie dem Herrn weihen will. (Er wird aber nicht Nasiräer werden wie Simson, sondern Priester in Schilo.) Der Hohepriester Eli, der sie wegen ihres leisen Gebetes zunächst für betrunken hält, gibt ihr den tröstlichen Zuspruch: Der Gott Israels wird deine Bitte erfüllen. Und sie bekommt ihren Sohn Sch^{e}muel. In diesem Namen verbergen sich die Worte *schem* = Name und *el* = Gott; er ist also der, über dem der Name Gottes genannt ist, der Gottesmann. Hannas Ableitung „ich habe ihn vom Herrn erbeten“ von *schaal* = bitten, fordern führt aber auf den Namen Schaul = der Erbetene und Angeforderte, stimmt also nicht für Samuël. Das hat zu der Frage Anlaß gegeben, ob diese Erzählung von dem von Gott erbetenen Kind nicht ursprünglich zu Sauls Geburt gehört und auf Samuël übertragen wurde. Mindestens ist damit eine Linie aufgezeigt, die von Samuël zu Saul führt.

Nach drei Jahren wird das Kind entwöhnt (das Stillen durch die Mutter dauert oft drei Jahre, vgl. 2Makk 7,27) und dem Gelübde entsprechend in das Heiligtum Schilo gebracht. „Der Herr hat mir meine Bitte gewährt, die ich von ihm erbeten habe. So lasse auch ich ihn mir wieder abfordern vom Herrn; solange er lebt, soll er als vom Herrn angefordert gelten.“ (1,28 ist ein Wortspiel mit dem Namen Schaul: erbe-

ten = *sch^{e}elathi*, gefordert = *schaalthi*). Der Lobgesang der Hanna, ein Psalm Israels, wird hernach von Maria als ihr Magnifikat aufgenommen.
„So stand nun der Knabe im Dienst Jahwes unter der Aufsicht des Priesters Eli“ (2,11). Er war mit einem leinenen Efod, dem Priesterrock, bekleidet und hatte seine Schlafstätte unmittelbar an der Lade als Wächter des Heiligtums. Er „nahm immer mehr zu an Wuchs und an Gunst bei dem Herrn und bei den Menschen“ (2,26).
In einer Nacht hört Samuël seinen Namen rufen und geht gehorsam zu Eli. Beim dritten Mal merkt der alte Priester, daß es sich um einen Gottesruf handelt, nachdem es zuvor nur selten ein Wort und eine Offenbarung Gottes gab (mit Ausnahme des unbekannten Propheten, der dem Eli die Ablösung vom Priesterdienst ansagt: 2,27–36). Er schickt ihn zurück, damit er die Offenbarung empfange. „Rede, Herr, denn dein Knecht hört.“ Er muß das Gericht über das Haus Eli hören, weil seine Söhne durch ihren Terror von oben das Priesteramt entweiht und verwirkt haben. Und er muß es dem alten Eli eröffnen, der sich darunter beugt: „Es ist der Herr; er tue, was ihm wohlgefällt.“
Von da an empfing Samuël oft Worte des Herrn, und Israel erkannte, daß der Priester Samuël damit betraut war, Prophet Jahwes zu sein. „So wurde das Wort Samuëls für ganz Israel wie das Wort des Herrn.“ Er ist also Priester und Prophet und damit auch Richter in Israel und vereinigt damit in sich die drei Ämter des Christus: König, Priester und Prophet. Er nimmt eine höhere Stellung ein als Josua und wird damit zum ersten Vorläufer Christi.

Ein Zwischenstück:
Die Philister und die Bundeslade
1Sam 4–6

Dieses Zwischenstück gehört ursprünglich nicht zur Samuëlgeschichte. Dessen Name wird nicht genannt. Inhaltlich knüpft es an die Simsongeschichten an, d. h. an die beginnenden Kämpfe mit den Philistern.
Beim ersten Zusammenstoß wird Israel geschlagen. Man führt das darauf zurück, daß die Bundeslade nicht dabei ist, und läßt sie von Schilo holen. Als nun „die Lade des Bundes des Herrn der Heerscharen, der über (oder zwischen) den Keruben thront“, als Zeichen, daß der Herr des Krieges unter ihnen ist, im Lager ankommt, erhebt das

Heer ein dröhnendes Kampfgeschrei. Die Philister nehmen den Gott Israels ernst und kämpfen darum unter Aufbietung aller Kräfte. Israel erleidet eine vernichtende Niederlage: Die Mehrzahl liegt tot auf dem Schlachtfeld, und die Lade ist in Feindeshand, die Elisöhne erschlagen. Damit ist ein Tiefpunkt erreicht wie seit Ägypten nicht mehr.
Als der Unglücksbote in Schilo eintrifft, fällt Eli vom Stuhl und ist tot. (Er wird in 4,18 Richter genannt und seine Amtszeit schematisch mit 40 Jahren angegeben.) Die hochschwangere Schwiegertochter bekommt eine Frühgeburt und stirbt mit dem Ruf Ikabod = die Herrlichkeit des Herrn ist aus Israel weg, und so nennt man ihren Sohn. Wahrscheinlich wird im Zug der Verfolgung auch Schilo und sein Heiligtum zerstört; denn die Lade kehrt nicht mehr dorthin zurück (6,21).
Damit geht das Priestertum an ein „verläßliches Priestergeschlecht nach dem Herzen Gottes über, der vor dem Gesalbten aus- und eingehen wird" (2,35). Das kann aber nicht Samuël sein, sondern das ist ein Vorgriff auf die Davidszeit und auf den Priester Zadok, der die Nachkommen Aarons in Jerusalem ablöste.
Die Bundeslade in der Hand der Heiden! Das hat es noch nie gegeben. „Jahweh ist nicht an die Lade gebunden, aber er bleibt ihr verbunden" (HWH^2 S. 37). Im Tempel Dagons zu Aschdod steht nun Gott gegen Gott. Aber am nächsten Morgen liegt Dagons Bild vor der Lade auf der Nase wie ein Untertan vor seinem Herrn, und am übernächsten Tag sind ihm dazu noch Kopf und Hände abgeschlagen. Die Überlegenheit Jahwes ist erwiesen. Israel ist besiegt, Jahwe aber nicht. Dazu kommen Plagen wie in Ägypten. Mäuse verbreiten eine Epidemie, die Afterbeulen erregt. Das ist nicht nur schmerzhaft, sondern eine Schmach. Es hilft nichts, daß die Lade von Ort zu Ort weitergeschickt wird. Überall tritt die gleiche Pest auf. Da raten die Priester und Wahrsager, die Lade mit Sühnegeschenken zurückzuschicken.
Man lädt sie auf einen Wagen und läßt die Kühe laufen. Sie werden von Gott gelenkt und kommen nach Kirjat-Jearim; denn Schilo besteht nicht mehr. Aber warum nicht nach Mizpa, wo das heilige Zelt steht? Die Philister legen Wert darauf, daß die Lade zwar auf israelischem Boden steht, aber noch im „besetzten Gebiet" und darum noch unter ihren Augen. Von Samuël ist überhaupt nicht die Rede, obwohl er doch jetzt die wichtigste Persönlichkeit in Israel ist. Davon wird in den folgenden Kapiteln erzählt.

Der Richter Samuël
1Sam 7–15

Der Richter als Nothelfer
Kap. 7
An die Niederlage von Afek schließen sich 20 notvolle Jahre an. Da wird der Priester und Prophet Samuël als die einzige Autorität in Israel auch zum Richter. Er versammelt das Volk zu einem Buß- und Bettag in Mizpa. Die Philister verstehen das als Kriegsvorbereitung und setzen sich in Marsch. Dabei ist ja Israel völlig entwaffnet (13,19ff) und hat nur noch die Waffe des Gebets (7,9). Aber ihr Gebet setzt den allmächtigen Gott in Bewegung. Mit Donner greift er vom Himmel her ein und schreckt die Philister so, daß die Israeliten sie nur noch zu verfolgen brauchen. Es ist allein Jahwes Sieg – wie 2Mose 14; Jos 6; 10; Ri 5. Zum Gedächtnis wird ein Stein der Hilfe = Eben Ezer aufgerichtet (vgl. EKG 236). „Solange Samuël lebte", hatte er Ruhe vor den Philistern: Der Gottesmann war ihnen so unheimlich wie die Lade; darum haben sie sich seiner nicht bemächtigt.
7,15–17: Samuël betätigte sich als Richter jährlich an den drei Heiligtümern im Südteil des Gebirges Efraïm: in Mizpa, Bet-El und Gilgal. Er vereinigte das charismatische Retterwerk der großen Richter mit dem institutionellen Amt der kleinen Richter. Seine besondere Aufgabe war aber die Überleitung der Richterzeit in die Königszeit. Der letzte Richter wurde zum Königmacher.

Der Richter als Königmacher
Kap. 8
Das Volk will einen König. Das ist politisch und militärisch notwendig. Samuël widerstrebt. Nicht nur aus persönlicher Kränkung, sondern aus theologischen Gründen. Er vertritt die kritische Stimme von jahwetreuen Kreisen: Gott allein ist König. Aber Gott läßt es nicht nur zu, sondern er will es so. Die Zeit ist reif für die Staatwerdung Israels. Der äußere Anlaß ist das Versagen der Söhne Samuëls. Die Erbfolge scheiterte bei Gideon, Eli und Samuël. Der deuteronomistische Verfasser wertet das Volksbegehren eines richterlichen Königs positiv; denn der irdische König ist ja nur Beauftragter des himmlischen Königs, sein Gesalbter und sein „Sohn". Aber die Berufung auf

die Heiden als Vorbilder für die politische Führung ist für ihn negativ. Darum muß er auch die Gefahren aufzeigen, die sich durch ein absolutistisches Regime und durch die dynastische Erbfolge ergeben werden. Das ist das große Dilemma.
Der von Gott ausersehene Mann ist der Benjaminit Schaul, der vom Volk Erbetene, der von Gott Geforderte!

Des Richters Abschiedspredigt
Kap. 12,1–25
Ort der Volksversammlung ist wahrscheinlich Gilgal. Samuël sucht Entlastung für seine Amtsführung. Und das Volk bestätigt ihm, daß er unbestechlich war und keine Gewalt geübt noch Unrecht getan hat. Er gibt noch einmal einen Rückblick auf den Weg Israels und ermahnt das Volk – wie einst Josua –, Jahwe treu zu bleiben und sich nicht zu den nichtigen Götzen zu wenden. Zuletzt versichert er, daß er weiterhin das Priesteramt wahrnehmen werde: für sie zu beten und sie den guten und richtigen Weg zu lehren. „Werdet ihr aber Unrecht tun, so werdet ihr und euer König verloren sein!"

Saul, der tragische Fürst
Seine Zeit: ca. 1020–1004 v. Chr.

1 Sam 9–31

Seine Erhebung zum König
1 Sam 9–11

Der Volksentscheid war eindeutig. Israel wollte einen König haben. Jahwe nimmt das Volksbegehren an. Ja, er selbst hat diesen Bewußtseins- und Willensprozeß gesteuert; denn die Heilsgeschichte zielt auf den Messias für Gottes Reich, und das Königtum Israels war die Vorstufe dazu. Dem Samuël wird von Gott befohlen, dem Volk einen König zu „machen" (8,22). Er hat nur auf die Leitung Gottes zu achten.

Schaul (so die hebräische Form), Sohn des Kisch, ein schöner junger Mann, sucht die entlaufenen Eselinnen, ohne sie zu finden. Darum wendet er sich an den berühmten Mann Gottes, den Seher; denn „alles, was er sagt, trifft ein". Der ist gerade auf dem Weg zu einem Opferfest auf der Höhe bei Rama. Ihm war das Kommen Sauls von Gott schon angezeigt worden. Samuël läßt ihn zunächst am Opfermahl teilnehmen. Am nächsten Morgen salbt er heimlich den Saul „zum Fürsten über Jahwes Erbteil" und verheißt ihm: „Der Geist Jahwes wird über dich kommen, daß du in Verzückung gerätst; da wirst du umgewandelt und ein anderer Mensch werden."

Danach rief Samuël das wehrfähige Volk nach Mizpa zusammen, um durch Losentscheid den Herrscher finden zu lassen. Das Los fiel auf Saul. Von den Stämmen und dem Heer wurde er mit Jubel begrüßt. Aber er ging zunächst heim nach Gibea und trieb seine Landwirtschaft weiter (10,26; 11,5).

Die Not der von den Ammonitern belagerten Ortschaft Jabesch in Gilead war der Anlaß zum ersten Heeresaufgebot und führte zu einem vernichtenden Schlag gegen die Feinde. Daraufhin wurde in Gilgal „das Königtum erneuert", d. h. bestätigt.

Es gibt also drei Überlieferungen von der Erhebung Sauls:

a) die geheime Salbung durch den Priesterpropheten in Rama, die vielleicht von Bet-El tradiert wurde: 9,1–10,16;

b) die Designation Jahwes durchs Los und die Akklamation des Volkes in Mizpa: 10,17–27;
c) die Ratifikation in Gilgal nach dem Sieg über die Ammoniter: 11,12–15.

Der Redaktor hat aus diesen drei verschiedenen Traditionen eine sinngemäße Stufenfolge gemacht und so die Legitimation Sauls an den drei maßgebenden Heiligtümern zu einer Einheit verbunden.

In 13,1 ist das Alter Sauls beim Regierungsantritt ausgelassen. Nach 9,2 war er noch ein junger Mann. Nach 13,2 hat er bereits einen waffenfähigen Sohn als Truppenführer. Nach 14,49 hat er bereits fünf erwachsene Kinder. Demnach müßte er etwa 45 Jahre alt gewesen sein.

In 13,1 werden nur zwei Jahre Regierungszeit angegeben. Man vermutet hier ein Mißverständnis; denn alles, was berichtet wird, kann schwerlich in zwei Jahren untergebracht werden. Paulus spricht nach Apg 13,21 von vierzig Regierungsjahren, die allerdings symbolisch zu deuten sind. Historisch läßt sich keine Klarheit gewinnen – nur soweit, daß seine Zeit relativ kurz war.

Das Zerwürfnis zwischen Richter und König

1Sam 13+15

Die Philister hatten ihr Heerlager gegen Israel aufgeschlagen. Das Aufgebot Sauls war kleiner. Darum verkrochen sich die Ängstlichen. Der König wartete in Gilgal verabredungsgemäß sieben Tage auf Samuël, der das Opfer darbringen sollte. Diese Verzögerung schadete der Sache; da ihm jetzt noch mehr Krieger davonliefen und die bestimmte Zeit um war, opferte der König selbst. Das rechnete ihm der verspätet kommende Priester als Schuld an: „Du hast töricht gehandelt und das Gebot des Herrn nicht gehalten." Aber das kann man nicht gelten lassen. Der König mußte handeln. Man muß Hertzberg zustimmen: „Wenn hier einer unrecht hat, dann ist es Samuel, aber nicht Saul" (HWI I^2 S. 80). Das wurde ein Grund zum Zerwürfnis mit Samuël, war aber kein Grund zur Verwerfung durch Gott. Das nächste Kap. 14 berichtet dann auch von einem großen Sieg.

In einer Zeit, als die Philister Ruhe gaben, animierte Samuël, der sich durchaus nicht „im Ruhestand", sondern immer noch in Verantwortung fühlte, den König zu einem Feldzug gegen die Amalekiter, an denen der Bann vollstreckt werden sollte. Das geschah auch, aber Saul verschonte den König Agag, und seine Krieger verschonten das wertvolle Vieh, um es Gott zu opfern. Sie taten es nicht eigennützig, um sich an der Beute zu bereichern. Aber der Bannbefehl wurde nicht vollständig ausgeführt. Das war das zweite Zerwürfnis zwischen dem alten und dem neuen Führer. „Gehorsam ist besser als Opfer." Ein wichtiges Wort. Saul nimmt das an und bittet um Vergebung. Er hält Samuël am Priesterrock fest. Der aber reißt sich los, und der König hält nur noch einen Zipfel in der Hand, ein sinnenfälliges Zeichen, daß die Verbindung zerrissen war. „Jahwe hat dich auch verworfen." Genügt ein gut gemeinter Fehler zur Verwerfung eines Auserwählten? In 4 Mose 31 wurde Mose im gleichen Fall auch zornig, zog aber nicht solche Konsequenzen. Wird hier nicht in der Rückschau ein theologischer Grund für eine politisch-militärische Unterlegenheit gesucht? Es war ja auch nicht nur ein persönlicher Konflikt zwischen Samuël und Saul. „Das Verhältnis zwischen sakralen und politischen Funktionen des Königs war unklar, und die weltlichen Erfordernisse des Königs gerieten mit den alten religiösen Traditionen in Konflikt" (M. Noth, Geschichte Israels, S. 152). Dieses neue Königtum hatte noch keine feste Basis. Die Eigenständigkeit der Stämme und die religiöse Opposition hinderten Saul am Handeln. Ein schlagkräftiges Heer stand ihm nicht zur Verfügung, und die Aufrüstung hatte gerade begonnen. Die Zeit war zwar reif für das Königtum, aber das Volk noch nicht. Darum hatte das Königtum noch zu wenig Erfolge. Aber ohne Sauls Vorarbeit wäre Davids Staatsgründung nicht möglich gewesen. Und darum führte dennoch ein gerader Weg von Samuël über Saul zu David.

Systematische Überlegungen zum Scheitern Sauls

Der politische Aspekt

Der zeitgeschichtliche Hintergrund

Israel als ein sakraler Stammesverband ohne staatliche Zusammenfassung und ohne eine politisch-militärische Spitze war ein Sonderfall in

Palästina. Ringsum gab es Könige: Stadtkönige mit Söldnern in Westjordanien und Stammeskönige in Ostjordanien.
Dadurch war Israel politisch schwach. Nur gelegentlich wurde in größter Not ein charismatischer Führer erweckt, der dann eine siegreiche Schlacht schlug. Zunehmend bedrohten die Philister Israels Existenz. Das Land wurde besetzt, das Volk Israel unterworfen und entwaffnet oder zur Heeresfolge bei den Besatzungsmächten gezwungen. Auch andere Nachbarn wollten auf Kosten Israels ihre Grenze erweitern, z.B. die Ammoniter.
Diese Notlage zwang Israel zu Konsequenzen. Es war also kein Nachahmungstrieb, wenn das Volk nach einem König verlangte, sondern eine politische Notwendigkeit, um zu überleben.

Die Aufgabe Sauls

Die erste Aufgabe war der Angriff gegen die Philister. Saul hat gleich in Gilgal eine Kerntruppe gebildet und deren Führung mit Jonatan geteilt. Sie wandten sich erfolgreich gegen die Außenposten der Besatzungsmacht (13–14). Darauf waren die Philister nicht gefaßt. Sie mußten die Besetzung des Landes aufgeben. Aber sie waren dadurch auch herausgefordert. Zunächst gab es eine beidseitige Aufrüstung oder Bereitstellung mit gelegentlichem Geplänkel (17). Saul verstärkte seine stehende Truppe und stellte sie unter den Befehl von Abner, seinem Vetter. Auch David kam als Truppenführer dazu.
Die zweite Aufgabe wäre der politische Ausbau gewesen. Er war aber nicht möglich – aus verschiedenen Gründen:
a) die kurze Frist
Die Zeit bis zum Gegenschlag der Philister war zu kurz. In zwei Jahren kann man evtl. die militärische Lage ändern, aber nicht einen Staat aufbauen.
b) die Trennung der Stämme
Der Zwölf-Stämme-Verband bestand nur sakral und theoretisch. Der Norden und Osten hatte Abstand vom Süden. Israel und Juda waren von jeher, schon seit der Einwanderung, getrennt. Darum wurde auch ihr Heerbann getrennt aufgeführt (11,8).
c) die grundsätzliche Opposition
Die Besonderheit Israels erträgt eigentlich kein weltliches Königtum; denn Gott ist König. Bereits in Ri 8,22–23 wird die innere Hemmung

ausgesprochen. Und in Ri 9 kommt die Opposition gegen ein Königtum zum Ausdruck: Der Dornbusch wird König über die fruchtbaren Bäume. Der israelitische Stämmeverband vertrug zwar ein vorübergehendes charismatisches Führertum, aber kein weltliches Königtum. Bereits Samuël scheint die Konsequenz aus der Erhebung Sauls abgelehnt zu haben – daher das Zerwürfnis und die Zurücknahme der Berufung. Und hinter ihm standen die Hüter der sakralen Tradition der selbständigen Stämme. Israel war in seinem Wollen und Handeln innerlich gespalten: Es brauchte einen König, aber es wollte im Grunde keinen. Die äußere Notlage erwies sich nicht als tragfähiger Grund für ein Königtum. Die Kombination von Führertum und Königtum gelang Saul noch nicht. Das machte ihn unsicher und mißtrauisch.
Der Konflikt wurde nicht mehr öffentlich ausgetragen. Dazu war keine Zeit. Samuël starb (25,1; 28,3), und die Philister setzten zum Gegenschlag an.
Dabei operierten sie strategisch klug. Sie drangen von Norden her in die Ebene Jesreël ein und hinderten durch den Stoß in die Mitte des Landes die Zusammenfassung der israelitischen Kräfte. Nach 31,7 haben die Stämme im nördlichen Galiläa und im Ostjordanland nicht am Kampf teilgenommen, nur die Stämme in Mittel- und Südpalästina. Die Situation war aussichtslos. Das erkannte auch Saul. Er war innerlich und äußerlich verzweifelt. Es blieb dem schwerverwundeten Mann kein anderer Ausweg als der Tod. (Das war kein Selbstmord, sondern Bewahrung vor Schändung.) Der Sieg der Philister war vollständig. Saul war gescheitert, das Land wurde wieder besetzt.
Hoffnungsvoller Anfang und bitteres Ende. Und dennoch hat diese Episode eine wichtige geschichtliche Bedeutung gehabt: Es war ein Stein ins Rollen gekommen. Israel hat dennoch die erste Stufe einer Volkswerdung, einer Staatsbildung, eines Königtums erklommen, und das konnte nicht mehr rückgängig gemacht werden.

Der theologische Aspekt

Die politische Notwendigkeit (8,19–20) und die theologische Grundeinstellung waren zunächst unvereinbar. Der politische Mißerfolg schien dem Recht zu geben. Das hat sich erst durch David geändert. Und diese Sinnesänderung war durch den Erfolg veranlaßt.

Gott ist König

Der sakrale Zwölf-Stämme-Verband kannte nur eine Theokratie. „Jahwe wird König sein immer und ewig“, 2 Mose 15,18; 5 Mose 33,5. „Jahwe soll Herrscher über euch sein“, Ri 8,23. „Jahwe euer Gott ist euer König“, 1 Sam 12,12. „Sie haben nicht dich, sondern mich verworfen, daß ich nicht mehr König über sie sein soll“, 1 Sam 8,7; 10,19 – das ist elohistische und deuteronomistische Theologie. Nach dem Exil wurde das wieder fest im Bewußtsein Israels verankert. Darum das Thronbesteigungsfest Jahwes, darum die Königspsalmen.

Gott übt seine Königsherrschaft durch von ihm erwählte und berufene Menschen aus: durch seinen „Knecht“ Mose, durch Propheten wie Samuël, durch Richter, die über sein Gesetz wachen, durch Heerführer, die in der Not erweckt werden.

Die Rivalität zwischen Prophet und König

Samuël hat Saul vermutlich nur zum *nagid* gesalbt, zu dem von Gott bestimmten Führer in der Not. Und nur als solcher wurde er ausgelost. Die Ausrufung zum König geschah erst nach dem Ammoniter-Sieg.

Es gibt also zu dieser Zeit in Israel ein doppeltes Führertum: Der geistliche Führer ist und bleibt Samuël; der militärische Führer ist Saul. Und er kann es bleiben, wenn er und das Volk nicht Höheres im Sinn haben. Wird Saul König, dann gibt es unweigerlich eine Spannung zwischen Prophet und König. Man könnte sie mit der mittelalterlichen Rivalität zwischen Kaiser und Papst vergleichen.

Das Problem der Verwerfung

Sauls Erwählung und Verwerfung steht in einer so großen Spannung, daß ein unlösbares Rätsel entsteht.

Saul ist wirklich von Gott erwählt. Das zeigt die jahwistische Erzählung; das ist in 10,24 ausgesprochen. Er ist Gottes Werkzeug.

Die Zwangslage von 13,7b–12 und die Verschonung des Amalekiter-Königs samt der Duldung der Opfertiere kann kein ausreichender Grund für eine Verwerfung sein. Warum widerruft Samuël wegen einer verständlichen oder gar notwendigen Opferhandlung das Königtum und begründet es mit einer Verletzung eines Gottesgebotes, obwohl er selbst, Samuël, die Zeit bestimmt und nicht eingehalten hatte (13,8)? Warum reut Gott seine Wahl (15,11)? Warum verwirft er Saul (15,26;

16,1)? Warum spricht er nicht mehr zu ihm (28,6)? Das ist doch unverständlich und unerklärbar! Saul und Israel hätten doch gerade jetzt die Hilfe und Rettung vor den Philistern nötig gehabt!
Steht dahinter – neben der Opposition Samuëls – nicht auch ein theologisches Urteil des elohistischen Erzählers, der das Unerklärbare erklären will? Und zwar im Sinne des Vergeltungsdogmas: Sauls Katastrophe muß ihre Ursache in einer Schuld haben, in einem Ungehorsam. Hat Gott überhaupt den Saul verworfen, oder ihn nur als Wegbereiter für David erwählt, als Zwischenstufe zwischen Richter und König? Mußte er nicht die schwere Aufgabe übernehmen, in fast aussichtsloser Lage ein Neues zu beginnen um zu scheitern, damit es dem nächsten gelinge?

Es wird auf das biblische Geheimnis aufmerksam gemacht, daß von zwei zusammengehörigen Menschen der Heilsgeschichte immer der zweite von Gott erwählt wird, das Heil weiterzutragen: Nicht Kain, sondern Abel hatte Gottes Wohlgefallen. Nicht Esau, sondern Jakob bekam den Gottessegen. Nicht auf Manasse legte der Sterbende seine rechte Hand, sondern auf Efraïm. Nicht Mose führte Israel in das verheißene Land, sondern Josua. So blieb auch das Königtum nicht beim Hause Saul, sondern beim Hause David. Nicht Elija war der große Wundermann, sondern Elischa. Und noch im Neuen Testament gibt es eine Spannung im Zweigespann Petrus und Johannes: Nicht Petrus ist der Lieblingsjünger Jesu, sondern Johannes; nicht Petrus soll bleiben, bis Jesus wiederkommt, sondern Johannes, der als letzter der Jünger den Tod erlitt. Nicht Petrus hat die Urgemeinde geführt, sondern der Herrenbruder Jakobus. Nicht Petrus hat die Geschichte der Kirche bestimmt, sondern Paulus. Aber dies ist eben ein Geheimnis. Wir begreifen es nicht.

Gott ist ein verborgener und unbegreiflicher Gott – sowohl in seiner Erwählung als in seiner Verwerfung. „Gott ist ein Geist von vollkommener Rätselhaftigkeit“, schreibt Manfred Hausmann zum Bild von Rembrandt „David spielt vor Saul“ in dem Band „Der Mensch vor Gottes Angesicht“, S. 64. Das ist zwar keine Antwort, und doch die einzige Antwort, die wir geben können.
Wir können nur die Hoffnung aussprechen, daß diese Verwerfung nur für das irdische Leben Sauls galt, nicht aber für sein ewiges Leben, daß entsprechend 1 Kor 3,11–15 zwar sein Lebenswerk vernichtet wurde, „er selbst aber gerettet werden wird, so doch wie durchs Feuer hindurch“, vgl. 1 Kor 5,5.

Der ethische Aspekt

Gemeint ist hier die Frage nach der Notwendigkeit und nach den Grenzen des Gehorsams.

Ist Ungeduld Sünde?

Zu Kap. 13,5–14

Der übermächtige Feind formiert sich. Das Volk Israel hat Angst. Saul wartet sieben Tage auf Samuël nach dessen Geheiß. Aber Samuël kommt nicht zur festgesetzten Zeit. Je länger Saul wartet, desto mehr Männer laufen davon und verkriechen sich. Also muß er handeln. Er kann aber einen Kampf nicht wagen, ohne Gott um Hilfe gebeten zu haben. Darum opfert er. Warum ist das töricht? Wieso hat er Gottes Gebot nicht gehalten, wo doch Samuël sich nicht an seine Zeit gehalten hat? Samuël wirft ihm Ungeduld, Unglaube, Ungehorsam vor. Stimmt das?

Man wird an Gideon erinnert (Ri 7,1–8). Deshalb meint auch Samuël, der Herr hätte trotz des kleinen Restes des Heeres sein Königtum durch ein Wunder bestätigt. Aber die Situation ist nicht die gleiche wie bei Gideon, der vorher eine feste Zusage hatte. Saul hatte eine solche eben nicht.

Grundsätzlich ist freilich zuzugestehen, daß Ungeduld und Eigenmächtigkeit zur Sünde werden, wenn klare Verheißungen Gottes gegeben sind und nur unser Glaube die Probe nicht besteht.

Ist Schonung Sünde?

Zu Kap. 15

Es geht hier nicht um eine moralische Beurteilung des Banns, d. h. der Forderung, alles Lebende zu töten und alles Unbewegliche zu verbrennen und zu zerstören. Das ist nichts anderes als „totaler Krieg“, den man heute noch grausamer als damals führt. (Übrigens gibt es auch im NT einen „Kirchenbann“ und Fluch, der zum Tode führt: Apg 5; 1Kor 5,5; 1Tim 1,20!) Es geht auch nicht um die Frage der Theodizee: wie Gott so etwas gebieten kann. Wir haben keine Antwort darauf. Wir können lediglich verstehen, daß dabei letztlich die geschichtliche und geistliche Existenz des Volkes Israel auf dem Spiel steht. Es

geht hier um den unbedingten Gehorsam gegenüber Gott und um die Frage, ob begründete Ausnahmen möglich und zulässig sind.
Saul hat den Auftrag erfüllt und an den Feinden den Bann vollstreckt (15,15.20). Muß auch der feindliche König getötet werden? Ist es nicht Brauch, ihn als Siegestrophäe für den Triumphzug mitzunehmen? Und wenn das Volk Opfertiere ausspart, ist das nicht eine Ausnahme für einen guten Zweck? Kann man das nicht zulassen?
„Gehorsam ist besser als Opfer, und Ungehorsam ist Abgötterei" (15,22–23). Das ist ein gewichtiges Wort. Dagegen gibt es keine Argumente mehr, dafür keine Entschuldigungen, keine Ausnahmen – auch kein Mitleid, keine Verschonung, keinen guten Zweck. Die Heiligkeit Gottes duldet keine Relativierung. Sie wehrt bereits den falschen Anfängen.
Aber es bleibt dennoch die Frage: Genügt das für eine Verwerfung eines Sünders, der Buße tut?
Und die noch wichtigere Frage: Wenn Gott so mit uns verfahren würde wie mit Saul – was würde aus uns werden?!
Unsere Rettung ist das Kreuz Jesu und unser Trost die Treue Gottes! Verwerfen, verstoßen bedeutet nach Röm 11: beiseite stellen. 1Sam 15,26 meint die Ablösung im Königtum, den Entzug der Funktion. Außerdem ist dies ein Wort Samuëls, d.h. in dieser Schärfe von ihm formuliert.

Der medizinische Aspekt

Saul ist zu allem Unglück noch krank geworden, innerlich krank. Er wurde schwermütig und gelegentlich tobsüchtig und litt unter Verfolgungswahn.

Die theologische Diagnose eines psychopathischen Syndroms

„Der Geist des Herrn aber wich von Saul, und ein böser Geist vom Herrn ängstigte ihn" (16,14; 18,10). Das Altertum sieht in seelischen Krankheiten die Auswirkung böser Geister. Da man in jener Zeit noch keine Dämonen kennt, sondern die Alleinwirksamkeit Jahwes bekennt, muß die Ursache dieser Krankheit darin liegen, daß Gottes guter Geist – zur Strafe für den Ungehorsam – gewichen ist und ein böser Geist von Gott an seiner Stelle das Vakuum ausfüllt.

Die psychiatrische Diagnose

a) War Saul psychisch labil?

Es gibt endogene Erkrankungen, deren Keime in einem Menschen stecken, die aber erst später zum Ausbruch kommen. Wir wissen nichts von Sauls Erbmasse, ob also nicht eine Anlage zu dieser Krankheit vorhanden war. Es könnte sein, daß er psychisch nicht sehr stabil war. Er wurde von dem Enthusiasmus einer Schar von Berufspropheten angesteckt und geriet in „Verzückung“, in Ekstase (10,11). Als er von der Not der Bewohner von Jabesch hörte, „geriet der Geist Gottes über Saul“ (11,6). Auf der Suche nach David „kam der Geist Gottes über ihn (wie zuvor über seine Boten), und er ging einher in Verzükkung. Da zog er auch seine Kleider aus und fiel hin und lag nackt den ganzen Tag und die ganze Nacht“ (19,23–24) – ein bedenkliches Zeichen von seelischer Labilität und Beeinflussung durch fremden Geist (denn das war bestimmt nicht Heiliger Geist!).

b) Saul wurde depressiv.

Das ist wohl die Bedeutung des Berichts in 16,14ff. Bei dieser seelischen Veranlagung verwundert das nicht. Wer stets unter Druck steht, wird niedergedrückt. Da war der militärische Druck von außen, der politische Druck von innen, der Druck durch Samuels Widerstand und durch Gottes Verwerfung und schließlich die Aussichtslosigkeit der Lage und die Erfolglosigkeit seines Mühens. Unter all diesen Pressionen mußte er ja depressiv werden!

c) Saul wurde mißtrauisch.

Wiederum kein Wunder. Samuël stand mit seinem Anhang gegen ihn und hatte sogar von einem anderen gesprochen, der an seiner Statt König werden sollte. Daß David bereits im stillen gesalbt wurde, konnte Saul zwar nicht wissen, aber vielleicht ahnen. Daß David so rasch der Liebling des Volkes wurde, mußte ja sein Mißtrauen und seine Eifersucht erregen (18,5–9). Und nachdem er erst einmal argwöhnisch war, mußte ihm auch Davids Freundschaft mit Jonatan bedenklich erscheinen. Darum entfernte er David aus seiner Nähe und setzte ihn als Oberst im Heeresdienst ein (18,13). Es wäre ihm recht gewesen, David wäre im Kampf gefallen und er hätte ihn nicht selbst umbringen müssen (18,17). Das alles ist ganz natürlich.

Aber Mißtrauen und Eifersucht verstärkten seinen Jähzorn („da entbrannte sein Zorn“, „er ergrimmte“ , heißt es oft). Und der Jähzorn konnte plötzlich zur Raserei werden, zur Tobsucht (18,10). Dann war niemand mehr vor ihm und seinem Speer sicher, weder David noch Jonatan. Raserei ist das Gegenstück zu seinem sonstigen dumpfen Vor-Sich-Hinbrüten und ergibt zusammen das manisch-depressive Irresein.

d) Mißtrauen und Eifersucht, Jähzorn und Tobsucht führten schließlich zu einem Verfolgungswahn.

Saul meinte einerseits, daß David ihn vom Thron stoßen wolle, und wurde andererseits trotz zweimaliger Verschonung durch David getrieben, seinen Nebenbuhler bis in die Wüste zu verfolgen.

e) Saul verzweifelte.

Wenn wir das alles zusammennehmen: Labilität, Depression, Tobsucht, Verfolgungswahn und dann noch von der Gottverlassenheit hören, daß Gott ihm auf Befragen nicht mehr antwortet, weder durch Träume noch durch das Los, noch durch Propheten – dann verstehen wir, daß Saul angesichts der bevorstehenden Entscheidungsschlacht verzweifelte. Das spiritistische Medium von En-Dor sagte ihm durch den Totengeist Samuëls (wenn er es wirklich war und keine dämonische Imitation) das Ende, den Tod voraus (28). Und als der ungleiche Kampf wirklich verloren war und damit Israels Freiheit, hatte der schwer verwundete König nur noch einen Ausweg: sich in sein Schwert zu stürzen, damit er nicht lebend seinen Feinden in die Hände falle.

Saul ist wahrlich eine tragische Gestalt!

David, der große König
Seine Zeit: 1004–965 v. Chr.

1 Sam 16,14–2 Sam 20,22

Keine Gestalt der Bibel wird uns so deutlich vor Augen gestellt wie David.
Der äußere Grund
dafür liegt darin, daß seine Geschichte von Augenzeugen geschrieben ist. Sie haben in der Verantwortung vor Gott und vor ihrem Volk einen ausführlichen und wahrhaftigen Bericht gegeben, der in 1 Sam 16,14–2 Sam 20,22 vorliegt. Er stellt die beste Geschichtsschreibung dieses Zeitalters dar. Bei aller Verehrung und Bewunderung ihres Königs haben diese Männer keine Idealfigur gezeichnet und nichts beschönigt, sondern der Wahrheit die Ehre gegeben. Man vermutet, daß der wichtigste Erzähler, den man den Jahwisten nennt, der von Salomo verbannte Hohepriester Abjatar gewesen sein könnte.
Der innere Grund
für die ausführliche Geschichtsschreibung ist die Bedeutung Davids. Er ist nächst Mose die größte Gestalt Israels, und zwar sowohl für die Volksgeschichte als auch für die Heilsgeschichte. Es ist verwunderlich, wie ein einziger Mann ein Volk aus tiefer Not und Zerrissenheit zu einem Großstaat machen konnte, der Palästina beherrschte. Und von daher ist es auch verständlich, daß dieser Mann auch für die Theologie-Geschichte eine grundlegende Bedeutung gewann, die er selbst allerdings noch nicht ahnen konnte. Denn Israel ist eben nicht irgendein Volk, sondern Gottes Volk; und seine Geschichte ist darum nicht nur Volksgeschichte, sondern Heilsgeschichte.

Zur Person:

David ist der achte und jüngste Sohn des Isai (in Liedern auch Jesse genannt) aus Betlehem in Juda. „Er war bräunlich (oder blond) mit schönen Augen und von guter Gestalt“ (1 Sam 16,12.18). Fein ist die Beschreibung, mit der er Saul vorgestellt wird: „Er ist des Saitenspiels kundig, ein tapferer Mann und tüchtig zum Kampf, verständig in seinen Reden und schön gestaltet, und der Herr ist mit ihm“ (16,18).

Daß aus einem einfachen Hirten der überragende Hirte Israels wurde, ist aus seiner Herkunft nicht zu erklären. Aber er hatte alle Anlagen für seinen hohen Beruf, und er hat sie angewandt und entfaltet. Er war körperlich leistungsfähig, gewandt und schnell. Er war geistig außerordentlich klug und einfallsreich, wagemutig und zielstrebig. Sein seelischer Reichtum zeigte sich einerseits darin, daß er überall beliebt war und Menschen in seinen Bann zog (16,21; 18,3f; 18,6–7 par.; 18,20; 29,6.9, vgl. 2Sam 14,17; 19,28); andererseits in polaren Spannungen: Seine Leidenschaftlichkeit belebte seine musische Kreativität, erklärt aber auch seine Gewalttätigkeit und Skrupellosigkeit. Er war hart als Heerführer, aber weich als Familienvater. Er war religiös und geistlich aufgeschlossen und zugleich ein sachlich kühler und kühner Politiker.

Ein Problem ist sein Name. Angeblich soll David „der Geliebte" heißen (vgl. „ein Mann nach dem Herzen Gottes" 1Sam 13,14). Aber das Wort „David" steht häufig in den Maritexten und heißt dort: Befehlshaber, Truppenführer. Es könnte also sehr wohl sein, daß er nie mit seinem Namen, sondern mit seinem Titel „mein Führer" angeredet worden ist und eben nur vom „Führer" gesprochen wurde. Das wäre auch ein Zeichen seiner Autorität und seiner Bedeutung.

Seine Verwandtschaft spielt eine große Rolle in seinem Leben und Wirken. Seine Brüder mit ihrem Anhang kamen zu ihm in die Wüste und unterstellten sich seiner Führung (22,1), obwohl er der jüngste war. Das hat natürlich den Grund, daß es auch damals eine Sippenhaftung gab. Die Familie Isai war nun nicht mehr sicher. David brachte seine Eltern ins Ostjordanland zum König von Moab (22,3), während seine Brüder bei ihm selbst Schutz suchten.

Gliederung der Davidgeschichten

Saul und David	1Sam 16 – 2Sam 1
David als König	2Sam 2–8
Die Wirren im Königshaus	2Sam 9–20
Nachträge	2Sam 21–24
Der alte König	1Kön 1

Das Verhältnis Saul – David

1 Sam 16 – 2 Sam 1

Davids Salbung

1 Sam 16,1–13

Gottes Voraussehen und Gottes Vorherbestimmung werden in dem tragischen Verhältnis von Saul und David sehr deutlich. Sie zeigen die große Linie der Heilsgeschichte auf.

Nach dem Zerwürfnis mit dem König zögerte Samuël nicht zu handeln. Er bemühte sich freilich nicht, das Rad der Geschichte wieder rückwärts zu drehen und eine Theokratie in neuer Form zu schaffen. Gottes Plan hatte bereits den Nachfolger Sauls vorgesehen, und Samuël wurde beauftragt, die Vorbereitungen für seine Berufung zu treffen und ihn zu salben. Er wurde zu Isai nach Betlehem gewiesen. Ein gewagtes Unternehmen. Darum muß es als Opfer getarnt werden. Der Hausvater erfährt nur, daß der Prophet als „Sonderbeauftragter" Gottes kommt, wird aber nicht in das Geheimnis eingeweiht. Die Söhne müssen nun Revue passieren, gleichsam über den Laufsteg gehen. Aber es gilt dabei nicht der äußere Eindruck und nicht das Urteil des Gottesmannes. „Ein Mensch sieht, was vor Augen ist, Jahwe aber sieht das Herz an." Von den sieben prächtigen jungen Männern ist keiner auserwählt. Der jüngste ist noch draußen bei der Herde. Bei ihm schließlich trifft Gottes Wahl mit der äußeren Erscheinung „blond, mit schönen Augen und guter Gestalt" zusammen: „Auf, salbe ihn, der ist's!" Inmitten seiner Familie geschieht die Salbung ohne Begründung und Zielangabe. Sie spricht für sich; denn gesalbt wurde nur der Priester und der König. Die Angehörigen sind klug genug zu schweigen. „Der Geist Jahwes geriet über David von dem Tag an und weiterhin." Er weiß nun um seine Erwählung und Bestimmung zum Werkzeug Gottes. Nur kennt er nicht den weiteren Weg. Er muß sich führen lassen. Zunächst bleibt er, wie Saul vor ihm, in seiner Familie und bei seinem Hirtenberuf.

Davids Berufung an den Königshof

1 Sam 16,14–23 + 17,12–31.55–58

Sie leitete seine Lehrzeit ein. Am Königshof sah er die Möglichkeiten und Schwierigkeiten eines israelitischen Königtums. Hier sammelte er

Erfahrungen im Umgang mit Höflingen und Offizieren. Hier übte er sich im Kriegshandwerk und begründete seinen Ruhm. Der Weg dahin war ungewöhnlich.

Saul litt unter Depressionen. Man riet zu einer Musiktherapie. Der König muß durch Harfe und Gesang aufgeheitert werden. Man kennt einen Künstler. „Der ist des Saitenspiels kundig, ein tapferer Mann und tüchtig zum Kampf, verständig in seinen Reden und schön gestaltet, und Jahwe ist mit ihm." Kann ein Zeugnis mehr Empfehlungen enthalten? So kam David zu Saul. Und „Saul gewann ihn sehr lieb, und er wurde sein Waffenträger."

Nun gibt es aber noch eine andere Überlieferung. Nach ihr kam David in das Heerlager, um seinen Brüdern die Verpflegung zu bringen, und erlebte dabei die Herausforderung Goliats. Nach seinem Sieg über den Riesen erkundigte sich der König, wer denn der junge Mann sei, und ließ ihn nicht wieder nach Hause zurückkehren.

Zwei ganz verschiedene Versionen. Man hat versucht, das Kap. 17 vor 16 zu stellen: Durch den Goliatkampf sei David als Musiker am Königshof geblieben. Der Redaktor löste den Widerspruch in 17,15 so: „David ging ab und zu von Saul hinweg nach Betlehem, um die Schafe seines Vaters zu hüten." Das beseitigt aber auch nicht die Schwierigkeit, daß Saul ihn nicht kennt. Die beste Hilfe gibt die griechische Bibel (LXX): Dort fehlen die zwei Abschnitte 17,12–31 und 17,55–58. Das sind eben die Verse, die aus einer anderen Quelle stammen. Läßt man sie weg, geht die Geschichte nahtlos weiter. Es bleibt also die Tatsache, daß zwei verschiedene Erzählungen ineinander verwoben wurden, die man nicht ohne Gewalt harmonisieren kann.

David und Goliat

1 Sam 17

Ob man dem Text der LXX den Vorzug gibt oder mit dem Masoretischen Text (MT), dem hebräischen Urtext, die zweite Überlieferung dazunimmt – dieses Kapitel ist nicht nur eine der bekanntesten, sondern auch eine der schönsten Erzählungen des AT. Sie gibt auch einen Einblick in die damalige Kriegsführung. Eine Erklärung ist nicht nötig. Die Kämpfe zwischen den zur gleichen Zeit um 1200 in Kanaan eingedrungenen Völkern, den indogermanischen seefahrenden Philistern und den semitischen nomadisierenden Israeliten, dauerten an bis

zur Stabilisierung des Reiches Davids. Der Riese ist der Vorkämpfer zwischen den Fronten und möchte durch einen Zweikampf die Vorentscheidung herbeiführen. Die Maße seiner Gestalt und seiner Waffen sind zwar übertrieben, aber der Unterschied zu dem ungerüsteten Hirtenjungen ist eklatant: „Du kommst zu mir mit Schwert, Lanze und Spieß, ich aber komme zu dir im Namen des Jahwe Zebaot." In dieser Vollmacht wagt David den Kampf. Ehe noch der Riese begreift, was David will, trifft schon der geschleuderte Stein die einzig freie Stelle unterm Helm mit solcher Wucht, daß er betäubt fällt und David ihm mit dessen eigenem Schwert den Kopf abschlagen kann. (Daß er ihn gemäß V. 54 nach Jerusalem gebracht habe, ist eine Auslegung aus später Zeit; denn damals gehörte diese Stadt noch den Jebusitern.)
Nun gibt es auch hier eine traditionsgeschichtliche Schwierigkeit. Nach 2Sam 21,19 erschlug nämlich ein anderer Betlehemit namens Elchanan den Goliat. Eine ähnliche Tat wird 1Chr 11,22f dem Benaja, Davids späterem General, zugeschrieben. Einen Kompromiß findet man in 1Chr 20,5: Elchanan habe den Bruder Goliats erschlagen. Alle Versionen sind so ähnlich, daß man sie als Variationen des gleichen Themas ansehen möchte. Es ist üblich, daß man Heldentaten eines Soldaten auf den Kommandeur überträgt, also hier von einem Offizier Davids auf ihn selbst. Aber die langen Philisterkämpfe boten reichlich Gelegenheit zu Zweikämpfen, die dann nach dem gleichen Schema erzählt wurden, das in diesem Fall wohl David selbst geliefert hat. Dabei wurde der Name Goliat zum Typos für andere Vorkämpfer. Es gibt einen Hinweis, daß David wirklich der Held dieses Tages war: Nach 1Sam 21,10 erhielt er auf der Flucht das im Heiligtum zu Nob aufbewahrte Schwert des Goliat. Der ungleiche Kampf gehört also zur Biographie des großen Königs.

Davids Erfolg und Sauls Eifersucht

1Sam 18+19

Schon der junge David hatte eine unglaubliche Ausstrahlungskraft und gewann die Menschen für sich. Saul gewann ihn sehr lieb (16,21). Der Kronprinz Jonatan gewann ihn lieb wie sein eigenes Herz und schloß mit ihm einen Freundschaftsbund. David wurde Truppenführer und siegte, wohin er auch gesandt wurde. Er gefiel den Kriegern, den Ministern und den Frauen, die den erfolgreichen Heimkehrer triumphal begrüßten. Damit legten sie den Grund für das Mißtrauen und die Eifersucht des Königs, die ihn nie mehr verließ. Er ahnte, daß David einmal die Krone erringen würde (20,31). In einem Wutanfall warf er zweimal den Speer nach ihm. Er entfernte ihn aus seiner Nähe und machte ihn zum Oberst eines Regiments mit dem Wunsch, daß er „auf dem Feld der Ehre fallen" möchte (18,17). Wenn er tapfer kämpfen würde, sollte er seine Tochter Merab zur Frau haben – als Lohn dafür oder für den Goliatkampf (17,25)? –, aber er gab sie einem anderen. Jedoch gewann ihn Sauls zweite Tochter Michal lieb, und ihr Vater war geneigt, ihren Wunsch zu erfüllen. Der Brautpreis sollte in einhundert Vorhäuten von Philistern bestehen. Vielleicht würde er dabei erschlagen. Aber David brachte zweihundert. Nun fürchtete der König seinen Schwiegersohn noch mehr und „wurde sein Feind sein Leben lang". Er machte auch keinen Hehl daraus, daß er ihn töten wolle. Jonatan warnte seinen Freund und redete vor seinem Vater das Beste über ihn. (Daß dies „auf dem Feld" geschah, läßt sich schwer erklären.) Man muß es lesen, wie er sich für David einsetzte (19,4f). Diesmal hatte er Erfolg. Aber bald darauf wollte Saul den Harfespielenden wieder an die Wand spießen und den Entflohenen in dessen Haus umbringen lassen. Aber Michal rettete ihm das Leben und führte die Häscher durch ein Götzenbild irre. Daß es in der Wohnung Davids überhaupt Terafim gab, ist für uns bedenklich, gehört aber zu der damals noch ungeklärten Situation der Israeliten in Kanaan. David floh diesmal zu Samuël nach Rama. Der konnte ihn vor der Verhaftung nur so bewahren, daß er selbst an der Spitze einer Prophetenschar in Ekstase dem König entgegenging, so daß auch er, wie seine Boten zuvor, in Ekstase geriet. Eine sehr zweifelhafte „Verzückung durch den Geist"; denn der Heilige Geist versetzt nicht in eine Raserei, in der man sich nackt auszieht und dann ohnmächtig liegen bleibt! Was für ein „Geist" war das?

David und Jonatan

1 Sam 20

David nahm Zuflucht zu seinem Freund: „Was habe ich getan? Was ist meine Schuld?" Er schätzte die Lage richtig ein: „Es ist nur ein Schritt zwischen mir und dem Tode." Sie verabredeten eine letzte Probe. Wenn David am Neumondfest des nächsten Tages am Tisch des

Königs vermißt würde, dann müßte die Gesinnung Sauls offenbar werden, und Jonatan würde es David sagen. In der Nähe von Davids Versteck würde er zum Zeichen der Sachlage drei Pfeile schießen und die Befehle an den jungen Begleiter so formulieren, daß sie entweder Flucht oder Rückkehr bedeuteten. Jonatan riskierte am Tag darauf sein Leben: Fast wäre er vom Speer durchbohrt worden. Auffallend ist nur, daß David auf das verabredete Zeichen hin nun nicht sofort floh, sondern noch ein persönlicher Abschied der Freunde möglich wurde, obwohl sie eigentlich schon vorher Abschied genommen hatten. Dabei bat Jonatan aus hellsichtiger Ahnung, an seinem Haus Barmherzigkeit zu üben, und ließ es David beschwören. Vielleicht sind auch hier zwei Überlieferungen zusammengefügt worden.

Davids Flucht und Sauls Rache

1Sam 21+22

Auf der Flucht wandte sich David an den Oberpriester Ahimelech im Heiligtum Nob, wahrscheinlich um von ihm des Herrn Wille und Weisung durchs Los zu erfragen (22,15). Außerdem hatte er Hunger und keine Waffen. Der Priester wurde ängstlich: Warum kommst du allein? David redete sich heraus. Notlüge? Er erhielt die heiligen Schaubrote und das Goliatschwert. Ein Edomiter wurde leider Zeuge des Vorgangs und verriet ihn an den König.

In seiner Ratlosigkeit nahm David bei seinen Feinden, beim Philisterkönig Achisch von Gat Zuflucht. Risiko! Er mußte sich wahnsinnig stellen, um am Leben zu bleiben. Von dort verjagt, rettete er sich in die Höhle Adullam, ein höhlenreiches Felsennest im südjudäischen Gebirge. Dorthin ließ er auch seine Familie kommen, die wegen der Sippenhaftung in Betlehem nicht mehr sicher war. Zuzug bekam er auch von ungesicherten und gefährdeten Existenzen, die in den Untergrund verschwinden mußten, so daß er bald vierhundert Mann zur Verfügung hatte, die er ausbildete. Durch einen Prophetenspruch Gads blieb er auch dort nicht, sondern wählte einen Ort in Juda, wo er besser unter Jahwes Schutzmacht stehen könnte – als ob Gott ortsgebunden wäre!

Saul nahm inzwischen Rache an der Priesterschaft von Nob. Er ließ 85 ermorden und in der Priesterstadt alles Lebendige erschlagen. Nur ein Sohn Ahimelechs konnte entrinnen: Abjatar. Dieser begleitete von nun an den David, brachte den Efod zur Losbefragung mit und wurde später sein Hoherpriester.

David als Kommandeur seines Freikorps

1Sam 23–26

Ein abenteuerliches Leben begann. David war dabei ein einfallsreicher Truppenführer.

Saul verfolgt David

1Sam 23:

Erzählt wird von einem Handstreich gegen die Philister, die den Ort Keïla beraubten, und vom rechtzeitigen Rückzug, um nicht in die Hand Sauls zu fallen. Die göttliche Leitung und Weisung erfolgt durch das Los, indem man eine Ja-Nein-Frage stellt. David blieb in der Gebirgswüste und bekam dort sogar von Jonatan Besuch. Aber die Bewohner dieser Gegend verrieten seinen Aufenthalt an Saul, der sofort und persönlich ein Unternehmen gegen ihn leitete, jedoch wegen eines Einfalls der Philister abbrechen mußte. Die Schnaufpause war kurz.

David verschont Saul

1Sam 24:

Nun wird es atemberaubend. Der König kam bei der Verfolgung gerade in die Höhle bei En-Gedi, in der sich David mit seinen Männern versteckt hatte. In wunderbarer Weise wird die Verschonung geschildert. Dieselbe Gelegenheit, sich seines Feindes zu entledigen, erhielt David noch einmal. Das wird in Kap. 26 berichtet. Und wieder weigerte er sich, Hand an den Gesalbten des Herrn zu legen. Das mußte doch dem Saul Eindruck machen!

David und Abigajil

1Sam 25:

Eine großartige Geschichte von Nabals Torheit und Abigajils Klugheit. David beschützte nämlich die einsamen Gutshöfe und erhielt dafür Lebensmittel für seine Truppe. Hier wurden sie ihm grob und hochmütig verweigert. Das hätte den Tod bedeutet, wenn nicht die Gutsfrau mit erlesenen Speisen dem David entgegengegangen wäre und ihn mit überzeugender Klugheit vor Blutschuld bewahrt hätte. Ihr Mann bekam vor Ärger darüber einen Schlaganfall und starb. Daraufhin nahm David die Abigajil zu seiner zweiten Frau. (Der erwähnte Ort Karmel liegt im Südland und ist vom nördlichen Berg Karmel zu unterscheiden.)

David bei den Philistern

1Sam 27+29+30

David konnte sich im Herrschaftsgebiet Sauls nicht mehr halten. Wohin sollte er sich wenden? Er kam auf die tollkühne Idee, zu den Feinden überzulaufen. Das war doppelt gefährlich: Er riskierte seine Freiheit und sein Leben. Wenn er aber überlebte, dann verbaute er sich als Vaterlandsverräter und Gesinnungslump den Rückweg zu seinem Volk. Dennoch war es nicht nur ein Akt der Verzweiflung, sondern auch der Klugheit.

Vasall und dennoch selbständig

1Sam 27:

Wieder wandte sich David an den Fürsten Achisch von Gat. Aber diesmal brauchte er sich nicht wahnsinnig zu stellen. Die Situation war anders. Er kam nicht als einsamer Flüchtling, sondern als erfolgreicher Kommandeur und bot 600 Mann an. Diese Koalition lag in beiderseitigem Interesse. Die Philister begrüßten darin eine Schwächung Sauls, die sie nützen konnten. Eine Verstärkung ihres Heeres durch eine schlagkräftige Truppe, die das Gelände bestens kannte, mußte ihnen willkommen sein. Und David war vor Nachstellungen sicher. Er war klug genug, seine Selbständigkeit zu erreichen. Es wurde ihm der Ort Ziklag als Wohnung zugewiesen, wo er sich 16 Monate aufhielt. David war ein Meister des Doppelspiels zwischen Verrat an Israel und Täuschung der Philister. Um seine Truppe zu verpflegen und ihre Kampfkraft zu erhalten, unternahm er brutale Raubzüge in das Südland gegen die Feinde Judas. Dabei ließ er niemand am Leben, damit keine verräterische Nachricht durchkommen konnte. Dem Fürsten gegenüber behauptete er, gegen die israelitischen Stämme vorzugehen. Der glaubte ihm und war sich seiner sicher. Er machte ihn sogar zu seinem Leibwächter (28,2).

Der kritische Augenblick
1 Sam 29:
Jetzt wurde die Lage äußerst gefährlich. Eine Entscheidungsschlacht gegen Saul wurde vorbereitet. David sollte das Aufgebot des Achisch verstärken und gegen Israel kämpfen. Davor rettete ihn das Mißtrauen der anderen Fürsten. Sie befürchteten, David könne ihnen während des Angriffs in den Rücken fallen, und schickten ihn zurück. Gott bewahrte ihn. Davon hing die Zukunft ab.

Davids Sieg über die Amalekiter
1 Sam 30:
Die schlimmste Krise war überstanden. Aber die Freude währte nicht lange. Bei der Rückkehr kam Schrecken und Trauer über die Mannschaft. Die Amalekiter hatten inzwischen Ziklag überfallen und niedergebrannt, die Frauen und Kinder samt aller beweglichen Habe weggeführt. Auch Davids Frauen waren dabei. Die Männer waren so erbittert, daß sie David am liebsten gesteinigt hätten. „David aber stärkte sich in Jahwe“ und verfolgte mit 400 Mann (die anderen 200 waren am Ende ihrer Kräfte) den Feind. Er schlug die siegestrunkenen Amalekiter und gewann alles zurück, was sie geraubt hatten. Klugerweise belohnte er auch die zurückgebliebenen Krieger und beschenkte mit der reichen Beute sechs verwandte Südstämme. Das brachte ihm Sympathie ein und war die beste Wahlpropaganda. So legte er den Grund für sein Königtum.

Sauls Ende
1 Sam 28+31 + 2 Sam 1

Gewißheit über den Ausgang
1 Sam 28:
Saul sah das Unheil auf sich zukommen, als ihm die Offensive gemeldet wurde. „Er befragte Jahwe; aber der Herr antwortete ihm nicht, weder durch Träume noch durch das Los ‚Licht‘ noch durch Propheten.“ Wenn der lebendige Gott nicht redet, will man die Toten befragen. Obwohl er selbst den Spiritismus verboten und die Geisterbeschwörer vertrieben hatte, suchte er jetzt in Verkleidung das Medium von En-Dor auf. Sie beschwor Samuël und erkannte einen alten

Mann, bekleidet mit einem Priesterrock. War es wirklich Samuël oder eine dämonische Imitation? „Warum hast du meine Ruhe gestört? Morgen wirst du mit deinen Söhnen bei mir sein." Ein erschütterndes Kapitel und ein bis heute aktuelles Kapitel.

Der letzte Kampf

1 Sam 31:

Die Schlacht tobte heftig. Sie endete mit einer schweren Niederlage. Die Königssöhne fielen. Der König wurde schwer verwundet. Er wollte nicht lebendig in die Hände der Feinde fallen und stürzte sich in sein Schwert. Seine Rüstung nahmen die Philister in ein Heiligtum, seinen enthaupteten Leichnam hängten sie auf. Die Bewohner von Jabesch, die Saul einst errettet hatte, begruben ihn und seine Söhne.

Die Todesnachricht

2 Sam 1:

Ein Unglücksbote überbrachte David die traurige Kunde. Er meinte allerdings, dem neuen Herrscher damit eine Freude zu machen und wollte sich sogar ein Lob verdienen, indem er behauptete, er habe den todwunden König auf dessen Wunsch getötet, und gleich die Krone (den Helm) samt dem Schmuck mitbrachte. Aber wer seine Hand gegen den Gesalbten erhebt, muß sterben.

David und seine Männer hielten eine große Totenklage. Der Klagepsalm erhielt die Bezeichnung „Bogenlied", geschrieben im „Buch des Redlichen" – ein Zeichen für hohes Alter. Wie oft wird der Schluß dieses bewegenden Nekrologs zitiert: „Es ist mir leid um dich, mein Bruder Jonatan ..."

Daraus ist zu erkennen, daß David nicht nur Musiker, sondern auch Dichter war.

Das tragische Kapitel Saul und David hat seinen Abschluß gefunden. Confusione hominum, dei providentia: Das Geschehen ist gekennzeichnet durch die Verwirrung der Menschen und durch Gottes Vorsehung. Der Herr führt seinen Plan trotz menschlichen Versagens zum Ziel.

David als König

2Sam 2–8

Es wird nicht berichtet, wie sich die Philister nach ihrem Sieg verhalten haben. Er schien ihnen zunächst zu genügen. Sie wurden erst wieder offensiv, als David König über ganz Israel wurde. Das ganze Interesse des Berichterstatters konzentriert sich auf die Person Davids.

Zwei Könige?

2Sam 2:

Jetzt war Davids Stunde gekommen. Er zog mit seinen Frauen und seiner Truppe nach Hebron, dem Mittelpunkt des Stammes Juda, ausgezeichnet durch das Abraham-Heiligtum. Da er klug vorbereitet war und das Wohlwollen seines eigenen Stammes erworben hatte, war es keine Frage, daß der bewährte Heerführer und Schwiegersohn Sauls König von Juda wurde. Die Stammeshäupter salbten ihn ohne langes Zögern. Er war 30 Jahre alt (5,4).

Aber David dachte weiter und schaute nach Norden. Ist er doch von Samuël als Thronanwärter von ganz Israel gesalbt worden. Seine Klugheit ließ ihn zunächst einmal Verbindung aufnehmen mit der Gemeinde Jabesch, die Saul bestattet hatte, und sie lobend seiner Gunst versichern. Es ging ihm also um die Kontinuität mit Sauls Königtum.

Im Norden war man inzwischen nicht untätig. Feldmarschall Abner, Sauls Vetter, der die Katastrophe überlebte, hatte den Prinzen Isch-Boschet (eine Spottform für Isch-Baal) zum König über die Nordstämme gemacht. Der Konflikt war also vorprogrammiert. Es kam zum Bruderkrieg. Die Heere standen unter dem Kommando der Generäle Abner einerseits und Joab, Sohn der Zeruja (einer älteren Schwester Davids) andererseits. Die Nordstämme mußten weichen. Da gab es einen folgenschweren Zwischenfall. Der Bruder Joabs, der junge Asaël, hatte den Ehrgeiz, Abner zu verfolgen und zu besiegen. Der warnte ihn ernstlich und wollte weiteren Konfliktstoff vermeiden. Aber der junge Heißsporn ließ nicht ab und wurde von dem erfahrenen Kämpfer erschlagen. Abner bat Joab um Einstellung der Kampfhandlungen und Beendigung des Bruderkrieges.

Abner geht zu David über

2Sam 3:

„Und es war ein langer Kampf zwischen dem Hause Sauls und dem Hause Davids." Er währte etwa sieben Jahre. Da kam ein menschlicher Zufall – wie oft – dem David zu Hilfe. Abner, der eigentliche „Regierungschef" in Israel, ließ sich mit Sauls Nebenfrau Rizpa ein, die in Kap. 21 so sympathisch geschildert wird. Isch-Baal verargte ihm das, weil er damit in die Rechte des Königs eingriff. Das führte zum Zerwürfnis der beiden; denn der verdienstvolle Abner brauchte sich von dem jungen Verwandten, den er ja selbst eingesetzt hatte, wegen einer Frau nicht tadeln zu lassen. Er beschloß, zu David überzugehen, und bot ihm einen Bund an. Das war eine Sternstunde. David stellte allerdings die Bedingung, daß ihm seine erste Frau Michal zugeführt werde. Anscheinend hatte er sie noch lieb. Vor allem lag ihm aber daran, durch sie als legitimer Nachfolger Sauls erkannt und anerkannt zu werden und durch sie einen Thronerben zu bekommen, der in seiner Person die Nord- und Südstämme verkörpere und repräsentiere. Michal wurde von ihrem Mann getrennt und kam zu David. Abner gewann die Stammeshäupter für seinen Plan: „Ihr habt ja schon längst danach verlangt, daß David über euch König sei." In ihrem Namen trug er dem David in Hebron die Krone an.

Auf diesen günstigen Wendepunkt fiel ein dunkler Schatten. Joab unterstellte, dieses Angebot sei eine List. In Wirklichkeit nahm er Blutrache für seinen Bruder Asaël und schaltete durch gemeinen Mord seinen Konkurrenten aus. Das vergaß David seinem Feldmarschall nie – der wird es später mit seinem Leben büßen müssen. Dieser Mord gefährdete Davids Königtum über Israel. Darum beteuerte er öffentlich seine Unschuld an diesem Blut und gab dem betrauerten Marschall ein „Staatsbegräbnis". Ob ihm aber dieser Tod später doch gelegen kam? Ob ihm dieser dienstälteste und ranghöchste Krieger und Politiker in seiner Eigenwilligkeit nicht Schwierigkeiten gemacht hätte? Ob die Rivalität beider Generäle auf die Dauer tragbar gewesen wäre?

Isch-Baals Ende

2Sam 4:

David hatte es nicht nötig, die Familie seines Vorgängers auszurotten. Das taten andere. Zwei Offiziere ermordeten Isch-Baal und brachten dem David sein Haupt nach Hebron. Auch ihre Rechnung ging nicht auf. David ließ sie zur Strafe für diesen Frevel hinrichten.

David König über Israel
Die Eroberung Jerusalems
2Sam 5:
Die blutigen Zwischenfälle hielten das große Geschehen nicht auf. Die Stammeshäuptlinge kamen dennoch nach Hebron und salbten David zum König über Israel. Das Ziel war erreicht: David ist der staatsrechtlich und sakral legitimierte König über ganz Israel.
Das konnte den Philistern nicht gleichgültig sein; denn nun drohte Gefahr. Sie wollten dem David das gleiche Schicksal bereiten wie Saul. Aber er schlug sie zweimal so gründlich, daß er fortan Ruhe vor ihnen hatte.
Jetzt ging die Innenpolitik vor. Wäre David in Hebron geblieben, hätten die Nordstämme ihm das übelgenommen. Hätte er seine Residenz in einer Stadt der Mitte aufgeschlagen, etwa im Heiligtum Bet-El oder in Kirjat-Jearim, wo die Bundeslade stand, so hätte er es mit den Südstämmen verdorben. Er brauchte einen neutralen Ort. Der geniale David erkannte ihn mit politischem Scharfblick: Genau zwischen dem Gebiet der Stammesverbände liegt die uneinnehmbare Festungsstadt der Jebusiter. Sie muß Davids Hauptstadt und das Bindeglied für die Stämme werden, damit ein einziges, einiges Volk werde. Die Eroberung Jerusalems kann nur durch einen kühnen Handstreich gelingen. Joab steigt durch einen Schacht, der die Stadt mit der Gihonquelle verbindet, auf und überwältigt die überrumpelte Wache. Er wird dafür Burghauptmann und Stadtkommandant von Jerusalem. So hat David seine exterritoriale Residenz als Eigentum der Krone. Hiram, der Stadtkönig von Tyrus, bietet ihm Holz und Handwerker an für den Bau eines Königspalastes. Nun erkennt jedermann, daß Jahwe Davids Königtum bestätigt hat.

Hier sei eine Hypothese eingefügt, die auf 1Mose 14,18–20 Bezug nimmt: So wie dem Abraham der Priesterkönig von Salem, Melchisedek, entgegenging, um ihn zu segnen, so könnte dem siegreichen David der Priesterkönig von Jeru-Salem namens Zadok (= Sedek oder Melchi-Sedek) gehuldigt haben und deshalb sein Hoherpriester in Jerusalem geworden sein – neben dem aaronitischen Hohenpriester Abjatar.

Einholung der Bundeslade
2 Sam 6:
Die 12 Stämme sind jetzt unter dem *einen* König nicht nur *ein* Volk in *einem* Staat geworden, sondern auch *ein* Sakralverband geblieben. Eine Hauptstadt kann nicht ohne Heiligtum sein. Königshaus und Gotteshaus gehören zusammen. *Ein* Volk – *ein* Reich – *ein* König, das genügt noch nicht. „*Un* roi – *une* foi" muß dies ergänzen, gilt aber nur abgewandelt: David war tolerant gegenüber den Religionen unterjochter Völker und zwang sie nicht zum Jahweglauben. Aber die Zentrale des Staates muß auch die Zentrale seiner Religion sein. Und dazu gehört das Zentralheiligtum. Das kann nur schrittweise entstehen. Zunächst muß die Bundeslade nach Jerusalem gebracht werden. Deshalb zog David nach Kirjat-Jearim, um sie von dort feierlich einzuholen. (Der Ort hat verschiedene Namen, hier Baala Juda.) Aber mitten in die Freude hinein gab es einen tödlichen Unfall. Die Rinder, die den Wagen mit der Lade zogen, glitten auf der Tenne aus. Der Begleiter Usa wollte die Lade vor dem Abrutschen bewahren, griff zu und sank, wie von einem elektrischen Schlag getroffen, tot zu Boden. Unverständlich! Er wollte doch nur das Gute. Da konnte doch das Heiligkeitsgesetz nicht gelten. Ist denn Gottes Heiligkeit wie eine Hochspannungsleitung? Unerklärbar! Vor Schreck ließ man die Lade dort im Haus eines ehemaligen Philisters drei Monate stehen, bis man sie in die Stadt Davids brachte und in einem heiligen Zelt unterstellte. Auch bei diesem Festzug „tanzte David mit aller Macht vor Jahwe her und war umgürtet mit einem leinenen Priesterschurz". Nach dem Opfer und der Verteilung von Lebensmitteln segnete der König das Volk. Als er heimkam, um auch seinem Haus den Segensgruß zu bringen, empfing ihn Michal mit spöttischem Tadel: „Wie herrlich hat sich heute der König vor den Mägden seiner Männer entblößt!" David verteidigte sein priesterlich-liturgisches Handeln: „Ich will vor Jahwe tanzen, der mich erwählt hat vor deinem Vater ..." Das führte zu einem Zerwürfnis, das vermutlich nicht mehr aufgehoben werden konnte. Die erwähnte Kinderlosigkeit Michals kann freilich biologisch erklärt werden, kann aber auch eine Zurückhaltung Davids oder eine Strafe Gottes bedeuten.

Gottes Verheißung für Davids Königtum
2Sam 7:
Nun ist die Bundeslade in der Davidsstadt. Sie braucht einen Tempel. Der König hat einen Bauplan. Aber Natan, der Prophet und Ratgeber des Königs, verkündet ihm Gottes Ablehnung: Nicht der König baut Jahwe ein Haus, sondern Jahwe baut das Königshaus. Gott wohnt nicht in einem Haus. Wohl ist er vorübergehend in einem Zelt gegenwärtig gewesen, hat aber nicht bleibend dort gewohnt. Er ist an keinen Ort gebunden. Gott will nichts für sich, sondern spricht von dem, was er David Gutes getan hat. Er war mit ihm. Er hat ihm Ruhe gegeben von allen seinen Feinden. „Und ich will sein Königtum bestätigen ewiglich" (V. 13–16). Erst der Nachfolger soll den Tempel bauen. Warum nicht David? Ist das eine nachträgliche historische Feststellung, daß er seinen Plan nicht mehr ausführen konnte?! 1Chr 22,7–10 versucht eine nachträgliche Erklärung: Er habe blutbefleckte Hände gehabt, während Salomo der Friedenskönig sei. Das ist eine unzureichende Begründung. Jedenfalls hat David die entscheidende Vorbereitung getroffen und den Tempelplatz erworben (Kap. 24). Wichtiger ist hier die Zusage des Gottesgnadentums für das Haus David auf ewig. Gottes Volk auf ewig – Gottes König auf ewig. Und beim „Davidssohn" klingen messianische Töne an (V. 12). Denn die Davidsdynastie blieb nicht ewig (wenn man das Wort nicht als „lange Zeit" verstehen will, was sprachlich naheliegt). 587 war sie erloschen. Aber der Davidssohn, der zugleich Menschensohn und Gottessohn ist, bleibt König in Ewigkeit. Dies ist der Höhepunkt der ganzen Davidstradition. Ein wirklich königliches Gebet schließt diese Gottesstunde ab.

Davids Kriege und Siege
2Sam 8:
Ein historischer Einblick in das Werden und Wachsen des davidischen Großreichs nach allen Himmelsrichtungen „vom Eufrat bis an die Grenze Ägyptens" (1Kön 5,1) und ein Einblick in die Methoden seiner Außenpolitik. Diese Entwicklung ist ein Wunder, wenn man an die Zeit Samuëls und Sauls zurückdenkt. Wohl war die „Großwetterlage" dafür günstig. Die Reiche in Mesopotamien und am Nil waren zu dieser Zeit nicht expansionsfähig. Dennoch ein Wunder. „Denn der

Herr half David, wo er auch hinzog." – Weitere Kriege werden in Kap. 10 und 12,26ff geschildert.
Das hätte David natürlich nicht leisten können ohne seine Minister. Darum werden die wichtigsten aufgezählt: Joab, der Feldmarschall, und Benaja, der General der Leibstandarte und Elitetruppe (die aus Kereti und Peleti, also aus angeworbenen und besoldeten Philistern, besteht und darum von Stammes- und Verwandtschaftsrücksichten unabhängig ist), Joschafat, der Kanzler, und Seraja, der Staatsschreiber, Zadok und Abjatar, die Hohenpriester. Merkwürdigerweise wird auch den Söhnen Davids eine priesterliche Stellung zuerkannt, ohne daß eine Funktion sichtbar wird. In 20,23–26 wird die Liste wiederholt; nur ist hier Scheja der Schreiber (wohl nur eine Schwankung der Namen), Adoram der Leiter der Fronarbeiter, und Ira aus Jaïr ein weiterer Priester.
Von den Heldentaten seiner Krieger in den Kämpfen mit den Philistern handeln die Abschnitte 21,15–22 und 23,8–39. In dieser letzten Aufzählung werden „die drei" genannt, die sonst nicht mit Namen erscheinen; danach „die dreißig", unter ihnen Joab mit seinen Brüdern Abischai und Asaël, dazu der streitbare Benaja; insgesamt 37 Namen.

Die Wirren im Königshaus

2Sam 9–20

David holt Jonatans Sohn an den Hof

2Sam 9:

„Ist noch jemand übriggeblieben vom Hause Sauls?" Diese Frage ist erst von Kap. 21 her richtig zu verstehen. David hatte nämlich sieben Saulsöhne den fremdstämmigen Gibeoniten zur Blutrache ausgeliefert, dabei aber Mefi-Boschet, den Sohn Jonatans, um seines Eides willen verschont. Der war durch einen Unfall gelähmt (4,4) und konnte ihm nicht schaden. Nun mochte er ihm Gutes tun. Ein treuer Untergebener des Saul namens Ziba hatte noch gute Verbindung dorthin und brachte den Königsenkel an den Hof. Er wurde Verwalter der Güter, die David dem Mefi-Boschet, eigentlich Meri-Baal, aus dem Erbe Sauls zurückgab. Dieser Akt der Barmherzigkeit hat eine mehrfache Bedeutung: David löste sein Versprechen an Jonatan ein. Es war auch politisch klug, dem harmlosen Gelähmten Gutes zu tun, weil er die Anhänger Sauls immer neu gewinnen mußte. Durch die Rückgabe des Vermögens Sauls verscheuchte er den Schatten, der dauernd auf seinem Weg lag.

Der Kampf mit den Ammonitern
2Sam 10:
Dieser Kampf fiel in den Anfang von Davids Regierungszeit, als man ihn in Ostjordanien noch nicht genügend kannte. Sonst hätte man nicht seine freundschaftliche Delegation geschändet. Das war ein casus belli, ein Anlaß zur Rache. Trotz einer Verstärkung durch die Aramäer wurden die Ammoniter von Joab geschlagen, und bald darauf siegte David noch einmal über die Aramäer. Das war der Auftakt zu weiteren Kämpfen und die äußere Voraussetzung zu

Davids Ehebruch und Blutschuld
2Sam 11:
Zu der bekannten, psychologisch meisterhaft erzählten Geschichte von immer neuer Aktualität nur einige Überlegungen: Wer ist hier schuld, und wie kommt es zur Schuld? David ist schuld; denn „Müßiggang ist aller Laster Anfang". Er blieb daheim, während sein Heer kämpfte. Batseba aber war mindestens unvorsichtig, daß sie bei Helligkeit in dem Hof, den man einsehen konnte, badete. Diese „Freie Körper-Kultur" wurde ungewollt zur „Brandstiftung". Liebreiz erregt Leidenschaft, die Leiden schafft. Wollust und Begierde schalten alle Hemmungen des Verstandes und des Gewissens aus. Es war eine ehrenvolle Entehrung und eine gewaltlose Vergewaltigung. Es begann heimlich und endete unheimlich. Nach der Menstruation, von der sich die Frau gerade gereinigt hatte, kommen die empfängnisgünstigen Tage, und sie wurde schwanger. Wie peinlich! Das mußte vertuscht werden. Sünde sollte mit Sünde zugedeckt werden. „Das ist der Fluch der bösen Tat, daß sie fortzeugend Böses muß gebären." Es kam zu einer Eskalation des Bösen und zu einer Kette von Schuld: Dem Ehemann Urija, einem tüchtigen Offizier hetitischer Herkunft, soll das Kind untergeschoben werden. Man holt ihn zum Frontbericht an den Hof und will ihn zum Dienstvergehen gegen die Kriegsordnung verleiten, daß er nämlich bei seiner Frau schlafe. Er tut's nicht. Man

will ihn durch Geschenke bestechen. Es gelingt nicht. Man nötigt ihn zur Trunkenheit. Vergebens. Nun schmiedet man ein Komplott mit Joab: geplanter Heldentod, getarnter Mord durch bewußte Gefährdung und unterlassene Hilfeleistung. Davids Bemerkung „c'est la guerre“ ist eine widerwärtige Heuchelei. Die Trauerzeit von sieben Tagen wird abgewartet. Durch nachträgliche Eheschließung wird das Kind legitimiert. Nun ist alles in Ordnung. Die Öffentlichkeit weiß nichts, und wehe dem Höfling, der redet. Immerhin wird die augenblickliche Leidenschaft zur bleibenden Liebe.
Warum schlägt Davids Gewissen nicht? Nun, das Gewissen gab schon Alarm, aber nicht wegen des Ehebruchs, sondern wegen der Folgen, nicht mit Rücksicht auf die Frau, ihren Mann und Gott, sondern auf die Leute. Der Mächtige kann sich alles leisten. „Aber dem Herrn mißfiel die Tat.“

Gottes Reaktion
2Sam 12:
Schuld an Menschen ist Sünde wider Gott. Denn sie gehören ihm, die Opfer und die Täter. Sündenerkenntnis kommt zwar nicht von selbst, wenn man keine Konsequenzen zu befürchten braucht, aber Gott gibt Nachhilfeunterricht. Natan bekommt einen lebensgefährlichen Auftrag. Dazu braucht er Mut und Weisheit. Er wählt ein Gleichnis zur verhüllenden Offenbarung. Ein Gleichnis ist indirekte Rede. Sie versachlicht und führt gerade so zur Selbsterkenntnis. Über andere gerät man schnell in Zorn. Über andere kann man leicht urteilen: Tod und Wiedergutmachung. Aber nun folgt die direkte Rede in Vollmacht: Du bist der Mann! Der Herr hält dem David alles vor, was er ihm Gutes getan hat. Sein Verbrechen ist zugleich eine Mißachtung Gottes. Er hat zudem die Feinde Gottes zum Lästern gebracht. Sünde ergibt Schuld, und Schuld fordert Strafe und Sühne. Darum die Ansage des Gerichts: „Ich will Unheil über dich kommen lassen aus deinem eigenen Haus.“ Es hat sich schrecklich erfüllt. Dieser Fluch ist nicht mehr von David gewichen.
David bricht zusammen. „Ich habe gesündigt gegen Jahwe.“ Ist dieses Bekenntnis nicht zu kurz und zu formal? So scheint es nur, weil wir einen Kurzbericht vor uns haben. Das Sündenbekenntnis ist ihm ernst. Darum auch die Absolution. Kommt sie nicht zu schnell? Wo

der Mensch vor Gott kapituliert, bricht die Ewigkeit in die Zeit ein, hat ein Augenblick Ewigkeitscharakter, gibt es kein „schnell“ oder „langsam“. Ihm ist also vergeben. Und trotzdem Strafe? Vergebung tilgt die Schuld, löscht aber nicht die Folgen der Verfehlung. Die Wunde schließt sich, die Narbe bleibt. Strafe ist nicht nur Sühne, sondern auch Erinnerung, Demütigung, Erziehung.
„Der Sohn wird sterben“, das war Natans letztes Wort. Das Kind wird todkrank. David ringt um sein Leben mit verbissener Leidenschaft, verweigert Speise und Schlaf. Was mag er erst tun, wenn es tot ist? Großes Erstaunen: Er steht von der Erde auf und wird wieder „normal“. Als das Kind noch lebte, wollte er durch Kasteiung Gottes Eingreifen erwirken. Jetzt kann er es nicht mehr zurückholen. David tröstet seine Frau im doppelten Sinn: mit Worten und mit der Zeugung eines zweiten Sohnes, Salomo. Über diesem Kind leuchtet wieder die Gnade Gottes. David übergibt ihn später dem Natan zur Erziehung. Der gibt ihm den Namen Jedidja, Liebling Gottes. So entsteht die enge Verbindung zwischen Natan und Salomo.
An dieser Stelle wird der unterbrochene Bericht vom Ammoniterkrieg wiederaufgenommen. Der trotz seiner Rauheit feinfühlige Joab läßt dem König den Ruhm, den von ihm bereits entschiedenen Kampf zu Ende zu führen, damit er sich die Krone der Ammoniter aufs Haupt setzen lassen kann.

Zwischenstück

Davids Familie
2Sam 3,1–5:
Es ist nötig, hier einen Blick auf Davids Frauen und Kinder zu werfen, um das Folgende besser verstehen zu können. Seine 1. Frau war die Königstochter *Michal* (1Sam 18,27). Sie war auch später noch die „first lady“. Leider konnte sie ihm nicht den Sohn schenken, der zugleich Sauls und Davids Erbe gewesen wäre.
Die 2. Frau aus seiner Partisanenzeit war *Ahinoam* von Jesreël (1Sam 25,43). Sie gebar AMNON, der als erstgeborener Sohn Anwärter auf den Thron war.
Die 3. Frau aus jener Zeit wurde die schöne und kluge *Abigajil* aus dem Dorf Karmel (1Sam 25; 2Sam 2,2). Ihr Sohn hieß Kilab. Weder

sie noch er konnten eine Rolle spielen, denn der Junge scheint früh gestorben zu sein.
Als 4. Frau nahm David in Hebron die Königstochter von Geschur, *Maacha*, deren Sohn der schöne ABSCHALOM war und deren hübsche Tochter Tamar hieß.
Als 5. Frau wird *Haggit* genannt. Ihr gehörte der vierte Sohn ADONIJA.
Die 6. Frau *Abital* bekam den Sohn Schefatja.
Die 7. Frau hieß *Egla* und gebar den Jitream.
Diese sechs Söhne wurden dem David in Hebron geboren.
Dazu 2Sam 5,13–14:
„David nahm noch mehr Frauen und Nebenfrauen in Jerusalem, und es wurden ihm noch mehr Söhne und Töchter geboren."
1Chr 3,1–9 und 14,3–4 ergänzen:
Von der 8. Frau Batschua (*Batseba*) wurden geboren: SALOMO, Schammua, Schobab, Natan.
Von anderen Frauen stammen weitere 8 Söhne. Das ergibt die Summe 18. Leider wird von den Töchtern, außer der armen Tamar, nichts berichtet.
Die 9. und letzte Frau, die ihn in seinem Alter umsorgte, war die schöne *Abischag* von Schunem.
David war gewiß ein leidenschaftlicher und sexuell triebhafter Mann. Aber ein Harem nach ägyptischem Vorbild gehörte eben zu einem großen König. Je mehr Frauen, desto mehr Ansehen. Aber viele Frauen schaffen auch viele Schwierigkeiten, vor allem, wenn es um die Thronfolge ihrer Söhne geht. Davon künden die folgenden Kapitel. Sie zeigen, wie sich der Fluch und das Gericht an Davids Kindern auswirkt und auf ihn selbst zurückschlägt.

Amnons Schandtat

2Sam 13:
Eine ungeheuer spannend erzählte Geschichte. Der Kronprinz verliebte sich in die bildhübsche Halbschwester Tamar und wurde schier krank vor Liebeskummer. Ein guter Freund gab ihm einen schlechten Rat. Amnon stellte sich krank und wollte von Tamar verpflegt werden. Der ahnungslose König erlaubte es. Als sie Amnon die Speise ans Bett brachte, ergriff er das Mädchen. „Nicht doch, mein Bruder,

schände mich nicht; denn so tut man nicht in Israel." Er solle sie doch vom König zur Frau erbitten – was damals noch nicht verboten ist. Aber Amnon war nur noch von rasender Gier erfüllt und vergewaltigte sie. Aber nun kam das Schlimmste. Die befriedigte Wollust schlug in Unlust um, aus dem heißen Verlangen wurde kalter Widerwille. Amnon ließ Tamar durch den Diener aus dem Haus werfen. Tamars Leben war zerstört. Sie blieb einsam im Haus ihres Bruders Abschalom. Der König wurde zwar zornig, aber er tat Amnon nichts zuleid; denn er liebte seinen Erstgeborenen. Der starke König war ein schwacher Vater. So hart er gegen andere sein konnte, so weich war er gegen seine Söhne. So konnte das Unheil seinen Lauf nehmen.
Abschalom sann auf Rache. Bei einem Fest ließ er Amnon ermorden. Aber er mußte fliehen, und zwar in die Heimat seiner Mutter zu dem Großvater nach Geschur. Drei Jahre blieb er dort. Inzwischen hatte sich des Königs Groll gelegt.

Joabs Fürsprache für Abschalom
2Sam 14:
„Joab merkte, daß des Königs Herz an Abschalom hing." Eine unmittelbare Fürsprache für den verbannten Königssohn wagte er nicht. Nach dem Vorbild Natans, der ein Gleichnis erzählte, gewann er eine kluge Frau, die die Rolle einer trauernden Mutter spielte und mit vollendeter psychologischer Meisterschaft auf des Königs Herz zielte. Sie erzählt, daß der eine ihrer beiden Söhne den anderen erschlagen hat und deshalb vom Bluträcher der Verwandtschaft umgebracht werden soll. Der König sagt ihr Hilfe zu. Dafür will sie einen Eid. Danach redet sie „im Klartext" und spricht dabei den Satz aus: „Gott will nicht das Leben wegnehmen, sondern er ist darauf bedacht, daß das Verstoßene nicht auch von ihm verstoßen werde." David merkt, daß Joab dahintersteht, und erlaubt ihm, Abschalom zurückzuholen. Doch will er ihn nicht sehen. Zwei Jahre lebt Abschalom gemieden in seinem Haus in Jerusalem. Noch einmal muß Joab für ihn bitten, und es kommt zur Versöhnung.

Abschaloms Aufruhr
2Sam 15:
Abschalom war der schönste Mann in Israel. Aber genauso charakter-

los. Von Dankbarkeit seinem Vater gegenüber keine Spur. Flammender Ehrgeiz und kalte Berechnung zielten auf die Herrschaft. Er hatte sich ja den Weg zum Thron schon frei gemacht. Nun war er der Kronprinz. Die ungewisse Wartezeit bis zu des Vaters Tod schien ihm zu lang. Er betrieb eine Verschwörung zum Umsturz. „So stahl Abschalom dem König das Herz der Männer Israels." Dann gab er vor, in Hebron dem Herrn ein Gelübde zu erfüllen, nahm seine Leibwache (eine neue Mode!) und zweihundert Soldaten mit und sammelte immer mehr Volk um sich. Schließlich ließ er Davids Ratgeber, den klugen Ahitofel, holen. Der war der Großvater der Batseba und vielleicht deswegen ein heimlicher Gegner Davids. Der Aufstand war gut vorbereitet.

David schätzte die Lage sehr nüchtern ein. Israel war für ihn verloren, Judas Haltung ungewiß. Darum beschloß er, mit seinem ganzen Hof zu fliehen. Seine Elitetruppe und 600 Söldner aus Gat begleiteten ihn. Die beiden Hohenpriester mit ihren Söhnen sollten zurückbleiben, um ihn auf dem Laufenden zu halten. Der treue Chuschaj sollte sich als Geheimagent zum Schein dem Abschalom anschließen und Ahitofels Ratschläge zunichte zu machen suchen. Im Unglück zeigte David wieder seine Größe und beugte sich unter diesen Schlag. Ab-Schalom, Vater des Friedens, hieß ausgerechnet der, der den Unfrieden brachte; sein Vater schuf den Frieden mitten in der Revolution.

Davids Auszug und Abschaloms Einzug in Jerusalem

2Sam 16:

David erfuhr gerade in der Not viel Gutes. So wie Chuschaj ihm jetzt den größten Dienst tat, so kam der treue Ziba zur rechten Zeit mit Verpflegung. Es gab freilich auch andere Begegnungen. Ein Mann aus dem Geschlecht Sauls, Schimi, verfluchte David und warf mit Steinen nach ihm. Er gab David die Schuld an der Ausrottung der Sippe Sauls. Wie groß war hier der König: „Laßt ihn fluchen; denn Jahwe hat es ihm geboten." Er fühlte sich nicht unschuldig. Wenn schon der eigene Sohn ihm nach dem Leben trachtete, dann konnte er auch den Fluch hinnehmen.

Abschalom kam inzwischen nach Jerusalem. Auf Ahitofels Rat nahm er in aller Öffentlichkeit den Harem seines Vaters in Besitz. (David hatte ja zehn Nebenfrauen zurückgelassen, um das Haus zu bewahren.) Das sollte das äußere Zeichen des Thronwechsels sein. Aber es geschah gegen göttliches und menschliches Recht, weil es sich um seinen Vater handelte, dessen Frauen der Sohn nicht haben darf (Ruben verlor darüber das Recht des Erstgeborenen, 1Mose 35,22; 49,3).

Abschaloms Berater
2Sam 17:
„Wenn Ahitofel einen Rat gab, dann war das, als wenn man Gott um etwas befragt hätte." Er wollte David noch in der Nacht verfolgen und überfallen, so lange er matt und verzagt war. Chuschaj dagegen wies auf die Stärke Davids hin und auf den Zornmut seiner Männer. Er wollte Zeit gewinnen. Das Risiko sei zu groß. Abschalom stimmte zu. Das wurde durch die Priester und ihren „geheimen Nachrichtendienst" dem fliehenden König mitgeteilt, damit er sich eile. Daraufhin ging Ahitofel heim und erhängte sich. Er merkte, daß Abschalom schon verspielt hatte und er verloren war.
David war über den Jordan entkommen und lagerte in Mahanajim.

Abschaloms Ende
2Sam 18:
Nun spitzt sich die Lage zu. Der Bericht hat eine unerhörte Dramatik. David ordnet seine Truppen in drei Gruppen. Er selbst bleibt auf Bitten seiner Getreuen zurück. Seine einzige Weisung lautet: Verfahrt mir schonend mit meinem Sohn Abschalom! In einem Waldstück kommt es zum Kampf. Und dieses Gelände wird Abschalom zum Verhängnis. Beim Galopp seines Maultiers bleibt er mit seinem Haupt (mit seinem langen Haar) an einer Therebinthe hängen. Joab erfährt's. Er eilt dorthin und stößt ihm drei Stäbe (Speere) in den Leib. Dann läßt er den Kampf abblasen. Warum handelt Joab gegen den ausdrücklichen Befehl des Königs? Er war es doch, der Abschalom aus der Verbannung holte, weil er ihn lieb hatte und in ihm den Thronfolger sah! Aber für diesen königstreuen Mann hat die Revolution alles verändert. Er hat den Abschalom jetzt erst richtig kennengelernt. Der ist nicht der Mann für die Thronfolge. Solange der lebt, ist der Staat in Gefahr. Und er kennt die Weichheit und den Wankelmut seines Vaters. Aus Gründen der Staatsraison und aus politischem Weitblick schafft er vollendete Tatsachen. Aber wer sagt das dem

König? Man weiß ja, wie er auf solche Botschaften reagiert. Zwei junge Männer übernehmen es mit großem Geschick.

Davids Trauer
2Sam 19:
Es ist ergreifend, diesen Ausbruch des Schmerzes und der Trauer nachzuerleben. Es ist ein Geheimnis um solche Vaterliebe, die trotz aller Enttäuschungen nicht erschüttert werden kann. O unergründliches Vaterherz – ist es nicht ein Ebenbild des Herzens Gottes? Menschlich gesehen ist aber dieses Verhalten Davids unverständlich. Das Heer setzt sich für den König gegen den Rebellen ein. Statt Dank und Lohn, statt Freude und Feier hören sie nur unbeherrschte Totenklage. „So wurde aus dem Sieg an diesem Tag eine Trauer. Und das Königsvolk stahl sich weg, wie wenn es sich schämen müßte, geflohen zu sein." Der König hat sich haltlos in die Trauer hineinfallen lassen und vergißt sich, sein Heer, sein Volk. Joab muß wiederum eingreifen. Das geschieht mit deutlichen und harten Worten, wie sie sonst kein anderer mit dem König reden durfte: „Du liebst, die dich hassen, und hassest, die dich lieben." Dir ist alles egal: die Schlacht, die Krieger, die Verwundeten, die Gefallenen, das Volk, das Königshaus. „Wenn nur Abschalom lebte und wir alle tot wären, das wäre dir recht." Joab rüttelt ihn aus seiner Lethargie auf und nötigt ihn, sich dem Heer zu zeigen.
Nun gilt es, den König wieder zurückzuholen. „Der neue König ist tot. Es lebe der alte", heißt es hier. Fast hätten sich jetzt die Stämme um die Ehre gestritten, wer ihn zuerst geleiten darf. Es gab Überraschungen: David entzog dem Joab den Oberbefehl und gab ihn ausgerechnet dem Kommandeur der Truppen Abschaloms, Amasa. Hat das der um David so verdiente Mann verdient? Ziba kam dem Heimkehrer wieder hilfreich entgegen. Schimi unterwarf sich auf Gedeih und Verderb und wurde verschont. Der gelähmte Meri-Baal hatte sich neutral verhalten, was ihm David zum Vorwurf machte und seine Güter dem Ziba zuteilte. Den Barsillai, der ihn in der Zwischenzeit versorgt hatte, lud der König an seinen Tisch, was seinem Sohn zugute kam. Die zurückgebliebenen Nebenfrauen bekamen ein eigenes Haus und wurden „Witwen auf Lebenszeit", weil Abschalom zu ihnen eingegangen war.

Schebas Aufstand
2 Sam 20:
Mit der Heimkehr Davids waren noch nicht alle Krisen überwunden. Ein Mann aus dem Stamm Sauls rief das „Haus Josef" zum Abfall auf: „Wir haben kein Teil an David." Diese Gefahr war noch größer als der vorige Aufstand. Amasa handelte zu langsam, um das Heer Judas zu mobilisieren. Darum befahl der König dem Abischai, Joabs Bruder, mit dem Söldnerheer den Scheba zu verfolgen. Als sich die beiden Heeresgruppen schließlich zusammenfanden, ermordete Joab bei der Begrüßung den Amasa so heimtückisch wie einst den Abner und besiegte so den Rivalen. Nun stand er wieder an der Spitze und beendete bald den Aufstand. Schebas Kopf wurde ihm über die Mauer der belagerten Stadt geworfen. Die Gefahr für das Reich war für diesmal abgewehrt.
David hatte nun äußere Ruhe. Im Königshaus gingen aber die Intrigen um die Thronfolge weiter. Die Berichte darüber in 1 Kön 1 stammen von Augenzeugen und unmittelbar Beteiligten. Sie sind schonungslos offen und wahrhaftig in der kritischen Beurteilung Davids. Man könnte die Kap. 11–20 überschreiben: Davids Sünden und ihre Folgen.

Der Fortgang des Geschehens wird allerdings unterbrochen durch verschiedene

NACHTRÄGE
2 Sam 21–24

Die Blutrache an Sauls Söhnen
2 Sam 21:
Davon war in Kap. 9 bereits die Rede. Die Ursache einer Hungersnot wird in einer Blutschuld gesehen, die Saul auf sich geladen hatte, als er die Gibeoniter trotz eines Vertrags mit Israel ausrotten wollte. (Auf der Höhe von Gibeon war das heilige Zelt stationiert.) David verhandelte mit ihnen wegen der Sühne. Blut gegen Blut. Sie verlangten sieben Sauliden. Die Opfer waren die beiden Söhne der Rizpa, Sauls Nebenfrau, und die fünf Söhne der Merab, der älteren Tochter Sauls. Sie wurden gehängt. Rizpa bewachte rührend die Leichname vor Geiern und Schakalen, bis sie im Familiengrab Sauls bestattet wurden. Diese

Todesfälle kamen David nicht ungelegen. Sie ersparten ihm Kämpfe mit der Familie Sauls, von der nur der gelähmte Sohn Jonatans übrigblieb.

Davids Danklied
2Sam 22:
Es ist mit Psalm 18 identisch. Hierin spricht der König (oder ein König aus späterer Zeit) als summus episkopus, d. h. in seiner Funktion als oberster Priester. Es wird auf Situationen angespielt, die David erlebt hat, für alle Führungen und Errettungen gedankt. Dieser Psalm ist der theologische Kommentar zur Davidgeschichte: Sie soll als das Tun des mächtigen und großen Gottes begriffen werden.

Davids „letzte Worte"
2Sam 23:
Sie folgen dem Psalm wie der Mosesegen dem Moselied. Sie beginnen mit dem Anspruch: „Der Gott Israels hat zu mir gesprochen. Der Geist Jahwes hat durch mich geredet." Wer recht herrscht, wirkt wie die aufgehende Sonne und der Wachstum bringende Regen. „So ist mein Haus fest bei Gott; denn er hat mir einen ewigen Bund gesetzt." Ein später Nachruf für David? Ob darin eigene Worte Davids enthalten sind, läßt sich nicht mehr feststellen.

Die Erwerbung des Tempelplatzes
2Sam 24:
Ein seltsames Kapitel. Ohne Grund entbrennt Gottes Zorn? Und darum reizt er David zu einer Zählung? Es handelt sich wahrscheinlich nicht um Volkszählung, sondern um Musterung des Kriegsvolkes und Anlegen von militärischen Stammrollen oder Karteien. Warum aber soll eine Zählung Sünde sein? Hat das einen magischen Hintergrund? Auf alle diese Fragen gibt es keine einleuchtenden Antworten. Gott selbst ist unberechenbar und unerforschlich. Dem Joab ist die Zählung nicht geheuer. Ob er um die Freiheit der Stämme fürchtet, wenn jeder karteimäßig erfaßt ist, also den Datenschutz nicht mehr gewährleistet sieht? Und warum schlägt David hernach das Gewissen? Warum sieht er jetzt die Zählung als Sünde und Torheit an? Wohl darum, weil Gott durch den Propheten Gad Strafe ansagen läßt. Denn von Gottes vor-

auslaufendem Zorn und von seinem Reizen zur Zählung hat der ja nichts gewußt. Seltsamerweise werden, was sonst nie der Fall ist, drei Strafarten zur Wahl gestellt: entweder drei Jahre Hungersnot oder drei Monate Flucht oder drei Tage Pest. David will lieber in die Hand Gottes fallen als in die der Menschen. So kommt die Pest über das Volk. Der „Würgengel" ist gerade bei der Tenne des Jebusiters Arauna, als ihm Gott Halt gebietet. Gad fordert den König auf, auf diesem Platz einen Altar zu errichten. Dafür muß er ihn aber erst kaufen. Mit dem Opfer ist auch die Plage zu Ende.
Warum aber diese weit ausholende Geschichte? Sie gipfelt im Kauf der Tenne. Das Rätsel löst 1 Chr 22,1: „Da sprach David: Hier soll das Haus Gottes sein!" David durfte oder konnte den Tempel nicht bauen. Aber der Herr läßt ihn den Bauplatz für den Tempel finden. Hier haben wir also die Fortsetzung von 2 Sam 6+7 und zugleich den Schlußpunkt dazu.

Der alte König

1 Kön 1+2

Mit der Unterwerfung aller Feinde hat David seinen Höhepunkt erreicht und seine Aufgabe erfüllt. Er dürfte damals 40–45 Jahre alt gewesen sein. Mit seinem Ehebruch zeichnet sich bereits die innere Wende ab. Als die Söhne erwachsen wurden, bestimmten meist andere Kräfte das Geschehen. Davids Entschlußlosigkeit in der Frage der Thronfolge hatte eine katastrophale Auswirkung. Er ließ alles treiben und wurde dadurch zum Spielball der Generäle und Minister. Mit schätzungsweise 60–65 Jahren war der König verbraucht und alt. Er hatte Durchblutungsstörungen und konnte nicht mehr warm werden. Noch nicht einmal ein schönes Mädchen konnte sein Blut in Wallung bringen. Ein bedauerlicher Lebensabend und ein ruhmloses Ende eines großen Königs. Über sein Sterben wird kaum etwas berichtet. Als ob man über ihn schon zur Tagesordnung übergegangen wäre. „Also legte sich David zu seinen Vätern und wurde begraben in der Stadt Davids." Der Scheinwerfer der Geschichte wurde bereits geschwenkt und beleuchtet den neuen König.
Mag David auch für die Geschichtsschreiber sang- und klanglos von der Weltbühne abgetreten sein – für die Heilsgeschichte bleibt er nach Mose der bedeutendste Gottesmann und der Typos für den Messias.

David als Prototyp des Messias
Seine heilsgeschichtliche Bedeutung

Die Frömmigkeit Davids

David fragt Gott nach seiner Weisung.

Das geschieht in der Form der alten Zeit mittels des Efods, eines alten und rätselhaften Orakelgegenstands. Die Priester trugen ihn vor Jahwe her (1Sam 2,28). Er befand sich im Heiligtum von Nob (1Sam 21,10). Damit befragte Ahimelech für David den Herrn (1Sam 22,13). Abjatar nahm den Efod auf der Flucht mit (1Sam 23,6). So konnte David vor wichtigen Entscheidungen den Herrn befragen (1Sam 23,2.4.10–12; 30,8; 2Sam 2,1; 5,10.23).

David betet.

Ein Hinweis darauf ist das vom Berichterstatter ausformulierte Gebet Davids 2Sam 7,17–29. Und wenn David die Psalmdichtung so stark gefördert hat und die meisten Psalmen zugleich Gebete sind, dann läßt das den Rückschluß zu, daß er selbst aus dem Herzen gebetet hat.

Davids Respekt vor der Heiligkeit Gottes.

Er nimmt die Salbung als eine göttliche Weihe ernst. Darum verschont er Saul als den Gesalbten des Herrn (1Sam 24,11; 26,9) und läßt den, der angeblich dem todwunden König den Gnadenstoß gegeben haben will und David die Krone überbrachte, deswegen hinrichten (2Sam 1,14).

David läßt die Bundeslade nach Jerusalem holen und macht das zu einem Fest, bei dem er selbst tanzt und vielleicht auch singt (2Sam 6,5). Daß es beim Transport der Lade zu einem Unfall kam, der Usa das Leben kostete, hat David erschüttert (Vers 8).

David ließ bei seiner Flucht die heilige Lade in Jerusalem (2Sam 15,24–29).

David hat die Größe, sich unter die Schuld des Ehebruchs und Mordes zu beugen, sie zu bekennen und um Vergebung zu bitten. Er rang auch mit Gott um das Leben seines Kindes. Er nahm die Strafe auf sich, daß fortan das Unheil nicht mehr von seinem Hause wich.

Er beugte sich unter den Fluch des Schimi und nahm ihn als einen Fluch Gottes an (2Sam 16,10). Auch nachher ließ er ihn nicht bestrafen – das tat erst Salomo.

Aber die Bedeutung Davids liegt nicht in der subjektiven Seite seiner

Person, sondern in der objektiven Seite seines Königtums. Es geht um das Volk Israel und um seine Aufgabe in der Welt.

Natans Weissagung vom ewigen Königtum

2Sam 7:
„Dein Haus und dein Königtum sollen beständig sein in Ewigkeit vor mir, und dein Thron soll ewiglich bestehen.“ Eine ungeheure Verheißung. Wie soll sie geschichtlich realisiert werden? Die Nachfolger haben die Höhe Davids nicht gehalten. Das Reich zerbrach. Die Dynastie Davids endete im Exil. Das ist die Problematik, die in Ps 89 deutlich ausgesprochen wird.
Wenn aber Gott ein ewiges Königtum verheißen hat, dann hält er auch Wort, selbst wenn alles verloren scheint. Dann muß Israel auf einen anderen Davidssohn warten, auf einen anderen Gesalbten, der die geistliche Nachfolge Davids antritt, durch den alle Völker gesegnet werden (Ps72,17).
Israel hat wirklich Ausschau gehalten und seine Königshoffnung, seine Messiaserwartung nicht aufgegeben, wenn es auch noch so oft enttäuscht wurde. Es kamen nicht nur erfolgreiche, sondern auch fromme Könige: Hiskija zur Zeit Jesajas. Zur Zeit Jeremias sah man Joschija schon als den verheißenen Messias an; aber er wurde 609 bei Megiddo (Harmagedon) getötet. Deuterojesaja hielt die Rückkehr aus Babylonien für den Anbruch der Heilszeit. Sacharja bezeichnet den Hohenpriester Joschua und den Fürsten Serubbabel als die zwei Gesalbten. Maleachi spricht vom wiederkommenden Elija als dem Wegbereiter des Messias. Die Makkabäerzeit entfachte alle Hoffnung auf den Messias. Und der unbekannte prophetische Verfasser des Daniël-Buches schaut in der Vision den Menschensohn im Himmel. Die Hoffnung verdichtet sich, die Erwartung wird drängend.
Das Bild für diesen Messias wird durch Davids Königtum geprägt: *ein* Volk, das allen Völkern auf Erden das Licht und den Segen bringt, *ein* Reich, das alle Weltreiche ablöst und ein Reich der Gerechtigkeit und des Friedens ist, *ein* König, der Gottes Heil bringt und Gottes Herrschaft ausübt.
Und so wird David der Prototyp des Messias. Aber weil er nur ein Typos ist und nicht der göttliche König selbst, weil er nur das Vorbild des Messias, aber nicht das Ebenbild Gottes ist, muß er den Davids-

sohn seinen Herrn nennen. Und dieser Herr wird den Prototypos umprägen, neu prägen, weil er unendlich viel mehr ist als David.
Die heilsgeschichtliche Bedeutung Davids ist also eine doppelte:
1. Er hat den Grund gelegt für das Gebetbuch des Volkes Gottes und damit für das geistliche Leben.
2. Sein irdisches Königtum weckte die Hoffnung auf das göttliche Königtum und brachte die Heilsgeschichte in Bewegung auf ihren Höhepunkt hin: auf Jesus Christus, den König aller Könige und Herrn aller Herren.

Die Bücher der Könige

Einleitung

Die beiden Bücher der Könige bildeten ursprünglich ein einziges Buch. Erst durch die griechische Septuaginta (LXX) erfolgte eine Teilung, so daß sich mit den ebenfalls geteilten Samuëlbüchern die vier „Bücher der Königsherrschaften“ ergaben. Dem folgte die lateinische Vulgata. Im hebräischen Text wurde diese Trennung im 15. Jahrhundert übernommen. „Das Königsbuch“ gehört als letzter Teil zum deuteronomistischen Geschichtswerk, das von 5 Mose bis 2 Kön 25 reicht.
Das Hauptanliegen des gesamten Geschichtswerks ist es, die Geschichte theologisch zu deuten. Es verarbeitet historische Fakten mit dem Ziel, das Geschick des Volkes Israel als Heils- und Unheilsgeschehen zu verstehen und aus dieser Erkenntnis für die gegenwärtige Existenz die Folgerungen zu ziehen. Die Deuteronomisten haben ein existentielles Verhältnis zur Geschichte, und ihre Geschichtsschreibung ist zugleich Verkündigung. Die Beschäftigung mit der eigenen Geschichte bedeutet für sie Identitätsfindung und Identitätsvergewisserung.
Die theologischen Reflexionen und Interpretationen des Königsbuchs gelten vor allem den Wendepunkten der Geschichte: der Reichstrennung und dem Untergang Israels. Besonders hat die miterlebte Katastrophe des 6. Jahrhunderts die Frage nach dem Sinn dieses Geschehens geweckt. Die Antwort darauf war die Erkenntnis und das Bekenntnis, daß immer wieder einzelne Könige mit ihrem Volk den Bund Jahwes gebrochen und das Gesetz mißachtet haben, so daß das Gericht Gottes unvermeidlich wurde. Das ist ein gutes Zeugnis für die geistliche Haltung führender Theologen bei der Entstehung des Judentums. Sie waren bereit zur Buße. Ihr positives Anliegen war die Erneuerung des Bundes durch innere Umkehr und die Stärkung des Glaubensgehorsams gegenüber den Weisungen Gottes.
Die Tendenz, aus den verschiedenen Überlieferungen eine Lehre und Botschaft für die Gegenwart zu gewinnen, veranlaßte die Geschichtsschreiber zu Eingriffen in das historische Material und zu Erweiterungen durch ihre Auslegung, bis schließlich die Kanonisierung der heili-

gen Schriften diesem Prozeß ein Ende setzte und das theologische Anliegen von den Rabbinen wahrgenommen wurde.

Charakteristisch für die Darstellung des Lebens und Wirkens der Könige ist in formaler Hinsicht ein stereotypes Rahmenschema mit einer Eingangsformel und einer Schlußformel, die nur knappe statistische Angaben enthalten. In dieses Schema wurden die Stoffe aus alter Überlieferung aufgenommen: vor allem die staatlichen Akten, die „Chronik der Könige von Israel" bzw. von Juda. Diese Gleichförmigkeit ist einprägsam und darum für die Lehre geeignet. Bei den Erzählungen steht meist ein Prophet im Mittelpunkt. Die Regierungszeiten der Könige werden synchron für beide Reiche angegeben, d.h. der Regierungsantritt des israelischen Königs wird nach dem Regierungsjahr des jüdäischen beziffert und umgekehrt. Daraus spricht das Bewußtsein der Zusammengehörigkeit, auch und gerade nach dem Untergang beider Reiche. Die Zahlen selbst sind historisch unsicher. Das hängt auch mit einer Änderung des Jahresbeginns und damit zusammen, daß die Monate vor Neujahr nicht gezählt werden. Manchmal fallen die rechtliche Einsetzung und die praktische Machtergreifung nicht zusammen. Die Zahlen haben außerdem nicht nur historische, sondern auch symbolische Bedeutung: Die Gesamtsumme der Könige vom Tempelbau bis zur Tempelzerstörung beträgt 430 Jahre, und 50 Jahre Exil dazu ergeben 480 Jahre – die gleiche Zahl wie vom Auszug aus Ägypten bis zum Tempelbau.

Charakteristisch in sachlicher Hinsicht ist die theologische Beurteilung der Wirksamkeit der Könige. Es zählt nicht ihr politischer Erfolg, sondern ihre religiöse Einstellung zur alleinigen Verehrung Jahwes im Tempel zu Jerusalem. Maßstab ist „die Sünde Jerobeams", d.h. neben der staatlichen Trennung die religiöse Selbständigkeit des Nordreichs durch Verehrung Jahwes in den Heiligtümern Bet-El und Dan und die Zulassung anderer Kulte. Dabei wurde nicht berücksichtigt, daß die Baalverehrung oftmals durch politischen Druck der Supermächte erzwungen war. Auch wurde aus der späten Sicht der joschijanischen Reform jeweils festgestellt: „Die Höhen(heiligtümer) verschwanden freilich nicht." Dabei gehören sie zur Geschichte Israels.

Die Zeit der Abfassung des gesamten Königsbuchs ist durch die Ereignisse der Jahre 722 und 587, durch den Fall Samarias und Jerusalems, zu bestimmen: zwischen 587 und 530. Es ist wohl in Palästina entstanden. Nach 2Kön 25,23 wurde Mizpa nicht verwüstet und konnte darum nicht nur Verwaltungsort, sondern auch geistliches Zentrum werden. Hier vermutet man den Sitz der deuteronomistischen Schule. Der größte Teil der Erzählungen ist nordisraelischer Herkunft.

Inhaltsübersicht

Es heben sich deutlich drei Teile voneinander ab:

A. 1Kön 1–11	Die Zeit Salomos
B. 1Kön 12–2Kön 17	Die Zeit der getrennten Königreiche
C. 2Kön 18–25	Juda nach dem Untergang Israels

Im einzelnen die Hauptgesichtspunkte:

A. 1Kön 1–11	Die Zeit Salomos:
1Kön 1	Der Kampf um die Nachfolge
1Kön 2	Die „Testamentsvollstreckung“
1Kön 3	Salomos Traum und das „salomonische Urteil“
1Kön 4	Der Verwaltungsapparat
1Kön 5	Salomos Weisheit und Vorbereitung zum Tempelbau
1Kön 6–7	Tempel- und Palastbau
1Kön 8	Überführung der Lade und Tempelweihe
1Kön 9–10	Salomos Reichtum und Pracht
1Kön 11	Die Reichstrennung
B. 1Kön 12–2 Kön 17	Die Zeit der getrennten Reiche:
1Kön 12–14	Jerobeam
1Kön 14–16	Könige von Juda und Israel
1Kön 17–2Kön 2	Elija
1Kön 20	Aramäerkämpfe
1Kön 22	Der Feldzug nach Ramot-Gilead
2Kön 2–8	Elischa, sein Tod 13,14–21
2Kön 8–10	Jehu
2Kön 11–17	Könige Israels und Judas bis zum Untergang Samarias
C. 2Kön 18–25	Juda nach dem Untergang Israels:
2Kön 18–20	Hiskija
2Kön 21	Manasse und Amon
2Kön 22–23	Joschija
2Kön 23–25	Die letzten Könige Judas

Salomo, der weise König
965–926

1 Kön 1–11

Der jüdische Archäologe Yigael Yadin schreibt in seinem Ausgrabungsbericht „Hazor, Wiederentdeckung der Zitadelle Salomos", S. 187:
„Der Name des Königs Salomo weckt unterschiedliche Assoziationen.
Für den, der Pferde liebt – wie einige von uns –, ist er einer der größten Pferdezüchter biblischer Zeiten; für den, der Frauen liebt – wie die meisten von uns –, ist er der größte Liebhaber aller Zeiten; für den, der Weisheit sucht – wie wir alle –, ist er der weiseste aller Menschen. Für den im heiligen Land grabenden Archäologen jedoch gehört Salomo zu den größten Baumeistern unter den Königen Israels."
Darüber hinaus ist Salomo ein glänzender Organisator und ein erfolgreicher Außenpolitiker. In religiöser Hinsicht hat seine Toleranz Israel sehr geschadet, seine Weisheitsschule dagegen einen der wichtigsten Beiträge für die innere Geschichte Israels geleistet.
Der biblische Bericht ist aber auch diesem großen König gegenüber sachlich, wahrhaftig und kritisch.
Der Name Schelomoh ist von *schalom* = Friede abgeleitet und kann im Deutschen mit Friedrich, der an Frieden Reiche, der ein Friedensreich schuf, wiedergegeben werden.

Der Weg zum Thron
1 Kön 1+2

Die Geburt Salomos, des zweiten Kindes des David und der Batseba, wird in 2 Sam 12,24–25 erwähnt. Mit ihm war auch der Friede zwischen Gott und dem König nach seinem schweren Fehltritt wiederhergestellt.
Daß der Junge dem Propheten Natan zur Erziehung übergeben wurde, hatte eine große Bedeutung. Denn Natan verhalf ihm später zum Sieg im Kampf der rivalisierenden Königssöhne. Er war des Propheten Liebling und wurde von ihm „Geliebter des Herrn" genannt –

was natürlich schon prophetisch war und für den heranwachsenden Königssohn zum Motiv seines Strebens wurde. Aber eine besondere religiöse Prägung läßt sich außer der Bitte um ein hörendes Herz (1 Kön 3) nicht erkennen.

Über Salomos Jugend und seinen Werdegang ist nichts bekannt. Er bleibt im Hintergrund, während schon die Wogen der Leidenschaft und des Kampfes um den Thron hochschlagen. Auch Natan hält sich zurück. Er ist wohl klug genug, um zu wissen, daß der erstgeborene Amnon der natürliche Kronprinz ist und nach dessen Tod zunächst nur Abschalom in Frage kommt. Nach ihm wäre als nächster Sohn Adonija an der Reihe. Aber Natan und Batseba berufen sich auf ein Versprechen des Königs, Salomo zu seinem Nachfolger zu machen (1 Kön 1,13–17). Das scheint bekanntgeworden zu sein; denn Adonija lud Salomo samt Natan und Benaja nicht zu dem Fest ein, bei dem er sich zum König ausrufen lassen wollte. Natan ist bestens im Bild. Nun tut Eile not. Und er erreicht mit der Mutter die Entscheidung für seinen Liebling. Salomo überholt Adonija kurz vor dem Ziel und gewinnt das Rennen durch einen winzigen Zeitvorsprung. Zadok salbt ihn. Benaja übernimmt den militärischen Schutz. Mit Posaunenschall wird er zum König ausgerufen. Die Masse ruft pflichtgetreu: „Es lebe der König Salomo!" Das Volk atmet auf, weil die Ungewißheit der Klarheit gewichen ist. Wirklich ein atemberaubendes und dramatisches Geschehen!

Dieses Ergebnis war nicht selbstverständlich, sondern durch Hofintrigen erzwungen. Das zeigt die wahrhaftige Äußerung Adonijas 1 Kön 2,15. Aber hier gilt wohl das Sprichwort: confusione hominum, dei providentia, d.h. Gottes Vorsehung kommt auch mitten durch die menschlichen Verwirrungen und Verirrungen zum Ziel.

Anmerkung: Salomo ist ohne Mitwirkung der Stämme König geworden, während David durch die Süd- und Nordstämme gesalbt wurde. Dieses Recht spielt später noch eine Rolle.

Aber die Machtkämpfe haben ein blutiges Nachspiel, das den Regierungsantritt Salomos moralisch belastet, politisch allerdings entlastet: Adonija wird wegen eines geringfügigen Anlasses hingerichtet, der treue Feldmarschall Joab am Altar getötet, der Hohepriester Abjatar verbannt. Übrigens bleibt auch Schimi nicht lange am Leben. Salomo ist in der Wahl seiner Mittel noch skrupelloser als David. Der Bericht darüber schließt mit dem Satz: „Das Königtum wurde gefestigt durch Salomos Hand."

Der Politiker, seine Außen- und Wirtschaftspolitik

Wer das Reich Davids zum Erbe bekommt, kann leicht eine gute Außenpolitik machen. Er hat ja nur noch die Aufgabe, das Bestehende zu erhalten und auszubauen. Und das hat Salomo getan.
Sein Herrschaftsbereich ging nach 1 Kön 5,1 vom Eufrat bis zum Philisterland und bis an die Grenze Ägyptens. Er war also der Herr Palästinas – mit Ausnahme des phönizischen Gebietes, mit dem schon David einen „Freundschaftspakt" hatte. Es war Friede mit allen Nachbarn ringsum, so daß Juda und Israel sicher wohnten (5,4).
Der erste selbständige außenpolitische Akt war die Heirat mit einer ägyptischen Prinzessin (3,1). Sie zeigt, daß Salomo vom Pharao als ebenbürtig anerkannt wurde. Und diese Verbindung mit Ägypten sicherte ihm die entscheidende südliche Flanke. Der Pharao eroberte die westlich von Jerusalem gelegene Kanaanäer-Stadt Geser, eine Grenzfestung zwischen Israel und dem Philisterland, und machte sie seiner Tochter zum Geschenk (9,15). Außenpolitik als Heiratspolitik – das erinnert an die europäischen Dynastien, vor allem an die Praxis der Habsburger und an die 16 Kinder der Maria Theresia; ihnen galt der Vers: bella gerant alii, tu, felix Austria, nube – d.h.: andere mögen Krieg führen, du aber, glückliches Österreich, heirate!
Der nächste Schritt war die Erneuerung des Bündnisses mit dem phönizischen König Hiram von Tyrus. Es wurde durch einen Handelsvertrag erweitert, der die wirtschaftlichen Voraussetzungen für die Baupläne Salomos schuf. Tyrus verpflichtete sich zur Lieferung von Zedern- und Zypressenholz und zur Stellung von Baufacharbeitern, besonders von Steinmetzen. Dafür erhielt es von Israel Weizen und Öl (5,15–26). Der Import überstieg aber den Export, und die Handelsbilanz wurde durch die Einfuhr von Gold noch unausgeglichener, so daß Salomo 20 Orte in Galiläa an Hiram abtrat (9,11). Dieses Gebiet war aber wohl wenig wert und gefiel Hiram durchaus nicht, so daß er deutlich reklamierte. Es war auch kein echt israelisches Land, sonst hätte der König gegen israelisches Bodenrecht verstoßen.

Salomos Außenpolitik stand auch im übrigen ganz unter wirtschaftlichen Vorzeichen und ermöglichte den sagenhaften Reichtum Salomos (10,14–29). Neue Handelsverbindungen wurden mit Südarabien geknüpft. Saba ist wohl der heutige Jemen; manche suchen es allerdings in Abessinien oder Somaliland, was aber kulturhistorisch nicht möglich ist. Es kam sogar so weit, daß Salomo durch geschickten Zwischenhandel Geld verdienen konnte (10,28–29).
Politische Schwierigkeiten traten vermutlich in der zweiten Hälfte seiner Regierungszeit auf, als sein totalitäres Regime Unbehagen und Unwillen auslöste und revolutionäre Kräfte sich regten.
Der erste politische Gegner war der dem Blutbad Joabs entronnene Königssohn Hadad aus Edom im Ostjordanland. Er entfloh nach Ägypten und bat um Exil. Dort wurde er sogar Schwager des Pharao. Nach langer Zeit wagte er die Rückkehr und wurde König von Edom (11,14–22).
Der zweite politische Feind stand im Norden auf. Reson von Zoba, der schon zu Davids Zeit die benachbarten Aramäer im Krieg unterstützt hatte, wurde König von Damaskus. Damit war die sowieso unsichere Nordfront zur Gefahrenzone geworden (11,23–25).
Der dritte Widersacher schließlich kam aus dem eigenen Volk, natürlich aus dem nördlichen Stämmeverband, aus Efraïm. Es war Jerobeam, der als Fronvogt oder Arbeitsminister über „das Haus Josef", d. h. über die nordisraelitischen Arbeiter, einige Macht und Ansehen hatte. Ihn salbte der Prophet Ahija im stillen zum König, weil Gott sich von Salomo abwenden mußte und seine Zusage an David zurücknahm bzw. auf Juda reduzierte. Es wiederholte sich also die Geschichte von Saul und David. Jerobeam mußte zwar ebenfalls nach Ägypten fliehen, weil Salomo von der sich anbahnenden Verschwörung Kunde bekam. Aber er wartete nur die Zeit ab, bis der Thronwechsel für ihn das Signal zum politischen Umschwung wurde (11,26–40).
So krachte es bereits im Gebälk des Hauses David. Es war einiges morsch geworden und hielt nur noch bis zum Tode Salomos.

Der Organisator und seine Innenpolitik

Salomos Stärke war der organisatorische Ausbau des neuen Staates. Er benützte dafür vor allem einen neu geschaffenen riesigen Beamtenapparat und erst in zweiter Linie das Militär. Er rüstete zwar mächtig auf durch Wagen und Pferde und baute überall Garnisonen dafür. Anfänglich hatte er 4000 Gespanne und 12000 Kavalleristen (5,6), später wuchs der Bestand mit 14000 Wagen und 12000 Gespannen aufs Dreifache (10,26). Aber er brauchte das Heer nur zur Friedenssicherung nach außen und innen, so daß sich niemand gegen seine drastischen Maßnahmen auflehnen konnte.

Seine Innenpolitik richtete sich rücksichtslos gegen die Selbständigkeit der Stämme. Er negierte die Stammesverbände und teilte das Land in 12 Regierungsbezirke auf (Kap. 4). Das konnte er sich nur leisten, weil er erstens eine große Militärmacht zur Verfügung hatte, zweitens durch seine übertriebene Bautätigkeit einen wirtschaftlichen Aufschwung erzielte und drittens dem Volk für „Brot und Spiele" sorgte: „Sie aßen und tranken und waren fröhlich" (4,20).

Ernst Würthwein weist in ATD 11 (EW) darauf hin, daß die Liste für die Gauaufteilung nur Gebiete in Nordisrael nennt. Er behauptet, die Aufteilung folge den kanaanäischen Gauen und betreffe nicht die israelischen Stämme.

Dennoch war das Risiko groß, und das Joch lag hart auf dem Volk. Es wurde mit Steuern belegt und zu Naturalleistungen gezwungen. Jeden Monat hatte ein anderer Regierungsbezirk außerdem für die ganze Hofhaltung zu sorgen (5,2). Schließlich wagte Salomo, aus den israelitischen Stämmen 30000 Fronarbeiter auszuheben (5,27f), die je einen Monat Dienst zu tun hatten und danach wieder zwei Monate ihre Felder bestellen und ihrem Handwerk nachgehen konnten (was sich David noch nicht hätte erlauben können). 9,22 zwar bestreitet das wieder und behauptet, das sei Militärdienstzeit gewesen und der Frondienst nur den Kanaanäern auferlegt worden. Aber der staatliche Arbeitsdienst wird 11,28 durch das Amt des „Fronvogts über das Haus Josef" eben doch bestätigt. Natürlich kamen dazu ausländische Arbeitskräfte: Von 70000 Lastträgern und von 80000 Steinhauern ist die Rede. Letztere waren bestimmt gut bezahlte Gastarbeiter; die anderen aber wahrscheinlich Zwangsarbeiter aus den von David

unterjochten Völkern. Nur so konnten die gewaltigen Bauten errichtet werden.
Aber daß hier ein Unruhe-Herd entstand, zeigen Jerobeam und die Verhandlung mit Salomos Sohn Rehabeam Kap. 12: „Dein Vater hat unser Joch zu schwer gemacht." Salomo hat sein Konto überzogen.

Der Baumeister

Salomos Baupolitik war nicht nur durch Prachtentfaltung begründet. Sie stellte einen wichtigen Teil seiner Innenpolitik dar.

Der Tempel

Der neue Staat mit seiner neuen Stadt brauchte einen sakralen Mittelpunkt, wenn er Bestand haben wollte. Jeder Stämmeverband hatte sein Heiligtum gehabt. Die vereinigten zwölf Stämme brauchten einen Tempel. David hatte es nicht mehr zuwege gebracht, aber alle Vorbereitungen getroffen. Mit dem Auftrag, dies nachzuholen, trat Salomo die Nachfolge an. Darum der Handelsvertrag mit Tyrus und die Gewinnung der Bauarbeiter (5,27–32). Der Tempelplatz war durch David bereits bestimmt. Der Tempelbau begann im vierten Regierungsjahr Salomos, vermutlich 962, und dauerte sieben Jahre bis etwa 955. 1 Kön 6 gibt die Einzelheiten an.

Der Tempel war 30 m lang, 10 m breit, 15 m hoch (Innenmaße). Eine Vorhalle von 10 m Breite und 5 m Länge ergab eine Zweiteilung des Tempels. Die Dreiteilung wurde durch eine Trennwand innerhalb der Haupthalle erreicht (6,16). Hinter ihr, dem Allerheiligsten, war Raum für einen Schrein mit Türen (*debir*) für die geflügelten Kerubim (nach EW). Diese Engelsgestalten kamen zuerst in das Allerheiligste und symbolisierten die Gegenwart Gottes. Gott war der „Kerubenthroner" (1 Sam 4,4; 2 Sam 6,2; 2 Kön 19,15; Ps 18,11; 80,2; 99,1; Jes 37,16; Ez 10,1). EW macht einen Unterschied in der Wertung der Keruben und der Lade, die erst nachher in den Tempel kam (8,6): Salomo habe die Keruben bevorzugt, die Nordstämme aber die Lade. David habe die Lade deshalb nach Jerusalem überführt, weil er die Nordstämme an sich binden wollte. Bei der Überführung der Lade in den Tempel seien die Ältesten mehr im Mittelpunkt gestanden als Salomo. Die Lade, in der nur die steinernen Tafeln waren (8,9), habe in der Folgezeit keine Rolle mehr gespielt und erst wieder durch die Deuteronomisten eine neue Bedeutung gewonnen.
Ein großer Vorhof schloß alle zum Heiligtum gehörenden Gebäude zusammen (7,12).

Zur Ausstattung des Tempels: Nicht erwähnt wird der eherne Altar im inneren Vorhof, der in 2 Chr 4,1 mit 10 m Länge, 10 m Breite und 5 m Höhe angegeben wird. Das eherne Meer mit 46 000 l Inhalt diente den Waschungen der Priester, sei aber ursprünglich Symbol des Urmeeres, des unterirdischen Ozeans, habe also kosmische Bedeutung. Die Kesselwagen trugen einen Kessel oder eine große Schale mit 920 l Inhalt zum Abspülen der Brandopferstücke. Erwähnt wird noch (7,48) ein goldener Altar, d. h. aus Zedernholz mit Gold überzogen, wohl als Räucheraltar gebraucht, und der goldene Tisch mit den Schaubroten, wörtlich: Brot des Angesichts oder der Gegenwart Gottes.
Der theologische Berichterstatter legt Wert darauf, daß der Tempel nicht für Jahwe selbst Wohnung sei, sondern für seinen Namen; denn Gott wohnt im Himmel, aber sein Name auf der Erde, hier im Tempel.

Der gestaltende Künstler war der Goldschmied Hiram aus Tyrus (7,13). Mit einem Volksfest, das eine Woche in Jerusalem und eine Woche im Land dauerte, wurde der Tempel prunkvoll eingeweiht (1 Kön 8).

Das Schloß

Die nächste Baugruppe ist Salomo sich selbst und seiner Königswürde schuldig. Neben dem Altar steht der Thron. Nach dem Gotteshaus kommt das Königshaus dran (7,1–12): und zwar das Libanon-Waldhaus für Repräsentationszwecke mit 3 × 15 Holzsäulen auf 50 × 25 m Fläche, dazu eine Säulenhalle und die Thronhalle mit einem herrlichen elfenbeinernen Thron, der von Stier- und Löwenstatuen flankiert war (10,18); diese diente auch als Gerichtshalle. Und schließlich Salomos eigener Palast und einer für die ranghöchste Königin, die Tochter Pharaos. Das nimmt 13 Jahre in Anspruch, die nach 9,10 vermutlich in die Jahre 959 bis 947 zu verlegen sind. Dazu baute Salomo den Millo (9,15.24; 11,27). Dieses Wort bedeutet Erdaufschüttung, Wall, Befestigung; es meint hier wohl eine Anlage von Terrassen am Steilhang mit Stützmauern und Auffüllung mit Steinen. Das ergibt das Verbindungsstück zwischen Tempel und Palast zur Verstärkung der Burg Jerusalem. Schließlich schlossen neue Stadtmauern die Neustadt Jerusalems ein.

Befestigte Städte

Salomo setzte sich weitere Denkmäler im Ausbau der Städte Hazor im Norden, Megiddo und Geser im Süden seines Reiches. Hazor, zwischen Libanon und den Golanhöhen an einer wichtigen Handelsstraße gelegen, war eine der größten Städte des Altertums, zwanzig Mal größer als Jerusalem zur Zeit Davids, mit 30000 bis 40000 Einwohnern und einer jahrhundertealten Geschichte. Es wurde von Josua bei der Landnahme völlig zerstört und von Salomo teilweise wiederaufgebaut, um die Verkehrswege nach dem Norden erneut zu sichern und seinen wirtschaftlichen Einfluß auszudehnen. Es erhielt einen Palast, eine Kaserne, eine Stadtmauer mit gewaltigen Toren. Megiddo wurde als Metropole aufgebaut mit zwei Palästen, einer Kasematten-Mauer samt einem gigantischen Turm-Tor und mit einem Geheimgang zur Wasserquelle. In Geser wurden die Lücken der alten Befestigung ausgefüllt durch eine neue Kasematten-Mauer mit Torhaus. (Diese dürftigen Angaben sind dem genannten Buch von Yigael Yadin, „Hazor", entnommen.) Außerdem werden in 9,17–19 weitere Orte genannt: Bet-Horon, Baalat, Tamar in Juda, dazu die Kornspeicher sowie die Wagen- und Reiterstädte, d.h. die Garnisonen.

Schiffsbau

Die weiten Handelsbeziehungen erforderten auch eine eigene Flotte. Mit Hilfe von Tyrus ließ Salomo Schiffe bauen und dafür wiederum den Hafen Elat am Roten Meer. So wurden Edelmetalle und andere wichtige Güter herangeschafft (9,22; 10,11.22).

Erschließung der Bodenschätze

Wenn auch in der Geschichte Salomos nicht darauf hingewiesen wird, so ist doch bekannt, daß Salomo auch Kupferminen bauen ließ, um die Bodenschätze seines Landes auszunützen.

Der Gesalbte Jahwes und seine Religionspolitik

Der Geschichtsschreiber Salomos beginnt mit einem Lob von Salomos innerer Einstellung zu Gott: „Salomo hatte Jahwe lieb und wandelte nach den Satzungen seines Vaters David – nur daß er auf den Höhen opferte und räucherte" (1Kön 3,3). Eine typisch theologische Fest-

stellung aus deuteronomistischem Geist; denn wo hätte der König opfern sollen, so lange noch kein Tempel stand? Die Liebe zu Gott müßte eigentlich eine Frucht der Erziehung Natans sein; nur ist zu fragen, ob dies ein persönliches Glaubensverhältnis war oder eine überkommene und übernommene religiöse Verpflichtung.
Imposant ist der berühmte Traum 1 Kön 3 und die Bitte um ein gehorsames, hörendes Herz. Das ist wirklich zentral. Mit dieser Bereitschaft, zu hören und zu verstehen, was Gottes Wille, was gut und böse ist, was das Volk nötig hat, war ein verheißungsvoller Anfang gemacht. Leider merkt man in Salomos Regierungszeit so wenig davon. Es ist mehr die Begründung seiner Weisheit und eine göttliche Legitimation.
Das Tempelweihe-Gebet 1 Kön 8 gehört zum Tiefsten, was uns das AT überliefert hat. Ein wahrhaft königliches und hohepriesterliches Gebet. Hat es Salomo formuliert oder seine Hohenpriester, oder haben es spätere Theologen weiter ausgeführt?
Die Religionspolitik des Königs war von liberaler Weisheit und kluger Toleranz bestimmt. Und das war etwas völlig Neues in Israel: daß man seine persönliche Konfession für sich haben und trennen konnte von der Zulassung anderer Religionen. Salomo sah anscheinend die Jahwe-Religion Israels nicht gefährdet durch die Gewährung fremder Kulte für die in Israel wohnenden Ausländer. Ohne Religionsausübung hätte er sie nicht in Israel halten können. Früher mußte man kanaanäische Kulte gelten lassen, weil man mit anderen Völkerschaften friedlich zusammenleben wollte. Jetzt aber war Israel ein geschlossener Staat. Und man hätte von einem so absolutistischen Herrscher wie Salomo den Grundsatz des Sonnenkönigs „un roi, une foie“, „ein König, ein Glaube“, erwarten können. Es kommt anders. Ein Jahwist wird Synkretist, d. h. er vermischte und verwischte die Religionen. Mag der Glaube exklusiv sein – die Weisheit ist tolerant.
Und das wird darum gerügt, weil es eine Gefahr für Israel bedeutete: „Seine Frauen verleiteten sein Herz. Und als er nun alt war, neigten seine Frauen sein Herz fremden Göttern zu, so daß sein Herz nicht ungeteilt bei Jahwe, seinem Gott, war wie das Herz seines Vaters David“ (11,3–4).
Die ägyptische Religion wird merkwürdigerweise nicht erwähnt, obwohl sie durch die Königin höchstwahrscheinlich weiter praktiziert

wurde. Erwähnt werden dagegen die Gottheiten Astarte der Sidonier, Milkom und Moloch der Ammoniter, Kemosch der Moabiter. Aber Salomo hatte sicher nicht nur ausländische Frauen, sondern meist jüdische. Erwähnt werden nur die Pharaotochter und die Mutter Rehabeams als Ammoniterin.

Die angegebene Zahl eines Harems von 700 Hauptfrauen und 300 Nebenfrauen entspricht orientalischer Übertreibung (700+300 = 1000, eine beabsichtigte Zahl). Das wäre ja fast die Hälfte der Einwohner Jerusalems gewesen. Man möchte am liebsten eine Null streichen. Der Harem wäre auch dann noch groß genug. „An diesen hing Salomo mit Liebe." Dieses nicht gerade beste Erbe seines Vaters hat er multipliziert. Seine Frauenliebe ist größer als seine Gottesliebe. Und das war die Weichenstellung. (Merkwürdigerweise werden von seinen Kindern nur zwei Töchter erwähnt: Tafat und Basemat, die an „Regierungspräsidenten" verheiratet wurden, 4,11.15; ein Sohn nur als Nachfolger.)

„Und Salomo tat, was dem Herrn mißfiel." Darum, „weil er mich verlassen hat, will ich das Königtum aus der Hand Salomos reißen", wenn auch noch nicht zu seinen Lebzeiten.

Dieser Hinweis auf die Verzögerung, die für Salomo Schonung bedeutet, erinnert an den Dekalog: „der heimsucht der Väter Missetat an den Kindern bis in das dritte und vierte Glied derer, die mich hassen". Gott hat Geduld und wartet mit dem Gericht, ob die Kinder und Enkel wieder zurückkehren möchten. Geschieht das nicht, so trifft sie schließlich die durch Generationen verdiente Strafe.

Der Weise, „der Philosoph auf dem Königsthron", und seine Bildungspolitik

Die Verheißung des Traums hat sich erfüllt: Salomo erhielt Macht, Reichtum, Ehre, Weisheit und ein langes Leben. Aber neben dem Reichtum ist seine Weisheit das Charakteristische an seiner Person.

Weisheit zeigte sich als politische Klugheit, als er die Opposition gleich beim Regierungsantritt umbrachte und so einen guten Start hatte. Zur politischen Klugheit zählten auch die Heiratspolitik und die Wirtschaftspolitik.

Weisheit zeigte sich als juristische Klugheit, als er das weltberühmte „salomonische Urteil" über die beiden Frauen und ihre Säuglinge fällte, das wirklich eine psychologische Meisterleistung darstellt (allerdings gibt es dazu Parallelen in Indien und Ostasien).
Weisheit zeigte sich als intellektuelle Klugheit in allerlei Rätselfragen und ihren Lösungen.
Weisheit zeigte sich als philosophische Lebenskunst in den Sprichwörtern und Lebensregeln, die der Weisheit Israels den Weg gewiesen haben.
Der Staatsbesuch der Königin von Saba wurde zu einem faszinierenden Festival der Weisheit, zu einer überwältigenden Show des Reichtums und zu berauschenden Gelagen und Liebesnächten – in jeder Weise zur herrlichen Selbstdarstellung Salomos.

Es wurde schon vermerkt, daß mit Saba wahrscheinlich der Jemen in Südarabien gemeint ist und wohl nicht Somaliland oder Äthiopien. Weil man aber früher Äthiopien annahm, entstand die Legende, daß der bei diesem Staatsbesuch von Salomo gezeugte Sohn der Kandake der äthiopische König Menelik I. sei, auf den alle äthiopischen Kaiser zurückgeführt wurden.
Nun sind allerdings in Südarabien keine Königinnen nachzuweisen. Dagegen gibt es in Nordarabien einen Stamm namens Saba mit Königinnen. Ob hier eine Kombination von nord- und südarabischen Traditionen vorliegt?

Man muß selbst lesen, wie Salomos Weisheit in 1 Kön 5,9–14 gerühmt wird: Ihr Urgrund ist Gottesweisheit (3,28; 5,9). Darum überragte er die Weisheit der Mesopotamier und Ägypter – obwohl er davon gelernt hat; denn ein ägyptischer Weisheitstext aus 1200 v. Chr. ist wörtlich in Spr 22,17f wiedergegeben, nur mit dem bezeichnenden Zusatz Vers 19: „Ich erinnere dich daran, damit deine Hoffnung sich gründe auf Jahwe" (G. von Rad, „Gottes Wirken in Israel", S. 135).
Dankenswerterweise werden auch die Häupter seiner Weisheitsschule, die Professoren seiner Universität, genannt: Etan, Heman, die auch als Psalmdichter bekannt sind, Kalkol, Darda. Die Statistik der 3000 Sprüche und 1500 Lieder ist wiederum sehr überschwenglich und muß als Ergebnis der Weisheitsschule verstanden werden.
Jesus stellt die Herrlichkeit der Schöpfung über die Herrlichkeit Salomos (Mt 6,29), anerkennt jedoch voll die Weisheit Salomos (Mt 12,42). Nur fährt er fort: „Siehe, hier ist mehr als Salomo!" Denn „Jesus Christus ist uns gemacht von Gott zur Weisheit" (1 Kor 1,30),

und „in ihm sind verborgen alle Schätze der Weisheit und der Erkenntnis“ (Kol 3,2).

Der Träger der Heilsgeschichte

Die heilsgeschichtliche Bedeutung Davids ist das messianische Königtum und die Begründung des Psalters.
Die heilsgeschichtliche Bedeutung Salomos ist der Tempelbau und die Begründung der Weisheit Israels.
Mit dem Tempelbau hat Salomo seinem Volk die kultische Mitte zur Zentralisation gegeben und mit der Lebensweisheit die Offenheit für die Welt, den Universalismus.
Davids Psalmgebete bilden gleichsam die Vertikale der Frömmigkeit Israels, Salomos Weisheitssprüche die Horizontale. Die Bitte um Weisung und Hilfe für den Lebensweg in den Psalmen und die Weisheit für den rechten Lebenswandel gehören zusammen.
So ist auch Salomo zum Träger der Heilsgeschichte geworden, obwohl er ebenso die Unheilsgeschichte eingeleitet hat.
„Die salomonische Zeit war wohl die Zeit eines gefährlichen Abbruchs, aber zugleich die eines ganz neuen geistigen Aufbruchs, eine Art Aufklärung, d.h. die Zeit eines Aufwachens des menschlichen Selbstbewußtseins. Der Mensch wurde sich seiner geistigen Kräfte, seines ordnenden Verstandes bewußt, ganz neue Dimensionen seiner Umwelt traten in sein Blickfeld“ (G. von Rad, „Gottes Wirken in Israel“, S. 25).

Die getrennten Königreiche

1 Kön 12–2 Kön 17

Durch den Tod Salomos entstanden für die Südstämme keine Probleme. Sie waren zufrieden mit ihrem Königtum, mit ihrer Hauptstadt, mit ihrem Tempel. Sie sahen die Erbfolge des „Davidssohnes“ als selbstverständlich an. Anders die Nordstämme. Sie pochten auf das Recht der Königswahl und behielten sich vor, den Thronerben zu bestätigen oder abzulehnen und einen anderen König zu wählen.

Darum kam es zum

Landtag in Sichem

1 Kön 12

Salomos Sohn Rehabeam, bereits König von Juda, stellte sich den Nordstämmen zur Wahl, nach seiner Meinung lediglich zur Bestätigung seines Königtums über Gesamtisrael. Die Stammesfürsten jedoch fühlten sich als freie Verhandlungspartner und stellten Bedingungen – es ging um die Fronlasten; sie forderten eine Erleichterung des „Jochs". Der Ältestenrat, etwa unserem Bundesrat vergleichbar, unterstützte dieses Verlangen in der Erkenntnis, daß nur durch eine Fron- und Steuererleichterung die Einheit des Reiches gewährleistet sei. Aber die jungen Ratgeber Rehabeams förderten den dünkelhaften Hochmut des jungen Königs und drängten auf eine Gewaltlösung. In ihrer politischen Blindheit übersahen sie, daß bereits zu Salomos Zeit der Fürst Jerobeam den Aufstand der Nordstämme versucht hatte und darum nach Ägypten fliehen mußte. Sie konnten auch nicht wissen, daß Jerobeam bereits durch den Propheten Ahija zum König der zehn Stämme designiert war (11,29–31). Er war jetzt wieder anwesend und übernahm die Führung: „Was haben wir für Teil an David oder Erbe am Sohn Isais? Auf zu deinen Hütten, Israel! So sorge nun du für dein Haus, David!" (12,16; vgl. 2 Sam 20,1). Demgegenüber war Rehabeam machtlos. Der Versuch, durch den „Arbeitsminister" Adoram ein günstiges Angebot zu machen und doch noch eine Einigung zu erzielen, endete mit dessen Steinigung. Die Trennung war endgültig. Rehabeam wollte zwar einen Kriegszug riskieren, aber der Gottesmann Schemaja vereitelte ihn durch ein Wort des Herrn: „Das alles ist von mir geschehen!" Es war das Jahr 926.

Jerobeam I. von Israel

927–907

und seine Nachfolger

1 Kön 12–2 Kön 3

Jerobeam wurde der erste König des Nordreiches. Er residierte zunächst in Sichem, später in Tirza (14,17). Ihm war klar, daß sein

Reich und sein Königtum nur bestehen könne, wenn er ihm einen geistlichen Mittelpunkt gab, der ein Gegenstück zu Jerusalem bedeutete. Er mußte eine Wallfahrt seines Volkes nach Jerusalem verhindern. Darum schuf er zwei Reichsheiligtümer: im südlichen Teil Bet-El, nur 17 km von Jerusalem entfernt, und Dan im nördlichen Teil seines Reichs. Wie in Jerusalem die Bundeslade und die Keruben die Gegenwart Gottes darstellten, so sollte in beiden heiligen Stätten ein goldener Stier das Symbol der Lebenskraft Jahwes sein.
Das war eine bewußte Anknüpfung an 2 Mose 32. Das Stierbild sollte auf Aaron zurückgeführt werden, der damit zum Stammesvater der Priesterschaft von Bet-El wurde und diesem Heiligtum eine Legitimation geben sollte. Andere Ausleger sehen in Jerobeams Kultschöpfung den Neuansatz des auf Jahwe bezogenen Stierkultes und in 2 Mose 32 nur eine Rückübertragung in die Wüstenzeit. So oder so gilt das gleiche Motiv und das gleiche Ziel: Es soll dargestellt werden, daß Jerobeam im Grunde nichts Neues schuf, sondern sich an Aaron anschloß, der ja bereits am Sinai die Jahweverehrung durch ein Stiersymbol eingeführt hatte.
Nach dem Urteil des Deuteronomisten war der tiefste Bruch nicht die politische Trennung der beiden Reiche, sondern die kultische Scheidung durch die Abwendung vom Tempel in Jerusalem und durch die neuen Heiligtümer mit den Stierbildern, verbunden mit der Bildung einer neuen Priesterschaft. Das war „die Sünde Jerobeams", im folgenden eine stereotype Formel.

Der Gottesmann aus Juda

1 Kön 13

Zu den neuen Heiligtümern gehören die religiösen Feste. Jerobeam feiert in Bet-El das Laubhüttenfest und bringt selbst als Hoherpriester das Opfer dar. Da geschieht etwas Unerwartetes und Unerhörtes. Ein unbekannter Gottesmann aus Juda erscheint plötzlich und ruft einen Fluch gegen den Altar aus. Der König befiehlt mit ausgestrecktem Arm seine Verhaftung – und kann den Arm nicht mehr zurückziehen. Gleichzeitig zerbricht der Altar gemäß dem Wort des Gottesboten. Der König ist durch beide Wunder erschüttert und wie umgewandelt. Er bittet den Mann um Heilung seines Arms und lädt ihn an seine Tafel ein. Doch der lehnt ab; denn er hat den Befehl Gottes, ohne

Speise und Trank auf einem anderen Weg heimzukehren. Eine seltsame Geschichte. Der Abbruch des Altars von Bet-El geschah dann, wie in 13,12 vermerkt und in 2 Kön 23,15 ff ausgeführt, durch Joschija. Nach 587 begann allerdings für das unzerstörte Bet-El eine neue Blütezeit.
Noch seltsamer ist der zweite Teil dieser Erzählung. Ein alter Prophet in Bet-El verführt den harmlosen Gottesmann durch die lügenhafte Behauptung eines Gottesspruchs, bei ihm einzukehren. Daraufhin wird der Fremde auf dem Heimweg von einem Löwen zerrissen. Sein Grabmal wird noch Joschija gezeigt. Das Problem: Führung durch den Gottesgeist oder Verführung durch ein falsches Gotteswort, Inspiration von oben oder Inspiration von unten ist heute noch aktueller als damals. Aber das Rätsel wird nicht gelöst: Der Mann wollte in beiden Fällen unbedingt gehorsam sein. Warum mußte er dann sterben? Warum ließ ihn Gott die Verführung nicht erkennen? Und warum strafte er den Verführten und nicht den Verführer? Diese Fragen bewegen uns auch heute.
Gibt es Kriterien, durch die man die Wahrheit erkennen kann? Jesus verheißt: Der Geist der Wahrheit wird euch in alle Wahrheit leiten. Er hat uns sein Wort gegeben, und wir können die biblischen Linien sehen. Er hat gesagt: An ihren Früchten sollt ihr sie erkennen. Darum muß man abwarten. Wir leben mit gläubigen Christen zusammen und können nur gemeinsam die Echtheit prüfen; wir brauchen den Consensus der Gemeinde. Was soll aber einer tun, der jetzt allein in eine Entscheidung gestellt wird? Er kann nur Gott bitten, daß er ihm nach dem ersten Schritt entweder eine Bestätigung gibt oder eine Warnung und ihn dann auf den rechten Weg zurücklenkt.

Der Prophet Ahija von Schilo

1 Kön 14

Jerobeams Sohn Abija wurde schwer krank. Der König sandte seine Frau zum Propheten Ahija, der ihm schon früh das Königtum zugesagt hatte, um den Ausgang der Krankheit zu erfahren. Aber merkwürdig: Der Prophet, der ihm in Gottes Namen das Königtum übertragen hatte, beschuldigt ihn jetzt im Namen Gottes, daß er nicht wie David gewesen sei, sondern mehr Böses getan habe als alle seine Vorgänger (dabei gab es die noch gar nicht!), weil er einen eigenen Jahwekult

eingeführt habe. Darum wird Gott Unheil über sein Haus bringen und alle Nachkommen ausrotten. Daß das kranke Kind noch im Frieden sterben darf, ist ein Vorzug.
Da drängt sich die Frage auf: War das wirklich Gottes Wort, oder hat hier der Verfasser sein Urteil dem Ahija in den Mund gelegt? Die Anmerkung in 14,14 „wie es heute ist“ zeigt den späteren Kommentar und die spätere Beurteilung des Deuteronomisten an, der ja die Geschichte deuten will. Wie hätte Jerobeam sich anders verhalten können, sowohl politisch als religiös? Er hat sich ja nicht von Jahwe abgewandt, sondern nur für die Jahweverehrung einen neuen Ort und eine neue Weise gewählt. Allerdings begann damit tatsächlich der allmähliche Abfall und die Toleranz des Synkretismus, der Religionsvermischung. Und das war „die Sünde Jerobeams“; dafür mußte er die Verantwortung übernehmen, obwohl er die Folgen nicht beabsichtigt hatte.

DIE NACHFOLGER

1 Kön 15–16; 20; 22; 2 Kön 3

Nadab

907–906

der Sohn Jerobeams, konnte nur kurz regieren. Durch eine Verschwörung des Bascha wurde er ermordet und das ganze „Haus Jerobeams“ ausgetilgt.

Bascha

906–883

regierte in Tirza. Von ihm wird nur gesagt, daß er stets kriegerische Auseinandersetzungen mit Juda hatte. Die theologische Beurteilung erfolgte durch einen Propheten Jehu ben Hanani, der ihm ebenfalls die Ausrottung seines Hauses ansagte.

Ela

883–882

der Sohn Baschas, konnte kaum zwei Jahre regieren, bis er durch

Simri
882
gestürzt und ermordet wurde. Der wiederum hatte nur sieben Tage lang die Führung und mußte sich in seinem Burgturm selbst verbrennen, weil der General Omri die Stadt belagerte und einnahm. Ein Putsch folgte also dem andern. Der jeweilige Befehlshaber einer Heeresgruppe erhob sich zum König und ging über Leichen. So gab es 881 gleich zwei Thronanwärter: Tibni hatte einen Teil des Heeres hinter sich und Omri einen anderen. Dieser erwies sich als der Stärkere, „und Tibni starb".

Omri
882–871
baute Samaria als neue Königsstadt aus. Er war einer der bedeutendsten Herrscher und machte sich auch Moab untertan. Obwohl „seine tapferen Taten" anerkannt werden, fällt er wie alle anderen unter das spätere Urteil: „Er wandelte in den Wegen Jerobeams." Seine Dynastie ermöglichte für einige Jahrzehnte eine politische Kontinuität. Sein Sohn

Ahab
871–852
(in 16,29 steht: 22 Jahre) wurde besonders hervorgehoben. Er hat den Staat aufgebaut und viele Städte ausgebaut (22,39). Angelastet wird ihm vor allem die Heirat mit der Königstochter Isebel von Sidon. Um ihretwillen mußte ein Tempel Baals gebaut und ein Bild der Aschera aufgestellt werden. Dadurch wurde das Volk zum Götzendienst verführt. Durch Isebel wurden die Propheten Jahwes ausgerottet (17,4) oder mußten sich verstecken. Beachtlich ist aber, daß Ahab seinen Kindern Jahwe-Namen gab: Ahasja heißt: Jahwe nimmt bei der Hand; Joram bedeutet: Jahwe ist erhaben; der Name der Tochter Atalja kann übersetzt werden: Jahwe hat seine Erhabenheit bekundet. (Die Endungen *ja* oder *jahu* sind die andere Form für Jahwe, desgleichen die Vorsilbe *Jo-*.)
1 Kön 20 erzählt von Kämpfen und wunderbaren Siegen über den offensiven König Ben-Hadad von Aram (Syrien, Damaskus). Aufgrund der historischen Situation des Vorderen Orients verlegt Würth-

wein diese militärischen Konflikte in die Regierungszeit des Joahas und Joasch um 800. Ebenfalls handelt das dramatische Kap. 22 nicht von Ahab; denn erstens wird (außer V. 20) sein Name nicht erwähnt und zweitens starb Ahab eines natürlichen Todes; erst seinen Sohn soll das Gericht treffen (21,29; 22,40). Der erste Sohn Ahabs

Ahasja

852–851

kommt für Kap. 22 nicht in Frage, weil er an den Folgen eines Sturzes starb (2Kön 1,2.4.17). Aber die Weissagung paßt auf den zweiten Sohn Ahabs,

Joram

851–845

der zusammen mit Josafat von Juda (868–847) gegen die Moabiter zog (2Kön 3). Nach 2Kön 8,28f und 9,15 hat dieser Ahab-Sohn mit Hilfe von Ahasja von Juda (also nicht Josafat) einen Feldzug gewagt, um dem Syrerkönig Hasaël die Stadt Ramot in Gilead zu entreißen. Dabei wurde Joram schwer verwundet und suchte in Jesreël Heilung. Dort besuchte ihn sein königlicher Vetter Ahasja und kam mitten in den Aufstand Jehus. Sie trafen bei dem Acker Nabots aufeinander. Als Joram vor dem Verräter fliehen wollte, schoß ihm Jehu einen Pfeil ins Herz. Seine Leiche wurde auf den Acker Nabots geworfen. Hier in der farbigen Erzählung Kap. 22 werden die Verwundung und der Tod zusammengezogen. Auf jeden Fall erfüllte sich die Weissagung Elijas 1Kön 21,19.

Die Bedeutung von Kap. 22 liegt aber in dem spannungsreichen Nebeneinander und Gegeneinander der höfischen Heilspropheten und der bevollmächtigten Unheilspropheten – wie später zur Zeit Jeremias. Die Hofpropheten und ihre ekstatischen Prophetenschulen sind von einem Lügengeist geleitet (22,22) und reden, was der König gern hört, was ihn aber ins Verderben stürzt. Der Jahweprophet Micha ben Jimla, der als Unheilsprophet gilt, sieht bereits Israel zerstreut wie Schafe, die keinen Hirten haben. Ihm wird ein Blick in die unsichtbare Welt geschenkt, wo Gott mit seinen Engeln das Geschick bestimmt. Das erinnert an Ijob 1+2. Eine kühne Theologie, die noch kein Theodizeeproblem (die Frage nach Gottes Gerechtigkeit, wie er das Böse zulassen kann) kennt und von der Alleinwirksamkeit Jahwes durchdrungen ist. Wir nehmen Anstoß an dem Lügengeist bei Gott – wie auch an dem „bösen Geist von Jahwe“, der den Saul geängstigt hat (1Sam 16,14). Daß Prophet gegen Prophet steht und daß Wirkungen des Geistes Gottes und des Geistes der Tiefe in einem Menschen unheilvolle Mischungen erzeugen, die zur Verführung werden, erleben wir heute zur Genüge. Darum haben wir allen Grund, dieses Kapitel gründlich zu studieren.

Die Regierungszeit Ahabs und seiner beiden Söhne fällt in die Zeit des Wirkens der beiden großen Propheten Elija und Elischa, die nun dargestellt werden.

Die Propheten des 9. Jahrhunderts v. Chr.: Elija und Elischa

Zunächst ist eine begriffliche Klärung nötig:

Was ist ein Prophet?

Es gibt verschiedene Bezeichnungen für die geistbegabten Menschen, die als Boten Gottes auftreten:

Mann Gottes

Diese schlichte Bezeichnung, welche die Charismatiker als Eigentum Gottes und als Gesandte Gottes kennzeichnet, gilt für
Mose (5Mose 33,1 par);
einen anonymen Boten, der Eli das Gericht ankündigt (1Sam 2,27);
Samuël (1Sam 9,6);
Schemaja, der Rehabeam eine Botschaft überbringt (1Kön 12,22);
den tragischen Unbekannten in Bet-El (1Kön 13; 2Kön 23,16);
Elija (1Kön 17,18.24; 2Kön 1,9.11.13);
einen weiteren Sprecher, der Ahab im Krieg hilft (1Kön 20,28);
Elischa (2Kön 4,7; 5,8; 6,6; 7,2; 8,2; 13,19 usw.). Insgesamt kommt dieser Begriff 76mal im AT vor.

Seher, d. h. Hellseher

„Vorzeiten sagte man in Israel, wenn man ging, Gott zu befragen: Kommt, laßt uns zu dem Seher gehen“ (1Sam 9,9–11). Gemeint ist hier

Samuël, der bereits die entlaufenen Eselinnen als gefunden sah. Bileam war schon zur Mose-Zeit „der Mann, dem die Augen geöffnet sind, der Hörer göttlicher Rede, der des Allmächtigen Offenbarung sieht“ (4Mose 24,3–4).

Der Prophet Gad ist Davids Seher (1Sam 22,5; 2Sam 24,11). Meist befragten damals die Priester den Herrn durch den Efod, einen unbekannten Orakelgegenstand (1Sam 23,1–12) oder durch das Los (Jos 7,14ff; 1Sam 10,20; 28,6).

Hanani, der vor Elija lebte, wird so bezeichnet (2Chr 16,7); vielleicht ist er identisch mit Jehu ben Hanani (1Kön 16,1), der in der gleichen Zeit nach 900 auftritt.

Amos wird vom Priester in Bet-El Seher genannt und als Berufsprophet eingeschätzt (7,12).

Bei Jesaja sind Seher und Propheten die gleichen (29,10; 30,10).

Das ist ein wesentliches Merkmal der Propheten, daß Menschen Gottes nicht nur etwas hören, sondern auch etwas sehen; daß ihnen also Augen und Ohren geöffnet werden.

Prophet

Das hebräische Wort *nabi* kommt von dem Verbum rufen, verkündigen und bedeutet sowohl der Rufer als auch der Berufene. Der von Gott Berufene wird zum Rufer für das Volk, zum „Sonderbotschafter“ Gottes, der ein konkretes Wort einer Person auf den Kopf zusagt: So spricht der Herr! Dieses Wort ergeht unmittelbar an einen bestimmten Menschen oder an ein Volk zur gegenwärtigen Stunde in der besonderen Situation. Es ist eine persönliche Weisung, und der Prophet hat die Weisung zu sagen, also zu weissagen.

Das griechische Wort *pro-phēteuein* kommt ebenfalls von sagen, sprechen; die Vorsilbe *pro* verstärkt: etwas vor jemand sagen, und schließlich auch etwas voraussagen.

Allgemeines Prophetentum

Prophetie gibt es nicht nur in Israel, sondern wohl in allen Religionen, weil es überall Menschen gibt, welche die Gabe des Hellsehens, des zweiten Gesichts, der Wahrträume und Eingebungen, der Ahnungen und Intuitionen haben. Selbst in Israel wird unterschieden zwischen Propheten Jahwes, denen sich der Herr in Gesichten und Träumen kundtut, durch dunkle Worte oder Gleichnisse, und Mose, mit dem er unmittelbar redet (4Mose 12,6–8).

Es gibt auch in Israel falsche Propheten und Träumer, die Zeichen und Wunder ankündigen, welche tatsächlich eintreffen, so daß das Volk dadurch verführt wird (5Mose 13,2–6; 18,20–22; 1Kön 22,5–28).

Die Priester des Baal-Kultes werden auch Propheten genannt, weil beide Funktionen ineinandergreifen (1Kön 18,19; 2Kön 3,13).

Prophetengemeinschaften

Propheten gibt es nicht nur als Einzelgänger von überragender Bedeutung. Es überrascht zu lesen, daß prophetische Bruderschaften existieren mit einer ordensmäßig gebundenen Lebensweise, die in mehreren Orten wohnen und gelegentlich durch das Land ziehen. Man könnte sie auch Kongregationen oder Zünfte nennen. Erwähnt werden sie 1Kön 18,4; 20,15; 22,6; 2Kön 2,3; 4,1; 5,22; 6,1; 9,1 usw.

Sie sind Träger des Jahwe-Glaubens und verkündigen den Willen Jahwes. Sie kämpfen gegen die kanaanäische Religion und ringen um die innere Erneuerung des Volkes aus den Kräften der Gottesoffenbarung. Sie sind Helfer des Volkes, und dabei geschehen auch Wunder.

Eine große Rolle spielt bei der Befragung Jahwes die Ekstase der ganzen Gruppe, die auch für andere ansteckend sein kann (1Sam 10,5.10; 19,20). Auch Elischa kann sich durch Musik in Trance versetzen lassen (2Kön 3,15), und durch die Geistmitteilung unter Mose geraten auch die 70 Ältesten in Verzückung (4Mose 11). Ekstase ist ein allgemeinreligiöses Phänomen. Freilich dringen in der Ekstase gerne dämonische Geister und Kräfte ein! Weil in diesem Ausnahmezustand den Menschen Geifer aus dem Mund floß, wurde ihr Weissagen auch Geifern genannt (Mi 2,6), oder man bezeichnete sie als verrückt, hebräisch *meschugga* (2Kön 9,11); vgl. den Eindruck des Pfingstwunders auf die Zuhörer und Zuschauer: Sie sind betrunken. Die von Gott berufenen Propheten mußten sich später von den Berufspropheten absetzen und gegen sie stehen (1Kön 22; Jer 23,25–29; 28,10; 29,26).

Die Propheten-Genossenschaften waren auch ein gelebter Protest

gegen die Überschätzung irdischer Güter, sozial und wirtschaftlich unabhängig, darum aber auch armselig und deklassiert.
Eine andere Gruppe bilden die
Nasiräer = Gottgeweihte (Am 2,11–12) und
Rechabiter (Jer 35,6–10).
Sie sind Asketen, d.h. sie üben die Enthaltung von Wein und berühren keine Toten, sie bauen keine Häuser, sondern leben in Zelten; sie treiben auch keine Landwirtschaft, sondern leben von dem, was die Erde von selbst hervorbringt. Ihr Leben für Gott schließt auch den Kriegsdienst gegen die Feinde Jahwes ein. Zum Zeichen ihrer Weihe tragen sie langes Haupthaar. Ein typischer Vertreter ist Simson. Man kann auch an Johannes den Täufer denken.

Propheten Jahwes
sind im Unterschied zu den landläufigen Propheten „Sonderbevollmächtigte" Gottes. Das kommt in 4Mose 12,6–8 deutlich zum Ausdruck.
Solche hervorragenden Einzelpersönlichkeiten sind
Mose (5Mose 18,15; 34,10);
Aaron soll Moses Prophet und Sprecher sein (2Mose 7,1).
Mirjam ist Prophetin, die gegen den Herrschaftsanspruch Moses opponiert (2Mose 15,20; 4Mose 12,2).
Debora ist zugleich Prophetin und Richterin (Ri 4,4).
Ein Unbekannter wird in Ri 6,8 erwähnt.
Samuël ist damit betraut, Prophet Jahwes zu sein (1Sam 3,20).
Gad ist Davids Hofprophet (1Sam 22,5; 2Sam 24,11).
Natan hat eine ähnliche Stellung (2Sam 7,2 usw.).
Ahija von Schilo autorisiert Jerobeam (1Kön 11,29).
Jehu ben Hanani wird 1Kön 16,1 erwähnt.
Ein anonymer Zeitgenosse Elijas spricht zu Ahab (1Kön 20,13).
Micha ben Jimla wirkt zur gleichen Zeit mit großem Ansehen: „Ist hier kein Prophet Jahwes mehr, daß wir durch ihn den Herrn befragen?" (1Kön 22,8).
Und dazu kommen die beiden großen Gestalten des 9. Jahrhunderts: Elija und Elischa.

Elija

um 850 v. Chr.

1 Kön 12 – 2 Kön 2

Der vollständige Name ist Elijahu, auf deutsch: Mein Gott ist Jahwe! Das legt die Annahme nahe, daß dies nicht sein Eigenname, sondern sein Prophetenname ist, d. h. sein Glaubens- und Kampfbekenntnis, das Programm seines prophetischen Wirkens.

Biographisch wissen wir von ihm nur, daß er aus Tischbe, aus der Gegend von Gilead im Ostjordanland stammt. Seine äußere Erscheinung wird 2 Kön 1,8 so geschildert: „Er hatte langes Haar (also ein Gottgeweihter!) und einen Ledergürtel um seine Lenden", der den Prophetenmantel hält (1 Kön 19,19; 2 Kön 2,13).

Eine außergewöhnliche, überragende Gestalt – unheimlich und unberechenbar, unfaßbar und unnahbar, gefürchtet und gehaßt von den einen, bestaunt und verehrt von den anderen. Er taucht urplötzlich auf und steht vor dem König, und er verschwindet spurlos vom Erdboden und fährt im Gewitter gen Himmel.

Wir kennen die geschichtliche Situation vor 850: In Samaria, der Residenz Ahabs, steht ein Baal-Tempel, aber kein Jahwe-Heiligtum. Am Hof wurde von der Oberschicht der Landesgott Baal verehrt, draußen in den Dörfern Jahwe.

Baal heißt zunächst: Besitzer, Meister, Herr. Darum muß ein Eigenname hinzukommen: Baal-Melkart ist der Staatsgott von Tyrus. Er wird auch Sebel = der Erhabene genannt. Und die aus Tyrus stammende Königin heißt Isebel = Wo ist der erhabene Gott? Die Königin und der Prophet vertreten schon mit ihren Namen ein Kontrastprogramm: Hier ist der erhabene Baal! Mein Gott ist Jahwe! Zwei Namen – zwei Pole. Hier ist Spannung, hier zündet ein Funke ein Feuer an.

Bisher – seit der Landnahme – gab es Koexistenz Israels mit der einheimischen Bevölkerung und damit auch eine gewisse religiöse Toleranz. Das hat sich auch durch David nicht geändert und wurde sogar durch Salomo offiziell. Jetzt bringt Elija etwas Neues: den Anspruch Jahwes auf Alleinherrschaft. Aus dem Nebeneinander soll ein Entweder – Oder werden.

Der prophetische Auftrag Elijas

Er ist nicht nur der „Sonderbotschafter" Gottes, sondern gleichsam sein Stellvertreter auf Erden.

Die Ankündigung der Dürre als Gericht Gottes
1 Kön 17,1
Der Geschichtsschreiber Josephus, der zur Zeit Jesu lebte, greift den Bericht eines Menander von Ephesus über eine Dürre im 9. Jahrhundert auf, die ein ganzes Jahr dauerte: Nach dem Frühjahrsregen des ersten Jahres ein trockener Sommer und Ausfall des Herbstregens, im zweiten Jahr kein Regen, im dritten Jahr wieder Frühregen – das sind nach orientalischer Zählung drei Jahre.
Das magische Herbeiziehen des Regens (18,41–46) ist die notwendige Ergänzung dazu.

Das Gottesurteil auf dem Karmel
1 Kön 18
ist das gewaltigste Ereignis im Wirken des Elija. Er eifert leidenschaftlich um Jahwe (19,10, vgl. Joh 2,17) in einem scheinbar ungleichen Kampf des einen gegen alle. Aber von Rad schreibt dazu: „Für Elia ist nichts problematisch, sondern alles ganz einfach; er führt den Kampf für den allein mächtigen Jahwe gegen den ganz ohnmächtigen Baal." Die Schuld am Unglück des Volkes liegt klar beim König (V. 18). Zentral ist die Alternative, die Elija dem Volk aufnötigt (V. 21). Und der Sieg liegt im Bekenntnis des Volkes zu dem Gott, der sich selbst bezeugt hat: Jahwe ist Gott (V. 39).
Die Tötung der Baal-Priester ist uraltes Recht: „Wer den Göttern opfert und nicht Jahwe allein, der soll dem Bann verfallen" (2 Mose 22,19). „Der falsche Prophet oder Träumer soll sterben, weil er euch gelehrt hat, abzufallen von Jahwe, eurem Gott" (5 Mose 13,2–6; 18,20–22). Es ist allerdings eine berechtigte Frage, ob das Blutbad, das Jehu anrichtete (2 Kön 10), vielleicht auf Elija übertragen wurde, ihm also nicht zur Last fiele.

Die Offenbarung am Horeb
1 Kön 19
Elija verfällt aus der Ekstase in die Resignation. Der Sieger vom Kar-

mel riskiert nicht das Martyrium, sondern flieht und will sterben. Gott führt ihn zur Uroffenbarung am Sinaï zurück (die 40 Tage der Wanderung sind eine Parallele zu den 40 Tagen Moses auf dem Gottesberg) und offenbart sich ihm selbst in Zeichen und Worten. Sturm, Erdbeben, Feuer sind nur die äußeren Merkmale der Erscheinung Gottes. Sein Wesen ist das Geheimnis des „stillen, sanften Sausens" oder, wie Martin Buber übersetzt, „die Stimme verschwebenden Schweigens".

Er erhält von neuem einen dreifachen Auftrag: das Programm einer politischen Revolution, die Berufung seines Nachfolgers und den Dienst an den Stillen im Lande, am „heiligen Rest" der 7000 – eine neue Erkenntnis der Minorität der wahren Gemeinde, die Jesaja wichtig wird und die Jesus mit dem Wort von der kleinen Herde übernimmt.

Die Berufung Elischas
1 Kön 19,19–21
Er soll das Werk weiterführen und wird doch eine ganz andere Rolle spielen.
Der Prophetenmantel wird das äußere Zeichen der „Investitur", das Ornat des Propheten Jahwes. Der erbetene Abschied vom Elternhaus erinnert an Lk 9,61–62.

Das Eintreten für die Ehre Jahwes
2 Kön 1,1–8
„Ist denn kein Gott in Israel, daß ihr hingeht zu befragen Baal-Sebub (vgl. Beelzebub!), den Gott von Ekron?" (Sebub heißt Fürst, also ein hervorragender Baal.)

Der politische Auftrag Elijas

Jahwe ist der Gott des Volkes und der Herr des Landes. Darum gibt es auch keine Trennung von Staat und Kirche, Politik und Religion, Volksdienst und Gottesdienst, Vaterlandsliebe und Glaube. Das Leben in der Verantwortung vor Gott und das Handeln in der Verantwortung vor den Menschen greifen ineinander; denn wir sind Bürger des Staates und des Reiches Gottes.

Das Programm der Revolution

1 Kön 19,15–17

Hasaël soll König über die Aramäer in Damaskus werden; Jehu soll König über Israel in Samaria werden. Dabei ist Gottes Zorn der Eifer seiner Liebe. Aber der Auftrag an Hasaël wird mittelbar von Elischa ausgerichtet (2 Kön 8,7 ff) und die Botschaft an Jehu durch einen Jünger Elischas überbracht (2 Kön 9,1 ff).

Das Bodenrecht Israels

Nabots Weinberg

1 Kön 21

Die Erde ist des Herrn. Der Boden ist sein Lehen. Die Israeliten sind seine Haushalter und Verwalter. Darum ist das Erbe der Väter unverkäuflich.

Die gewagte Begegnung mit dem König zeigt wieder Elijas unheimlichen Mut und erstaunliche Sicherheit.

Die Beurteilung der politischen Bedeutung Elijas in dem Nachruf „Streitwagen Israels und sein Gespann"

2 Kön 2,12

Israel hat zwar wenig Panzerwagen und Pferde, aber es hat Männer, die ebensoviel bedeuten, weil Gottes Macht hinter ihnen steht. Israels Hilfe sind nicht die Waffen, sondern Jahwe, vgl. Sach 4,12. In diesem Bekenntnis zum Jahwe Zebaot drückt sich auch eine Opposition gegen säkulare Kriegsführung aus und eine Erinnerung an die heiligen Kriege der Frühzeit.

Dieser Ausruf könnte aber eine Übertragung von Elischa auf Elija sein (2 Kön 13,14); denn Elischa war durch sein politisches und militärisches Eingreifen wirklich einen Streitwagen und eine ganze Armee wert.

Die Wunder im Leben Elijas

„Elia lebt zwar in einer Welt voller Wunder, aber nicht eines wirkt er selber; sehr im Unterschied zu Elisa, der aufs Unbefangenste als Wundertäter gefeiert wird" (Gerhard von Rad, AT Theologie II, S. 33). Stimmt das?

Die Erfahrung der Fürsorge Gottes
1 Kön 17
Gott versorgt seinen Propheten wunderbar am Bach Kerit in Ostjordanien (17,2–6) und durch die Witwe in Sarepta (17,7–16).

Der Prophet erweckt den toten Sohn der Hauswirtin
1 Kön 17,17–24
Hier ist zu fragen, ob vielleicht die Parallele 2 Kön 4,18ff auf Elija übertragen wurde, um ihn hervorzuheben.

Das Feuer vom Himmel
1 Kön 18,30–40
Gott bezeugt sich und seine Macht wunderbar. Elija erwartet dies selbstverständlich mit unheimlicher Ruhe und Gewißheit, weil er ja im Auftrag handelt.

Der überraschende Regen
1 Kön 18,41–46
Hier begegnet uns Magie und Ekstase und unterstreicht die Unheimlichkeit dieses Propheten, der sonst diese Mittel nicht benützt.

Himmlische Speise und Trank
1 Kön 19,5–8
starken den müden und todestraurigen Mann. Eine Art Sakrament.

Nochmals Feuer vom Himmel
2 Kön 1,9–15
Dieses Wunder tut nicht Jahwe, sondern angeblich der Prophet, und zwar nicht für die Sache Gottes, sondern für sich selbst. Er, der so furchtlos ist, soll sich auf diese Weise persönlich schützen? Das paßt nicht zu Elija und steht im Gegensatz zu Jesus Lk 9,51–56. Hier dürfte die mündliche Tradition der Elija-Geschichten im fatalen Sinn schöpferisch geworden sein. (V. 10 enthält ein Wortspiel: Bin ich ein *isch* ⟨Mann⟩ Gottes, so falle *esch* ⟨Feuer⟩ vom Himmel.)

Die Himmelfahrt Elijas
2 Kön 2
ist das heilsgeschichtlich bedeutsamste Ereignis. Es greift zurück auf das Paradies und auf Henoch, wo Gott das gehorsame Menschenpaar ohne Tod verwandeln und in das ewige Leben hinüberführen wollte; und es greift voraus auf die Himmelfahrt Jesu und auf die Entrückung der Gemeinde.
Die Teilung des Jordan zum Übergang trockenen Fußes ist symbolischer Nachvollzug des Wunders am Schilfmeer und des Durchzugs durch den Jordan bei der Landnahme (Jos 3).

Die heilsgeschichtliche Bedeutung Elijas

Die Alleinherrschaft Jahwes
als erstes Gebot des Dekalogs und als Bekenntnis Israels 5 Mose 6,4–5. Jahwe ist der einzige Gott und ein einzigartiger Gott.

Die Himmelfahrt als eschatologisches Ziel
und Elija als Prototyp dafür

Mose und Elija bei der Verklärung Jesu
sprechen mit ihm über seinen Ausgang durch Sterben, Auferstehen und Himmelfahrt als Zeugen eigenen Erlebens. (Von Mose wurde nachträglich die Himmelfahrt behauptet, weil man seinen Leichnam und sein Grab nicht fand.)
Die zwei Zeugen von Offb 11 weisen ebenfalls darauf hin, besonders V. 6. Auch die apokalyptische Zeit 1260 Tage = 3,5 Jahre ist Elija entnommen. Dan 7,25; 12,7; Lk 4,25; Jak 5,17; Offb 11,3.

Die Erwartung der Wiederkunft des Elija
Mal 3,23 f, vgl. Mt 27,45–49.
Die Juden warten heute noch auf Elija und stellen in ihren Synagogen einen Sessel für ihn bereit. Im Sinne der Verheißung Lk 1,15–17 deutet Jesus diese Erwartung um und korrigiert sie: Elija ist bereits als Wegbereiter des Messias gekommen in Johannes dem Täufer, der ihm auch äußerlich gleicht (Mt 11,9–11).

Elischa

nach 850 v. Chr.
2Kön 2–9+13
Der Name Elischa ist wohl auch hier nicht Eigenname, sondern prophetisches Programm. Er bedeutet nämlich: Gott hat geholfen, also „Nothelfer" oder soviel wie „Wundermann".
Elischa ist der Sohn Schafats von Abel-Mehola (19,16), also in Israel beheimatet und wohnt meist in Samaria.
Er hat persönlich ein anderes Wesen und als Prophet eine andere Prägung als Elija. Gemeinsam ist nur ihre Führungsposition und ihre ungeheure Wirkung, die bei Elischa noch stärker ist als beim Vorgänger.
Elischa bittet beim Abschied von Elija um einen doppelten Anteil am Heiligen Geist (2Kön 2,9–10), was im Sinne des Erbrechts (5Mose 21,17) zu verstehen ist, wonach der Erstgeborene doppelt soviel wie die anderen Kinder erhält.

Die „kirchliche" Bedeutung Elischas

Er ist „der Vater der Prophetensöhne", der Meister der Prophetenschulen, der Betreuer dieser prophetischen Bruderschaften. Er lehrt sie (4,38), einige wohnen vorübergehend bei ihm (6,1), aber er bindet sich nicht an sie und sie nicht an sich. Aber diese Tätigkeit ist für das religiöse Leben Israels wichtig und gehört vielleicht zu den Alltagsaufgaben Elischas.

Die politische Wirksamkeit Elischas

Auch er ist eine Garantie für die Gegenwart Jahwes. „Es ist ein Prophet Jahwes in Israel" (2Kön 5,8).

Der Vollzug des politischen Testaments Elijas
an Hasaël in Damaskus 2Kön 8,7- 15
an Jehu in Israel 2Kön 9,1–10

Die Voraussage der Hilfe Gottes im Kampf gegen Moab
2Kön 3,11ff
Diesmal geschieht die Weissagung in Ekstase (V. 15). In Gruben soll sich das Grundwasser sammeln.

Hellseherische „Spionage“
2Kön 6,8–14
wurde mittelbare Hilfe durch Verschonung und Versöhnung. 2Kön 6,15–23.

Weissagung während der Belagerung Samarias
2Kön 7
In der größten Hungersnot sagt Elischa das Unmögliche und Unglaubliche voraus, daß am folgenden Tag Überfluß vorhanden sein wird.

Die zeichenhafte Prophezeiung des sterbenden Elischa
2Kön 13,14–19
hat den typischen Charakter einer magischen Handlung, die den Sieg bewirkt (vgl. den Jagdzauber der Höhlenmenschen).

Die Anerkennung „Wagen Israels und sein Gespann“
2Kön 13,14 ist wahrscheinlich hier original, in 2,12 wird die Formel auf Elija übertragen.

Die Wundertaten Elischas

sind sein Hauptamt, das Charakteristikum seines Dienstes. Er ist nicht nur Fürsprecher für solche, die sich nicht selbst durchsetzen können (4,13; 8,1–6), sondern er ist vor allem Nothelfer und Wundermann und „teilt aus dem Vermögen des Herrn aller Dinge denen mit, die zu kurz oder zu Schaden gekommen sind“ (W. Vischer, Christuszeugnis des AT, II 439).

Er teilt den Jordan
2Kön 2,14
zum Erweis, daß Elijas Geist und Vollmacht wirklich auf ihn übergegangen sind. Der Prophetenmantel ist dafür Mittel und Zeichen.

Er macht eine Quelle gesund
2Kön 2,19–22
Salzkraft wehrt Unheil ab – eine verbreitete Meinung oder Erfahrung.

Er verflucht spottende Kinder
2Kön 2,23–24, vgl. 1,9–15
Diese Parallele paßt sowenig zum Nothelfer Elischa wie zum Gottesstreiter Elija. Das dürfte eine Volkserzählung sein. „Kahlkopf" bezieht sich auf die Tonsur! Wer Propheten verspottet, muß sterben. Die Zahl 42 ist die Zahl des Todes.

Er mehrt das Öl der Witwe
damit sie ihre Schulden bezahlen kann;
2Kön 4,1–7, vgl. 1Kön 17.
Liegt hier eine Übertragung von Elija vor oder eine wirkliche Imitation?

Er verheißt der reichen Schunemiterin einen Sohn
2Kön 4,11–17
Die Häufigkeit dieses Motivs, daß unfruchtbare Frauen noch einen Sohn bekommen (Sara, Rebekka, Rahel, Hanna, Elisabet), braucht hier noch kein Grund zum Zweifel zu sein.

Er erweckt den toten Knaben der Schunemiterin
2Kön 4,18–37, vgl. 1Kön 17
Die Erweckung Toter geht so sehr über die sonstigen Wunder Gottes im AT hinaus, daß wir sie am liebsten auf Jesus einschränken möchten. Sollte dies dennoch ein prototypisches Geschehen sein, das auf Jesu Sieg über den Tod hinweist?

Er macht giftiges Gemüse unschädlich
2Kön 4,38–41
Auf der Suche nach eßbaren Malven gerät die Gruppe um Elischa an kürbisähnliche Koloquinten, die Brechreiz verursachen. Mit Mehl wurde das überwunden.

Er mehrt 20 Gerstenbrote für 100 Mann
2Kön 4,42–44
Das ist eine erstaunliche Vorwegnahme der Speisung der 5000 durch Jesus und zeigt die heilsgeschichtliche Verbindung von Elischa zu Jesus.

Er heilt Naaman von Damaskus
2Kön 5
von einer Schuppenflechte. Der Aussatz wurde erst durch die Truppen Alexanders des Großen aus Indien eingeschleppt.
Das ist die geistlich tiefste und schönste Erzählung von Elischa.

Er läßt Eisen schwimmen
2Kön 6,1–7
Das ist gewiß eine freundliche Hilfe, aber solche Mirakel passen zwar zur Sehnsucht des Volkes, jedoch nicht zu den Wundern Gottes.

Er öffnet und schließt die Augen der Menschen für die sichtbare und unsichtbare Wirklichkeit
2Kön 6,15–23
Der Diener sieht die Engelmächte, den „Berg voll feuriger Rosse und Wagen", und die Aramäer werden durch eine Halluzination in Gefangenschaft geleitet.

Die Gebeine Elischas machen einen Toten lebendig
2Kön 13,20–21
Hier haben wir eine typische Volkssage, die dem Wundermann auch über den Tod hinaus Wunder zutraut und darum andichtet, die aber ungeistlich und darum unglaublich sind.

Zur Beurteilung der Wunder:

Das Wunderbare wird hier oft zum Wunderlichen, das Wunder zum Mirakel, zur Magie. Wir haben ja keine unmittelbaren Berichte vom Propheten selbst, sondern das Ergebnis mündlicher Überlieferung im Volk. Und das Volk hat nun einmal das Bedürfnis, das Göttliche nahe zu haben. Und dieses Bedürfnis wird nur durch handgreifliche Wunder befriedigt – je unglaublicher, desto lieber. Darum wird der Bericht

im Weitererzählen und Dazudichten zur Sage. Man müßte also unterscheiden können zwischen dem, was Elischa tat, und dem, was das Volk daraus machte. Zu unterscheiden ist auch zwischen Wundern Gottes und Magie. Magie heißt man die Beherrschung außergewöhnlicher Naturkräfte durch besonders begabte Menschen. Ihre Macht über diese geheimnisvollen Naturkräfte kann im menschlichen Bereich des Geistes liegen, kann aber auch von oben oder von unten stammen; sie kann also zum Segen oder zum Fluch benützt werden.
Bei der Beurteilung dieser Phänomene dürfen wir nicht vergessen, daß Jesus Mirakel abgelehnt hat: „Wenn ihr nicht Wunder und Zeichen seht, glaubt ihr nicht."
Und dennoch sind die Wunder Elischas Vorbilder zu den Taten Jesu. Der Nothelfer des AT und der Heiland des NT haben eine geistliche Beziehung. Die Namen Elischa und Jehoschua (Jesus) haben die gleiche Bedeutung: Gott hilft.

Die heilsgeschichtliche Bedeutung Elischas

Der Erweis Gottes als des gütigen Nothelfers
Kein Gottesmann hat so deutlich die Güte und Hilfe Gottes offenbar gemacht wie Elischa, und zwar nicht durch Worte, sondern durch Taten. „Du bist der Gott, der Wunder tut."

Der Prototyp für die Wunder Jesu
Wilhelm Vischer schreibt in „Das Christuszeugnis des Alten Testaments": „Es ist sehr auffallend, wie tief der Sohn Gottes, wenn er unter den Menschen wandelt, auf die Ebene des Elisa hinabsteigt und sich mehr auf ihr als auf der höheren des Elia bewegt" (S. 443). „Der wichtigste Unterschied ist, daß alle Wunder Jesu ihr Recht und ihre Kraft, darum auch ihren Sinn von seinem eigenen Sterben und Auferstehen empfangen" (S. 447). „Von Sünde und von Vergebung der Sünde ist bei Elisa keine Rede. Erst durch die klare Erkenntnis des Zusammenhangs von Sünde, Krankheit, Not und Tod einerseits und von Gnade und Heilung andererseits, verlieren die Wundertaten, wie immer sie sich ereignen, den magischen Beigeschmack" (S. 447). Elija hat sein neutestamentliches Gegenbild in Johannes dem Täufer. Elischas Wirken wird vollendet in Jesus.

Elija und Elischa sind nach Mose die überragenden Gestalten der Geschichte Israels, die Jahwes Macht vertreten im Kampf gegen den Götzendienst und gegen die Not und die beide auf ihre Weise Gott verherrlichen.

Die Könige von Juda
von 926 bis 700 v. Chr.

Das Schwergewicht der Geschichte liegt zunächst im Nordreich Israel. Die Ereignisse in Juda sind wie eine Begleiterscheinung und sollen darum im folgenden nur kurz erwähnt werden.

Rehabeam
926–910
1 Kön 14,21–31
Eine Eigenart der judäischen Geschichtsschreibung ist die Erwähnung des Namens der Königsmutter, hier Naama, eine Ammoniterin. Die theologische Verurteilung der „Sünden Jerobeams" im Nordreich gilt auch für das Südreich: Höhen, grüne Bäume, Steinmale, Ascherabilder werden angeprangert und auch die kultische Prostitution mit Entsetzen erwähnt. Sie hat religiöse, magische und sinnliche Motive.
Die Invasion des Pharao Schischak (Scheschonk) ist auch aus Inschriften von Karnak erwiesen. Sie hat aber nicht nur dem Tempel in Jerusalem gegolten, sondern ganz Palästina.

Abija
910–908
1 Kön 15,1–8
heißt eigentlich Abijam, Sohn des Rehabeam und (nach 2 Chr 13,2) der Michaja (nicht der Maacha, die beim nächsten König genannt wird). Hier haben wir zum ersten Mal die synchronen Regierungszeiten von Nord und Süd. Von Abija heißt es nur: „Er war nicht ungeteilt bei dem Herrn", aber Davids wegen hat ihn Gott geduldet.

Asa

908–868

1 Kön 15,9–24

Endlich einer, der „tat, was Jahwe wohlgefiel“. Er schaffte die Götzenbilder ab und verschonte dabei auch seine Mutter Maacha nicht, die nicht mehr Herrin sein durfte.

Der von Anfang an schwelende Bruderkrieg beider Staaten flackerte hier wieder auf. Bascha baute Rama, 8 km nördlich von Jerusalem, zu einer bedrohlichen Sperrfestung gegen Jerusalem aus. Darum mußte Asa mit allen verfügbaren Schätzen den Ben-Hadad, König von Damaskus, für einen Entlastungsangriff gegen Israel gewinnen. Dabei ging das Land um den See Gennesaret für Israel verloren. Das für Rama bestimmte Baumaterial konnte für judäische Städte verwendet werden.

Joschafat

868–847

1 Kön 22,41–51

Auch der Sohn Asas und der Asuba tat, was dem Herrn wohlgefiel, wenn er auch die Höhen nicht abschaffen konnte, was ja erst durch Joschija geschah. Neben allen tapferen Taten ließ er Tarschisch-Schiffe, Großsegler, bauen, um Gold aus Ofir zu holen. Aber sie zerschellten im Sturm. Das Angebot seines Kollegen Ahasja von Israel, gemeinsam ein Handelsnetz aufzubauen, lehnte er ab.

Joram

852/47–845

2 Kön 8,16–24

Noch zu seinen Lebzeiten beteiligte Joschafat seinen Sohn Joram an den Regierungsgeschäften. Dieser war mit Atalja, der Tochter Ahabs und Enkelin Omris (im Text steht: Tochter Omris) verheiratet. Kein Wunder, daß er die Methoden Ahabs übernahm. „Aber der Herr wollte Juda nicht verderben um Davids willen.“ Unter Joram fielen die Edomiter von Juda ab, und trotz einer gewonnenen Schlacht konnte er ihre Selbständigkeit nicht mehr hindern.

Ahasja

845

2 Kön 8,25–29; 2 Chr 22,1–9

Er war der jüngste Sohn des Joram und der Atalja. Er regierte nur ein Jahr, denn er beteiligte sich am Kriegszug seines israelischen Vetters Joram gegen das syrisch besetzte Ramot, besuchte anschließend den verwundeten Joram in Jesreël und geriet dabei in die Revolution des Jehu. Er konnte vor ihm zwar noch nach Samaria flüchten, aber Jehu spürte ihn dort auf und tötete ihn.

Atalja

845–840

2 Kön 11

Die Isebeltochter, ganz das Abbild ihrer Mutter, setzte sich nach dem Tod ihres Sohnes Ahasja selbst auf den Thron. Warum aber brachte sie die ganze Königsfamilie um? Nur um ungefährdet regieren zu können? Einer war allerdings gerettet worden und im Tempel versteckt geblieben: Joasch, das kleine Kind des Ahasja. Nach fünf Jahren ließ der Hohepriester Jojada die maßgebenden Offiziere in den Tempel kommen, zeigte ihnen den siebenjährigen Königsspross und gewann sie für den Aufstand gegen das Schreckensregiment der Atalja. Sie wurde abgeführt und getötet.

Joasch

840–801

2 Kön 12

Die Herrschaft übte zunächst Jojada aus. Er sorgte für die Ausbesserung des Tempels und für die entsprechende Finanzierung durch Opfer der Gemeinde. Eine Invasion des expansionslüsternen Hasaël von Damaskus konnte mit schwerem Tribut abgewandt werden. Warum auch dieser König, der „dem Herrn wohlgefiel", einer Verschwörung seiner Großen zum Opfer fiel, geht aus dem Text nicht hervor. 2 Chr 24 gibt als Grund eine Blutschuld am Sohn seines Erziehers an, aber nicht die eigentlichen Hintergründe.

Amazja
801–773
2Kön 14
Er ließ die Mörder seines Vaters hinrichten. Aber es wird ausdrücklich vermerkt, daß er aus Gehorsam gegen das Gesetz nicht deren Söhne tötete. Auch er bekommt eine gute Beurteilung. Politisch und militärisch gelang ihm ein Zug gegen die Edomiter. Dadurch ermutigt, wollte er sich mit Joasch von Israel anlegen, der im gleichen Jahr den Thron bestieg. Der warnte ihn mit einer Fabel. Vergebens. So wurde Amazjas Heer geschlagen und Jerusalem erobert – zum ersten Mal! Nach langer Regierungszeit erlitt auch Amazja einen gewaltsamen Tod. War das eine Kette des Fluchs?

Asarja – Usija
787–736
2Kön 15,1–7
In Religion erhielt er die Note sehr gut. „Aber der Herr plagte ihn mit Aussatz", d.h. mit einer Hautkrankheit, die ihn isolierte, so daß er ab 759 die Regierungsgeschäfte nicht mehr wahrnehmen konnte. Mitregent wurde darum sein Sohn

Jotam
756–741
2Kön 15,32–38
Politisch und religiös hielt er sich an die Linien seines Vaters. Zu seiner Zeit begann der Druck der syrischen Aramäer stärker zu werden, bedrohte aber noch nicht direkt die Existenz Judas.

Ahas
741–725
2Kön 16
Noch immer war der Großvater nominell König bis 736. Aber für die Regierung hatte das keine Bedeutung. Ahas' religiöse Einstellung war anders als die seiner Väter. „Er ließ seinen Sohn durchs Feuer gehen", d.h. er opferte ihn dem Moloch der Ammoniter. So förderte er den Götzendienst. Darüber hinaus leistete er sich Eingriffe in den Tempel, wie sie vor und nach ihm niemand gewagt hat. Nach dem Vorbild eines

Altars in Damaskus ließ er einen neuen Altar fertigen und anstelle des kupfernen aufstellen, um darauf seine Opfer darzubringen. Noch weitere Änderungen mußten die Priester ohnmächtig geschehen lassen. Nun regten sich die Großmächte des Vorderen Orients. 735 kam es zum syrisch-efraïmitischen Krieg, d. h. die syrischen Aramäer verbündeten sich mit Pekachja von Israel gegen Juda und belagerten Jerusalem, ohne es einnehmen zu können. Nur Elat ging verloren. Ahas bat mittels hohen Tributs den Assyrerkönig Tiglat-Pileser um Hilfe und Entsatz. Damit löste er gleichsam eine Lawine aus: die Herrschaft der Assyrer über Palästina. Der Großkönig eroberte Damaskus 732. Das war nur der Anfang.

Hiskija

725–697

2 Kön 18–20

Wohl der größte und beste König Judas. „Er vertraute Jahwe, so daß unter allen Königen von Juda seinesgleichen nach ihm nicht war noch vor ihm gewesen ist.“ Sein Name bedeutet: Jahwe ist meine Stärke. Er schaffte den Götzendienst seines Vaters ab, zerschlug auch die eherne Schlange Moses, die falsche Verehrung genoß. Er leitete bereits eine Kultreform ein, und unter ihm entstand die Grundschrift des Deuteronomiums. Das war nicht nur eine religiöse Maßnahme von innenpolitischer Bedeutung, sondern auch von außenpolitischer Relevanz. Denn die Vasallen der Großmächte mußten auch deren Kulte zulassen oder übernehmen. In politischer Hinsicht hielt sich Hiskija klugerweise von Befreiungsversuchen zunächst zurück. Damit konnte er seinem Volk Ruhe verschaffen und die Aufrüstung ungestört vorantreiben. Es gelang ihm in dieser Zeit, die Philister zurückzudrängen, die hier erstmals wieder erwähnt werden. In dieser Zeit dehnte der König Salmanassar von Assyrien sein Großreich nach Süden aus. Er belagerte Samaria drei Jahre lang und zerstörte es 722. Sollte Juda verschont bleiben? Im Jahre 714/13 (vgl. Kap. 18,13) nahm Hiskija nach langem Widerstreben gegen ägyptische Verlockung am Aufstand teil, unterwarf sich jedoch rechtzeitig dem Assyrer Sargon (722–705). Beim Regierungswechsel in Assyrien im Jahre 705 hielt Hiskija den Zeitpunkt für gegeben, die Tributpflicht aufzukündigen. Aber er hatte die Lage falsch eingeschätzt. Der neue König Sanherib zog heran und nahm große

Teile Judas ein, besonders den Süden, der damit verlorenging. Hiskija reagierte rasch und ließ es nicht zum Angriff auf Jerusalem kommen. Er kapitulierte („ich habe mich verfehlt, gesündigt“) und gab alle Schätze des Tempels, um den auferlegten Tribut leisten zu können.
Über die Einzelheiten und über die Verhandlungen gibt 18,17–19,37 einen ausführlichen und großartigen Erzählbericht, freilich mit theologischer Ausformung und mit einem später eingefügten Spottlied über die tyrannische Großmacht. Der Prophet Jesaja bestärkte während der Belagerung den König in seinem Vertrauen und Warten auf Gottes Hilfe. Die Assyrer ließen sich Zeit, weil sie noch andere Kämpfe zu bestehen hatten (19,8f). Jesaja konnte prophetisch eine Zeitdauer der Belagerung angeben: zwei Jahre (19,29). Auch versicherte er, daß kein Pfeil in die Stadt geschossen und kein Wall gegen sie aufgeschüttet würde (19,32f). „Ich will diese Stadt beschirmen, daß ich sie errette.“ 701 zog Sanherib ab. Aus welchem Grund? Die Erzählung gibt drei verschiedene Antworten, die aus verschiedenen Quellen stammen: „Ich will einen Geist über ihn bringen, daß er ein Gerücht hören und in sein Land zurückziehen wird“ (19,7). Eine andere Version spricht von einer plötzlich ausgebrochenen Pest (19,35). Die historische Antwort enthält 18,16: die Entrichtung des Tributs. Sanherib wurde aber erst 681 ermordet. – Diese Rettung Jerusalems in aussichtsloser Lage hat einen ungeheuren Eindruck auf das Volk gemacht. Sie hat allerdings nicht zur Buße und Umkehr geführt, sondern zur Selbstsicherheit: Jerusalem kann nicht untergehen! Das wurde zur Last Jeremias.
Biographisch und kerygmatisch (für die Verkündigung und Erbauung der Gemeinde) bedeutsam ist die Erzählung von Hiskijas Krankheit und Genesung 2Kön 20,1–11. Gemäß den zugelegten 15 Lebensjahren kann dafür das Jahr 712 angenommen werden. V. 7 zeigt, daß Glaubensheilung und Medizin sich nicht ausschließen müssen. Das Zeichen mit der Sonnenuhr kann Prof. Hans Rohrbach sich so vorstellen, daß ein überhelles Licht (wie bei atomaren Fusionen oder Spaltungen) das Sonnenlicht überstrahlte und den Schatten des Zeigers zehn Striche rückwärts warf.
Der Besuch der Gesandtschaft des Merodach 2Kön 20,12–19 geht von Babel aus. Zu dieser Zeit – es könnte um 711 gewesen sein – war Babylon noch Vasall der Assyrer. Die Feindschaft gegen diese Groß-

macht verband die beiden Könige. Aber die Harmlosigkeit oder der Übermut des Hiskija, mit seinem Reichtum zu protzen, wird sich rächen: Es wird einmal alles nach Babel transportiert werden. Hiskija tröstete sich, daß es nicht zu seiner Zeit geschehen würde!
Schließlich wird 2Kön 20,20 eine großartige technische Leistung erwähnt. Im Zusammenhang mit dem Ausbau der Verteidigungsanlagen wurde die Gihonquelle durch einen Tunnel, der in Schleifen verlief und 533 m lang war, mit dem Teich Schiloach verbunden und so die Wasserversorgung der Stadt für den Fall der Belagerung gesichert. Eine wichtige Maßnahme, die sich bei der assyrischen Belagerung bewährt hat.

Der Überblick über die Könige Judas bis in die Zeit um 700 erfordert nun den Rückblick auf die Könige Israels seit dem Auftreten Elijas. Erwähnt wurden bisher die Könige von Jerobeam bis Ahab und seine Söhne Ahasja und Joram. Nun müssen die nächsten Inhaber des Throns genannt werden.
Das Buch der Könige führt die Herrscher von Nord und Süd parallel auf und verweist synchron auf ihre beiderseitigen Regierungszeiten. Diese Art des Berichts gleicht einer Slalomfahrt. Sie ist als historischer Querschnitt gut, aber auch verwirrend. Darum wurde hier der historische Längsschnitt gewählt, der die Zusammenhänge besser erkennen läßt.

Die Könige Israels von Jehu bis Hoschea
von 845 bis 722 v. Chr.

Jehu
845–818
2Kön 9–10
General Jehu war mit dem Heer bei Ramot geblieben, als Joram wegen seiner Verwundung nach Jesreël zurückkehren mußte. Nun griff Elischa in die politische Geschichte ein und ließ Jehu durch einen Prophetenschüler heimlich zum König salben. Die Salbung mit Öl bedeutet Berufung, Beauftragung, Bevollmächtigung. Diese Designation ist also eine göttliche Legitimation. Das ist so schwer zu verstehen wie die Ermunterung für Hasaël (8,10–12), zumal ein grausamer Gerichtsvollzug dem Jehu fast als Auftrag mitgegeben wird. Ein Massenschlächter als Werkzeug Gottes, das läßt sich kaum zusammen-

bringen. Jehu zögerte nicht und ließ sich von seiner Armee zum König ausrufen. Ein farbiger Bericht schildert seine Fahrt nach Jesreël und die eigenhändige Tötung Jorams und Ahasjas. Grausig war das Ende Isebels. Aber nicht genug damit. Die 70 Söhne Ahabs (eine Symbolzahl?) ließ er köpfen und rottete die ganze Verwandtschaft aus. Dazu wird ihm auch die Tötung der Brüder des Judäers Ahasja zur Last gelegt, obwohl noch 11,1 Atalja die Prinzen umbringen ließ. Jehu selbst sah in all dem nur „Eifer für Jahwe" (10,16) und erwies das noch besonders vor Jonadab, dem Vater des fanatischen Rechabiterordens. In diesem Eifer für Jahwe wollte er auch den Baaldienst abschaffen, indem er alle Baalpriester tötete. Mit heuchlerischer Hinterlist ging er zu Werk. Mit der Begründung, dem Baal besser als seine Vorgänger dienen zu wollen, befahl er alle Priester in ihren Tempel und ließ sie darin niedermetzeln. Aus dem Tempel und anderen Baalstätten machte er „Stätten des Unrats". Aber „von den Sünden Jerobeams ließ Jehu nicht ab", mußte der Geschichtsschreiber feststellen. Dennoch wurde er von Gott gelobt und seinen Söhnen der Thron versprochen bis ins vierte Glied, was sich erfüllte. Ihm folgte sein Sohn

Joahas

818–802

2 Kön 13,1–9

Er kam in Konflikt mit dem Syrer Hasaël und dessen Sohn, und sein Heer wurde dezimiert durch die Übermacht der Aramäer. In Erbfolge bestieg den Thron

Joasch

802–787

2 Kön 13,10–25

In drei Feldzügen konnte er die von den Syrern eroberten Städte zurückgewinnen. Der alte Elischa hatte ihm mit magischen Zeichen Sieg verheißen. Wenn Joasch fünf- oder sechsmal mit den Pfeilen auf die Erde geschlagen hätte, dann hätte er die Aramäer aufreiben können. Sein Sohn

Jerobeam II.
787–747
2 Kön 14,23–29
hat nicht nur am längsten regiert, sondern trotz des deuteronomistischen Tadels am erfolgreichsten. Er hat das Gebiet Israel in seinem alten Stand wiederhergestellt, dazu Damaskus von sich abhängig gemacht. Das geschah nach dem Wort des Herrn, das er durch den Propheten Jona ben Amittai von Gat-Hefer geredet hat. (Auf ihn bezieht sich der Schreiber von Jona 1,1.) Es war eine Blütezeit für Israel, aber erkauft durch soziale Mißstände, die Amos beklagt. „Der Herr errettete Israel durch Jerobeam" ist wohl das höchste Lob. Das vierte Glied der Dynastie Jehu wurde

Secharja
747
2 Kön 15,8–12
aber nur für sechs Monate. Fünf Könige wechseln rasch durch Mord. So gab es keine Dynastie mehr. Der Mörder

Schallum
747
2 Kön 15,13–15
wurde schon nach einem Monat von seinem Nachfolger erschlagen.

Menahem
747–738
2 Kön 15,14–22
begann mit ungeheurer Grausamkeit gegen die Bevölkerung, die ihn nicht annehmen wollte. Er mußte sich sein Königtum und seine Freiheit von den Assyrern teuer erkaufen. Israel kam noch einmal davon.
In dieser Turbulenz der Königsmorde ging es auch immer um die Stellung zu Assur: entweder sich fügen oder widersetzen. Die Souveränität der Vasallen war stark eingeschränkt. Sie mußten Tribute zahlen und Soldaten stellen. Sie hatten die Anwesenheit assyrischer Garnisonen und die Verwaltungsbeamten zu dulden, dazu beide zu unterhalten. Auch die assyrischen Kulte mußten sie zulassen. Das alles sollte bei der Beurteilung berücksichtigt werden.

Pekachja

737–736

2 Kön 15,23–26

Sohn von Menahem, wurde von einem Offizier in seinem Schloß erschlagen, und zwar von

Pekach

735–732

2 Kön 15,27–31

Er war es, der mit Rezin von Damaskus im syrisch-efraïmitischen Krieg gegen Ahas von Juda zog, so daß dieser den Assyrer Tiglat-Pileser zu Hilfe rief. Der eroberte zuerst Damaskus und fiel dann in Israel ein, besetzte einen Großteil des Landes und deportierte gewisse Schichten des Volkes. Pekach regierte nicht 20 Jahre, sondern nur vier und wurde wiederum Opfer einer Verschwörung. Der sie anzettelte, wurde der letzte König Israels:

Hoschea

731–724

2 Kön 17,1–6

Unter Salmanassar wurde er tributpflichtig. Dann aber suchte er sein Heil bei Ägypten und verweigerte die Abgaben an Assur. 725 nahmen die Assyrer ganz Israel ein, töteten Hoschea 724 und belagerten Samaria, bis es 722 fiel und zerstört wurde. Das Reich Israel hatte aufgehört. Ein Teil der Oberschicht wurde nach Assyrien gebracht und an verschiedenen Orten angesiedelt. Das geschah familienweise, damit sie nicht zurückkehren sollten.

Als inneren Grund für die Verwerfung Israels gibt 2 Kön 17,7–23 vom theologischen Standpunkt des Deuteronomisten aus den Götzendienst an. Politische Ursachen bleiben ganz außer Betracht.

Geschichte und Kult der Samariter

2 Kön 17,24–41

Deportiert wurden nur diejenigen, die gefährlich oder als Fachleute interessant waren. Die meisten Bewohner Israels durften bleiben und hielten an der Jahweverehrung fest. Sie haben auch später den Pentateuch übernommen.

Die Herrscher der Großreiche, die mehrere Nationen umfassen, veranlassen gern die Vermischung der Völker, um Machtblöcken vorzubeugen. Darum bleiben besiegte Gebiete nicht leer. Alte Bewohner werden ausgesiedelt, neue angesiedelt, und zwar aus verschiedenen Gegenden, damit Zusammenschlüsse vermieden werden. Die Neusiedler brachten natürlich ihre Sitten und ihre Religion mit. Ihre Götter verehrten sie an den Stellen des Landes, die zuvor schon Heiligtümer waren. Da sie mehrere Götter kannten, verehrten sie auch Jahwe (17,32f). Selbstverständlich konnten sie deshalb noch keine Jahweverehrer im Sinn des jüdischen Gesetzes sein. Sie hatten eine andere Tradition und eine andere Geschichte. Es konnte also nur eine Mischung aus Heidentum und Judentum entstehen. Und genau das wurde von der deuteronomistischen Schule abgelehnt. (Übrigens enthalten die V. 25–28 eine lehrhafte, erbauliche Auslegung in volkstümlicher Art und unterbrechen den Zusammenhang.) Das Anliegen dieser Darstellung ist die Verurteilung der Religionsvermischung, des Synkretismus, und die Weigerung, die Jahweverehrung dieser Mischbevölkerung anzuerkennen. Das ist die Sicht des Judentums in der Zeit, als es sich von den Samaritern trennte – etwa um 300.

Diese kurzgefaßte Chronik, die oft nur Statistik ist, erreicht die Epoche der großen und kleinen Schriftpropheten. Sie füllen die chronistische Form mit geistlichem Inhalt. Neben äußeren Ereignissen zeigen sie das eigentliche Leben in religiöser, ethischer und sozialer Beziehung und verkündigen das Wort Gottes für die aktuelle Gegenwart und für die existentielle Zukunft. Weil sie ihre Botschaft in ihre Zeit hineinrufen, sollen sie auch da zu Wort kommen, wo ihr historischer Ort ist. Zunächst gilt die Betrachtung den Propheten des 8. Jahrhunderts.

Die Gerichtspropheten des 8. Jahrhunderts v. Chr.

Amos	etwa 760
Hosea	etwa 750–725
Micha	etwa 740–700
Jesaja	etwa 740–690

Die Schriftpropheten

Dieser Begriff will zum Ausdruck bringen, daß die Reden dieser Propheten schriftlich festgehalten wurden, entweder von ihnen selbst oder von Schülern geschrieben, und daß wir darum authentisches Material vorliegen haben, wenn auch mit späteren Zusätzen zu rechnen ist.
Die Unterscheidung von den „großen Propheten" Jesaja, Jeremia, Ezechiël und den 12 „kleinen Propheten" ist eine rein äußerliche: Die umfangreichen Bücher erforderten eine eigene Schriftrolle, während die kleineren Schriften in einer einzigen Rolle zusammengefaßt wurden.

Amos

etwa 760 v. Chr.
Sein Thema: Die Gerechtigkeit Gottes

Die Darstellung lehnt sich hier und bei den folgenden Propheten an AW an.
Amos gehört weder zu den Berufspropheten noch zu den Priestern, sondern ist ein Schafhirte und Maulbeerfeigenzüchter aus Tekoa am Rande der Wüste Juda.
Er wirkte während der Regierung des Königs Usija in Juda (787–736) und des Königs Jerobeam II. in Israel (787–746), um das Jahr 760, zuerst in Samaria, dann im Reichsheiligtum Bet-El, wo er des Landes verwiesen wurde.
Voraussetzung und Ausgangspunkt seiner Verkündigung war die persönliche Begegnung mit Gott im Erlebnis seiner Visionen und seiner Berufung. Gott griff mit überwältigender Macht in sein Leben ein und bewirkte eine äußere und innere Wandlung. Gott wurde zum Mittelpunkt seines Denkens. Gott ist souverän in seiner Forderung und in seinem Gericht gegen alles, was sich ihm widersetzt. So wurde Amos zum Propheten der Gerechtigkeit Gottes.
Das Erdbeben zwei Jahre nach seiner Berufung erschien als Bestätigung der Gerichtsbotschaft. Aber das Motiv seines Auftretens lag nicht in unhaltbaren politischen oder kulturellen Zuständen. Unter Jerobeam II. erlebte das Nordreich Israel seine letzte und erfreulichste Blütezeit, die allerdings jäh zu Ende ging. Und darauf sollte Amos das Volk vorbereiten. Da er im Nordreich Redeverbot erhielt und als lästiger Ausländer abgeschoben wurde, haben wohl seine Freunde in Juda seine Reden niedergeschrieben und den Anhängern in Israel übermittelt. Von ihm selbst stammen sicherlich die Darstellungen seiner Visionen (7,1–9; 8,1–3; 9,1–4), die ursprünglich mit dem Bericht über das Ereignis in Bet-El (7,10–17) zu einer Einheit zusammengefaßt wurden.

Die Reden des Amos haben folgende

Gliederung

1,1–2: Überschrift mit Zeitangabe und Themaangabe

1,3–2,16: Israel und seine feindlichen Nachbarn
Das Gericht Gottes beschreibt gleichsam einen Kreis um Israel, trifft plötzlich auch Juda und schlägt dann wie ein Blitz in Israel ein. Jeder Spruch beginnt in beängstigender Monotonie mit der gleichen Formel: „Um drei, ja um vier Frevel willen derer von ... will ich sie nicht verschonen."
3,1–2: Die Erwählung begründet gerade die Heimsuchung.
Durch sie hat Israel nicht Anspruch auf Gottes Nachsicht, sondern Gott hat Anspruch auf Israels Gehorsam. Vgl. „Wem viel gegeben ist, von dem wird man viel fordern." Aber Israel nimmt weder die Sünde noch die Gnade ernst. (Dieser Spruch ist wohl aus einer Diskussion entstanden.)
3,3–8: Nach seiner Vollmacht gefragt, begründet Amos in einer Diskussion seinen Auftrag aus seiner Berufung. (Die Gleichnisse bilden einen Kettenschluß.)
3,12a+b: Nur ein Rest wird aus dem Gericht heraus gerettet werden.
3,12c–15: Tempel, Paläste und Häuser werden vernichtet werden.
4,1–3: Gegen die ausbeuterischen Frauen in Samaria
4,4–5: Gegen den Opferkult, der mit Sünden Hand in Hand geht
4,6–13: Trotz vieler Züchtigungen und Nöte bekehrt sich Israel nicht.
V. 12: So bereite dich und begegne deinem Gott!
5,1–3: Totenklage über Israel
5,4–6.14–15: Suchet mich, so werdet ihr leben! Aber nicht durch Kult, sondern durch Ethik: Suchet das Gute! Vielleicht wird der Herr doch gnädig sein! Das „vielleicht" wird in Jona 3,9 aufgenommen.
5,7–6,14: Drohreden und Weherufe
gegen die Verächter der Rechtsordnung,
gegen die Bedrücker der Armen
5,18–20: Gegen die falsche Zuversicht auf den Tag des Herrn, der finster sein wird
5,21–27: Gegen den Kult der Festtage. Gott will keine leere Liturgie, sondern Gerechtigkeit.
V. 25: In der Wüste gab es keinen Opferkult. V. 26: Das erste Wort der Bibel gegen Astrologie.
6,1–3.13f: Gegen die Selbstsicherheit

6,4–8: Gegen das Götterleben der Vornehmen
7,1–9; 8,1–3; 9,1–4: Die Visionen
7,10–17: Das Ende von Amos' Wirken
8,4–8: Gegen die betrügerischen Kaufleute
8,9–10: Das Gericht über Israel, verbunden mit kosmischen Zeichen
8,11–12: Der Hunger nach Gottes Wort wird entstehen, aber nicht gestillt werden.
8,13–14: Junge Menschen werden vom Götzendienst enttäuscht werden.
9,5–6: Gott, der mächtige Schöpfer
9,7–10: Es gibt keinen Grund zur Selbstsicherheit. Israel gilt nicht mehr als die anderen Völker. Es wird um seiner Sünden willen geschüttelt und gerichtet werden.
9,11–12: Die Wiederherstellung der „Hütte Davids“
9,13–15: Gottes Heil. Der Ausblick auf die Heilszeit ist kein Happy-End und keine Zurücknahme des Gerichts. Es geht durch Gericht zur Rettung und zum Heil. Gottes Gericht ist ein Zurechtrichten und kein Hinrichten. Das ist das Merkmal der göttlichen Gerechtigkeit. Gott hält an seinem Heilsplan fest und verwirklicht ihn trotz aller Widerstände. Alle Gerichtspropheten haben deshalb eine Heilsbotschaft.

Amos ist mit seiner Botschaft von Gottes Gerechtigkeit und mit seiner Forderung menschlicher Gerechtigkeit in den sozialen Beziehungen und Ordnungen modern geworden. Im Kampf um die Menschenrechte, um gerechte Verteilung der Güter im Nord-Süd-Gefälle, um die Existenzsicherung der Menschen im eigenen Volk wie in den totalitären Staaten in allen Kontinenten ist kein Prophet so aktuell und wird keiner so oft zitiert wie Amos. Würde er doch gehört! Würde durch ihn doch Gott gehört!

Hosea

hebräisch: Hoschea
750–725 v. Chr.
Thema: Die Liebe Gottes

Er ist der einzige dem Nordreich entstammende Schriftprophet. Ein jüngerer „Amtsbruder" zum Judäer Amos. Er hat noch die letzte Blüte Israels unter Jerobeam II. (787–747), aber auch das Ende der Dynastie Jehus und den Zusammenbruch des Staates und Volkes erlebt. Seine Tätigkeit umfaßte etwa die Zeit 750–725.

Zur Zeitgeschichte

Zur gleichen Zeit kam der Assyrerkönig Tiglat-Pileser III. mit großen Eroberungsplänen auf den Thron (745–727). Nordisrael mußte ihm Tribut leisten. Diese politische Lage klingt in den Reden des Propheten oft an (5,13; 7,11; 8,9; 10,5; 12,2). Gegen diesen Druck vom Norden versuchten die syrischen Staaten durch ein anti-assyrisches Bündnis sich zu wehren. Sie nützten die Gelegenheit, daß Assur von Osten her selbst bedroht wurde. Ein solcher Pakt hat aber nur dann Sinn und Erfolg, wenn ihm alle beitreten. Juda schloß sich aus und hielt es mit Assur. Darum sollte es zum Beitritt gezwungen werden. Rezin von Damaskus und Pekach von Samaria griffen Jerusalem im syrisch-efraimitischen Krieg (735–734) an. Darauf nimmt der Prophet in 5,8–6,6 Bezug. Ahas von Juda rief den Assyrerkönig zu Hilfe. Der befreite das von Aram und Israel (zum ersten Mal) bedrohte Jerusalem und sprengte das Bündnis. Damaskus wurde 732 zerstört. Samaria entging noch einmal diesem Schicksal, weil es sich unterwarf. Aber es verlor große Gebiete und behielt nur das Umland der Hauptstadt. Der letzte israelitische König Hoschea (731–724) kündigte nach dem Tod von Tiglat-Pileser (727) den Tribut auf und wurde durch den Nachfolger Salmanassar V. (727-722) im Jahr 724 hingerichtet. Seine Hauptstadt Samaria konnte noch drei Jahre Widerstand leisten und wurde erst 722 durch König Sargon (722–705) erobert und zerstört. Das alles hat der Prophet Hosea miterlebt. Ob er auch den Fall Samarias erlebt oder überlebt hat, läßt sich nicht sagen.

Das Charakteristikum Hoseas

Der Skopus seiner Verkündigung ist die unbegreifliche Liebe Gottes trotz menschlicher Sünde. Er erkennt nicht nur diese Gottesliebe, sondern er erlebt und erleidet sie gleichnishaft in seinem Herzen und in seiner Familie. Er spricht nicht nur in Gleichnissen, handelt nicht nur in Gleichnissen, sondern sein Leben wird zum Zeichen für Gottes Verhältnis zu seinem Volk. Hosea stellt es dar als die Liebe zwischen Mann und Frau, die enttäuscht wird, aber auch durch Ehebruch nicht ausgelöscht werden kann (2,21; 3,1; 9,15; 11,1ff; 14,5), und als Liebe des Vaters zum Sohn (11,1). Die Gegenliebe des Menschen müßte die innere Hingabe an Gott sein (4,1; 6,6). Auch Hoseas Kinder werden durch ihre Namen in die Gerichtspredigt einbezogen. Er und seine Familie stehen ganz und gar im Dienst der Verkündigung. Der Abfall Israels zur kanaanäischen Religion ist soviel wie Ehebruch und Unzucht. Es gibt nur einen Weg zur Heilung dieses Schadens und zur Rettung aus dem geistlichen Verderben: zurück in die Wüste, wie einst unter Mose, damit Gott dort einen Neuanfang machen kann. Aber das Heil wird nicht durch menschliche Buße erlangt, sondern allein durch Gottes Gnade.

Zum Inhalt

Die Kap. 1–3 bringen die persönlichen Erlebnisse Hoseas. Dabei ist Kap. 3 von ihm selbst geschrieben. Die Kap. 4–14 enthalten meist Drohworte.

Die Texte wurden nach dem Untergang Israels in Juda aufbewahrt. Das erklärt manche Veränderungen und Entstellungen.

1,1–9: Hoseas Ehe und Kinder.

Eine Berufung zum Propheten wird nicht erzählt. Hoseas erste prophetische Botschaft ist die Namensgebung für seine Kinder: Jesreël als Ort der Sünde und des Gerichtes darüber (1 Kön 21; 22; 2 Kön 9); Lo-Ruhama = kein Erbarmen (vgl. Am 7,8; 8,2); Lo-Ammi = nicht mein Volk; vgl. Jesajas Sohn Schear-Jaschub = ein Rest bekehrt sich (7,3) und Raubebald-Eilebeute (8,3). V. 7 ist Zusatz aus Juda.

Hoseas Ehegeschichte läßt sich nicht eindeutig klären. Entweder heiratete er eine Tempeldirne, oder der Ehebruch kam erst nach der Geburt der Kinder, und Hosea sah rückblickend die Anlage zum Ehebruch. Einleuchtender ist aber das wörtliche Verständnis von 1,2, daß der Prophet eine Tempeldirne zur Frau nahm und die Ehe zunächst gutging, bis eine Verlockung die Frau wieder in ihr altes Milieu und Metier herunterzog (2,7) und zu Fall brachte, und daß ihr Mann sie wieder zurückholte.

2,1–25: Gottes Treue überwindet Israels Untreue.

Kap. 2 ist die Brücke zwischen Kap. 1 und 3. Eine bessere Reihenfolge der Verse des Kap. 2 ist: 1–7.10–15.8–9.16–19.20–22.

1–3: Aus den Fluchnamen sollen Heilsnamen werden, vgl. V. 24–25. Die feindlichen Brüder werden sich wieder vereinigen.

4–15: Das Transparent für den Bund Gottes, der auf dem Spiel steht. Darum die harte Drohung. Zugleich der tiefe Schmerz Gottes: „Mich aber vergißt sie."

16–19: Ein Blick in Gottes Herz. Er will sie locken und führen, aus Liebe verlocken und verführen, bis sie willig folgt, wie zur Zeit ihrer Jugend, und nicht mehr sagt: mein Eheherr, sondern: mein Mann.

20–22: Gottes Verlobung mit seinem Volk! Ein wunderbares Wort!

23–25: Verheißung des Heils.

3,1–5: Der Prophet und seine entlaufene Frau.

Es handelt sich natürlich um die gleiche Frau, sonst wäre die Ehe nicht Sinnbild für Gottes Bund. Der Prophet holt die Ehebrecherin zurück, er kauft sie zurück (mit dem Preis für eine Sklavin) und liebt sie – trotz allem. Um sie von ihrer sexuellen Ausschweifung zu entwohnen, verzichtet auch er auf die leibliche Gemeinschaft, um sie von ihrer Leidenschaft zu lösen und die Ehe auf die Basis der Treue zu stellen, die zur echten Liebe gehört.

Durch dieses Erleben wird die Heilshoffnung des Propheten geweckt.

4,1–5,7: „Der Herr hat Ursache zu schelten, denn es ist keine Treue, keine Liebe, keine Erkenntnis Gottes im Land."

1–11: Die Schuld des Priesters.

12–19: Der Götzendienst des Volkes, geistliche und sittliche Hurerei.

1–7: Gegen die Führer Israels.

„Ihre bösen Taten lassen es nicht zu, daß sie umkehren zu ihrem Gott."

5,8–6,6: Der Bruderkrieg.

Nachdem am Ende des syrisch-efraïmitischen Krieges die Verbündeten zum Abzug von Jerusalem gezwungen worden waren, fiel Juda im Gegenstoß in Israel ein. Darin sieht Hosea die Strafe Gottes für den Bruderkrieg. Er hat also die großisraelitische Perspektive des sakramentalen Jahwebundes. Das Gericht ergeht über beide wegen ihres Bruderhasses.

Die Predigt wird gehört. Ein Buß- und Bettag wird gehalten: „Kommt, wir wollen wieder zum Herrn ..." (1–3). Aber es ist mehr Bußstimmung als Bußhaltung, keine Buße nach dem Herzen Gottes (4–6, vgl. 7,16). „Denn ich habe Lust an der Liebe und nicht am Opfer, an der Erkenntnis Gottes und nicht am Brandopfer" (6).

6,7–7,16: Innere Verderbtheit und Außenpolitik als Schaukelpolitik, die zum Verderben führt. Die Menschen bekehren sich, aber nicht recht, sondern wie ein schlaffer Bogen (16).

8,1–9,7a: Falscher Gottesdienst:

Das goldene Kalb und Scheinheiligkeit.

Darum ist die Zeit der Heimsuchung gekommen (9,7).

9,7b–9: Der verfolgte Prophet.

Gerichtsverkündiger sind unbeliebt.

9,10–17: „Mein Gott wird sie verwerfen, weil sie nicht hören wollen."

10,1–15: „Der König von Samaria ist dahin" (V. 3.7.15).

Das ist wohl ein Hinweis auf die Hinrichtung des Königs Hoschea – der Anfang des Gerichts.

„Pflüget ein Neues, solange es Zeit ist! Ihr aber pflügt Böses und erntet Übeltat" (12–13).

11,1–11: Gottes heilige Liebe.

„Ich ließ sie in Seilen der Liebe gehen" (4).

„Mein Volk ist müde, sich zu mir zu kehren. Aber wie kann ich dich preisgeben, Efraïm? Alle meine Barmherzigkeit ist entbrannt" (7–8).

„Kein Prophet hat die zarte Innigkeit und zugleich die sieghafte Kraft der Liebe Gottes in solcher Tiefe erfaßt und dargestellt wie Hosea" (AW).

Hosea ist gewissermaßen der Jünger Johannes des Alten Testaments.

12,1–15: Der Stammvater Jakob, der Betrüger, als Urbild seines Vol-

kes. (Jakob habe am Jabbok mit dem Engel gekämpft, ist Auslegung von 1 Mose 32.)
13,1–14,1: Efraïms Ende.
Efraïm war einst der führende Stamm Israels, jetzt ein sterbendes Volk. Das wird im prophetischen Perfekt gesagt.
9: „Israel, du bringst dich ins Unglück; denn dein Heil steht allein bei mir."
12–14 wird die Wiedergeburt des Volkes angedeutet; denn Gott hat die Macht, aus dem Totenreich zu erlösen. „Tod, ich will dir ein Gift sein; Totenreich, ich will dir eine Pest sein" (14, vgl. 1 Kor 15,55).
14,2–10: Heilung und Heil.
„Bekehre dich, Israel, zu dem Herrn, deinem Gott. So will ich ihre Abtrünnigkeit wieder heilen; gerne will ich sie lieben" (2.5).

Micha

740–700 v. Chr.
Thema: Der Friede Gottes

Micha lebte zur Zeit der judäischen Könige Jotam (759–744), Ahas (744–729), Hiskija (728–697), ist also Zeitgenosse Jesajas. Er wirkte gleichzeitig mit ihm ca. 740–700. Seine Familie waren Bauern und Hirten wie Amos, seine Heimat war Moreschet, südwestlich von Jerusalem.

Die politische Lage

wurde bereits bei Hosea, seinem nordisraelitischen „Kollegen", skizziert: Assyrische Vorherrschaft. Syrisch-efraïmitischer Krieg (735–734). Der Fall Samarias (725–722). Judas König Hiskija hielt sich 720 aus der syrisch-palästinischen Koalition heraus, nahm aber – nach langem Widerstreben gegen ägyptische Verlockungen – am Aufstand von 713 teil, unterwarf sich jedoch rechtzeitig dem Assyrer Sargon (722–705). Nach dessen Tod führte Hiskija selbst den Aufstand gegen Sanherib (705–681) an, weil der im Osten sein Reich sichern mußte. 701 hatte dieser die Hand frei zur Unterwerfung der syrisch-palästinischen Aufrührer. Sidon, Aschkelon, Ekron fielen, und die Ägypter wurden geschlagen. Sanheribs Heer stand vor Jerusalem. Die Stadt wurde errettet, aber Hiskija mußte sich unterwerfen und den Aufruhr mit schwerem Tribut büßen. Micha hat den Siegeszug der Assyrer noch erlebt (1,9). Seine Heimat wurde dabei von Juda abgetrennt und den Philistern überlassen.
Die Unsicherheiten dieser Zeit griffen tief in das Volksleben ein. Die religiösen Lebenskräfte schwanden. Der Untergang des Nordreichs hat Juda nicht zur Umkehr geführt. Die Bewahrung Jerusalems hat im Gegenteil die Führung und das Volk sicher gemacht, zu sicher.
Micha hat nicht so stark wie Jesaja in das öffentliche und politische Geschehen eingegriffen. Aber Jer 26,18 zeigt, daß seine Worte einen tiefen Eindruck hinterließen.

Die Botschaft Michas

ist in 6,8 wie in einem Katechismussatz zusammengefaßt: „Es ist dir gesagt, Mensch, was gut ist und was der Herr von dir fordert, nämlich

Gottes Wort halten und Liebe üben und demütig sein vor deinem Gott." Sein Auftrag ist dem des Jesaja ähnlich. Beide arbeiten Hand in Hand. Zum Beispiel: Mi 1,10–16 = Jes 10,27ff; Mi 2,1–5 = Jes 5,8ff; Mi 5,7–14 = Jes 2,6ff.

Er übte scharfe Kritik und hatte den Mut zu Konsequenzen. So wandte er sich gegen die Reichen (2,1ff), gegen die Richter (3,1–4), gegen Propheten und Priester (3,5–10), gegen die falsche Sicherheit (3,11f), gegen heidnischen Kult (5,9ff). Mutig trat er für die Unterdrückten ein im Wissen um die Gerechtigkeit Gottes.

Sein Selbstbewußtsein als ein von Gott berufener und gesandter Prophet im Gegensatz zu den falschen Berufspropheten drückte er selbst in 3,8 so aus: „Ich aber bin voll Kraft, voll Geist des Herrn, voll Recht und Stärke, daß ich Jakob seine Übertretung und Israel seine Sünde anzeigen kann."

Der Inhalt des Micha-Buches

gliedert sich in Drohungen Kap. 1–3 und Verheißungen Kap. 4–5, und wiederum in Drohungen Kap. 6–7,6 und Verheißungen Kap. 7,8–20.

Im einzelnen:

A. Drohungen Kap. 1–3

1,2–7: Gott erscheint zum Gericht über Israel und Juda.

1,8–16: Die Klage des Propheten über das kommende Unheil.

2,1–5: Wehe der Habgier der Reichen!

2,6–11: Die Gegner des Propheten. Seine eindrucksvolle Ironie V. 11.

2,12–13: Die Sammlung und Befreiung Israels.

3,1–4: Gegen die ausbeuterischen Führer des Volkes.

3,5–8. Der falsche und der wahre Prophet.

3,9–12: Nochmals gegen das Unrecht und die falsche Sicherheit der „Häupter".

B. Verheißungen Kap. 4–5

4,1–5: Das kommende Friedensreich Gottes.

(Vgl. Jes 2,2–4.) Hier steht das heute so aktuelle Wort: „Sie werden ihre Schwerter zu Pflugscharen und ihre Spieße zu Sicheln machen" (3). Gerade die eschatologische Perspektive enthüllt erst den letzten Sinn des Gottesgerichts: Gericht ist nicht Gottes letztes Wort. Seine

Geschichte ist letztlich Heilsgeschichte und macht aus Gericht und Heil, aus Gerechtigkeit und Gnade eine Einheit.

4,6–8: Die Sammlung und Wiederbringung in der Heilszeit könnte darauf hinweisen, daß dieses Wort im Exil gesprochen sein kann und nicht von Micha stammen würde.

4,9–14: Not und Rettung.

Vielleicht spiegelt sich hier die Belagerung und Rettung Jerusalems von 701? Oder haben wir dabei auch an das Exil zu denken? In V. 10 kann statt Babel ursprünglich Assur gestanden haben.

5,1–5: Der Messias.

Die Sippe Bet-Efrat wohnte in Betlehem. Nach 1 Sam 17,12 gehörte Davids Familie zur Sippe Efrat.

Die messianische Herrschaft ist nicht die Fortsetzung des davidischen Königtums, sondern Neuanfang; denn der Messias ist „von Anfang und von Ewigkeit her gewesen“, also präexistent! Er ist der Urmensch, der zweite Adam. Er wird im Namen und in der Kraft des Herrn auftreten und mit Macht regieren und wird der Friede sein (Jes 9,5; Eph 2,14). Das ist originale Botschaft des Micha, aber die Parallele zu Jes 7 und 9 ist ebenfalls deutlich.

5,6–8: Der Rest Jakobs, vgl. 5,2.

5,9–14: Die Ausrottung des Bösen und Falschen.

C. Gottes Forderung und Drohung 6,1–7,7

6,1–8: Gottes Rechtsstreit

aufgrund seines Bündnisses mit Israel. Er erscheint wie ein Angeklagter, als ob er sein Versprechen nicht gehalten hätte. Aber er hat seine Verheißungen erfüllt. Die Vergegenwärtigung der Geschichte soll der Erkenntnis der Heilstaten Jahwes dienen. Das Volk soll dadurch zur Erkenntnis seiner Undankbarkeit und Sünde kommen. Und nun „der klassische Katechismus des prophetischen Ethos“ V. 8: „Er hat dir gesagt, o Mensch, was gut ist und was Jahwe von dir verlangt: viel mehr Recht tun und Güte lieben und in Demut wandeln vor deinem Gott.“ Recht, Liebe, Demut vor Gott sind die Voraussetzungen ethischen Handelns. Hans Walter Wolff übersetzt: „Es ist dir mitgeteilt worden, Mensch, was gut ist und was Jahweh bei dir sucht: Nichts anderes als Recht üben, Freundlichkeit lieben und aufmerksam mitgehen mit deinem Gott.“

6,9–16: Gegen Lug und Trug.

7,1–7: Klage über die Verderbnis des Volkes.
V. 6 wird in Jesu Aussendungsrede zitiert, Mt 10,35f.
V. 7: „Ich aber will auf den Herrn schauen."
D. Die Hoffnung der Gemeinde auf Gottes Gnade.
7,8–20 setzt die Zerstörung Jerusalems voraus, ist also nach 586 gesprochen und nicht von Micha. Aber darin stehen die herrlichen Worte von der Sündenvergebung (18–19), die grundlegend und durch die Versöhnung am Kreuz Wirklichkeit geworden sind.

Jesaja

hebräisch: J^{e}schajahu

Vorbemerkung zur Eigenart des Buches Jesaja

Wie die Bibel kein Buch ist, sondern eine Sammlung von Büchern aus mehr als tausend Jahren, so ist das Buch Jesaja kein einheitliches Buch, sondern eine Sammlung prophetischer Reden aus 300 Jahren. Es ist eine Trilogie, d.h. eine literarische Komposition aus drei Teilen, deren wesentliche Stücke aus der Zeit um 700 und um 500 stammen. Zur Unterscheidung sprechen wir vom Ersten, Zweiten, Dritten Jesaja oder mit griechischen Zahlen vom Protojesaja, Deuterojesaja, Tritojesaja. Sie umfassen jeweils die Kapitel 1–39, 40–55, 56–66. Das Buch Jesaja ist eine Anthologie (= Blütenlese oder Blumenstrauß) prophetischer Reden aus verschiedenen Zeiten.

Der Erste Jesaja
Protojesaja

740–690 v. Chr.

Der Prophet der Heiligkeit Gottes

Kap. 1–39

Die politische Lage

Juda hatte nur geringe Selbständigkeit. Die Gefahr des syrisch-efraïmitischen Krieges wurde durch Unterwerfung unter Assur gebannt. Nach dem Fall Samarias erhoffte man die Wiederherstellung des alten Davidreiches. Das war natürlich eine Illusion. Jerusalem erhielt nur eine Frist. Die Ägypterpartei zielte auf Abwendung von Assyrien, der Jesaja widersprach (30,15ff). Als man dennoch den Aufstand wagte, erschien Sanherib 703 vor Jerusalem. Er mußte zunächst die Ägypter abwehren. Man erhoffte davon eine Entlastung. Vergebens. Der Belagerungsring wurde bald fest, und das Ende schien gekommen. Da

zog Sanherib ab. Ein Wunder? (Jes 37,36–38, vgl. die Ausführungen bei König Hiskija!) Entscheidend ist nicht der Vorgang mit Ursache und Wirkung, sondern das Eingreifen Gottes zugunsten seines Volkes gerade in dem Augenblick der höchsten Not, Gottes „Präzisionsarbeit".
Ebenso wichtig war die Wirkung des Abzugs. Das Volk fühlte sich dadurch bestätigt: Gott hat sich zu uns bekannt. Uns kann nichts passieren. Jerusalem und der Tempel sind uneinnehmbar! Die falsche Sicherheit wurde bestärkt: Wir sind Gottes auserwähltes Volk. Wir sind ihm recht. Es ist alles in bester Ordnung. „Weißt du nicht, daß dich Gottes Güte zur Buße treibt?" (Röm 2,4). Die Rettung führte also gerade nicht zur Umkehr, sondern zur Verstockung (vgl. Jes 6,10). Jesaja resignierte. Das ist das Ende seiner prophetischen Tätigkeit.
Nach Jes 1,1 regierten zur Zeit des Propheten 4 Könige:
Usija 787–736, Jotam 759–744, Ahas 744–729, Hiskija 728–697.

Aus der Lebensgeschichte Jesajas

Er wirkte etwa von 740 bis 690.
Er war der Sohn des Amoz aus Jerusalem, der vielleicht Minister war; denn der Sohn hatte Zugang zum Königshof. Er selbst könnte Priester (vgl. seine Berufungsvision im Tempel) oder Weisheitslehrer gewesen sein. 740 wurde er zum Propheten berufen, und zwar zum Gerichts- und Verstockungsprediger. Zu Jes 6,10 vgl. Mt 13,14–15. Verstockung ist aber immer nur Reaktion Gottes auf den hartnäckigen Ungehorsam der Menschen. Darum ist die Wirksamkeit des Propheten positiv: Angebot, Mahnung, Warnung und Verheißung des künftigen Heils. Erst die Ablehnung des Volkes macht die Gnade zum Gericht und die Warnung zur Verstockung. Und das sieht Gott voraus. Aber das Gericht kommt gerade nicht im Jahre 701. Gottes Langmut hält es noch auf.
Wir erkennen 4 Perioden der Wirksamkeit Jesajas:
a) 740–735
vor dem syrisch-efraïmitischen Krieg:
Gerichtsverkündigung und Zukunftsweissagungen stehen nebeneinander.
Das lesen wir in Kap. 2; 3; 4; 5 (Weinberglied und Wehe-Rufe); 9,7–10,4 (mit dem Refrain in den Versen 9,11.16.20; 10,4); 32.

b) 735
während des syrisch-efraïmitischen Krieges:
Aufruf zum Glauben, zum Festhalten und Durchhalten.
Kap. 7,1–9 (Wenn ihr euch im Glauben fest an mich haltet, dann will ich euch festhalten und am Leben bleiben lassen); 7,10–8,4 (In 7,14 kann man „Jungfrau" oder „junge Frau" lesen. Das Zeichen besteht nicht in einer Jungfrauengeburt wie bei Jesus, sondern darin, daß dieser Sohn vermutlich aus dem Königshaus noch im Kindesalter erleben wird, wie die bedrohenden Mächte zerstört werden);
8,5–15; 17.
Dann folgt eine Zeit der Stille, in der sich der Prophet mit seinem Jüngerkreis, mit seiner Mannschaft zurückzieht. Das zeigt 8,16–18. Der zusammenhängende Teil 6,1–9,6 könnte eine schriftliche Rechtfertigung dieser Haltung sein.
c) 725–710
eine Zeit der Bündnispolitik
28,1–6 Das Gericht über Samaria steht bevor.
1,2–31 Nach dem Fall Samarias gesprochen, vgl. V. 8.
14,24–27 Gegen die Assyrer.
14,28–32 Gegen die Philister im Jahr 719.
15–19 Gegen Moab, Kusch, Ägypten (lies bes. V. 23–25).
20 Symbolhandlung geg. Ägyptenpolitik (Sargon regierte 722–705).
28,7–29 Der „Bund mit dem Tod"; V. 16 der Grund- und Eckstein in Zion.
29 Weissagung der Belagerung Jerusalems.
30 Gegen das Bündnis mit Ägypten (bes. V. 15–18).
31 Errettung durch den Herrn Zebaot.
d) 701
Belagerung Jerusalems.
36–39 Historisch-biographische Erzählungen.
10,5–19 Gegen die Prahlerei Assyriens.
10,20–23 Der Rest in Israel.
10,24–34 Weissagung des Feldzugs.
12 Danklied für das Wunder der Rettung?
22 Gegen den Übermut des Volkes: Das Gericht kommt!
22,14 Letztes Wort des Propheten: „Wahrlich, diese Missetat soll euch nicht vergeben werden, bis ihr sterbt!"

Von dem Ende Jesajas wissen wir nichts. Der Legende nach soll er den Märtyrertod erlitten haben und zersägt worden sein, vgl. Hebr 11,37.

Anmerkung:
Diese Aufstellung zeigt, daß die Anordnung der Kapitel nicht dem geschichtlichen Ablauf entspricht und willkürlich ist.

Die Botschaft Jesajas

Sein Gottesbild (Dogmatik):
Gott ist der Heilige Israels
1,4; 5,16–24; 6,3; 10,20; 12,6; 17,7; 29,19–23; 30,11–15; 31,1; 37,23.
Gott heißt Jahwe Zebaot
1,9.24; 2,12; 3,1.15; 5,7–24; 6,3–5; 8,11–18; 9,12; 10,16–26; 14,22–27; 18,7; 19,16–25; 22,12–15; 28,5; 31,4–5.
Das Bekenntnis zu Gott lautet: Immanuel = Gott ist mit uns
7,14; 8,8.10.
Gottes Heil (Soteriologie)
empfängt der Glaubende 7,9; 28,16; 30,15.
Die Rechtfertigung scheint in 1,18 ausgesprochen zu sein. Aber man übersetzt heute meist so: „Wenn eure Sünde blutrot ist, kann sie dann noch schneeweiß werden ...?“, und die Antwort lautet zunächst: „Nein, unmöglich. Nur Gott kann das durch das Wunder seiner Gnade bewirken.“
Gottes Forderung (Ethik)
ist Gerechtigkeit: 1,17.27; 5,7.16.
Gottes Gemeinde (Ekklesiologie)
ist der Rest, der heilige Rest, der sich bekehrt und fest bleibt. Vgl. die 7000 bei Elija: 1Kön 19,18; Jes 1,9; 4,3; 7,3; 10,20–22; 11,11.
Gottes Politik
wird zum Öffentlichkeitsauftrag des Propheten.
Gottes Verheißung (Eschatologie)
und Israels Hoffnung: 2; 4; 9,1–6; 11; 12; 19,19–25; 28,16; 30,18–26.

Die Verfasserfrage

Nicht alle Kapitel stammen von Jesaja. Das erkennt man aus dem Inhalt und an der Sprache.

In der Vergangenheit hat man unglücklicherweise Stellen, die vom angegebenen Verfasser stammen, als „echt", und solche, die andere und unbekannte Verfasser haben, als „unecht" bezeichnet. Das ist deshalb unglücklich, weil es sich lediglich um literarisch-historische Feststellungen, aber nicht um Werturteile handelt. Sogenannte unechte Stücke können inhaltlich wertvoller sein als manche echte.

Man muß um diese Unterscheidung wissen, sollte aber die Worte „echt" und „unecht" nicht gebrauchen, sondern sachlich formulieren: Dieses Stück stammt von dem angegebenen Verfasser, jenes stammt nicht von ihm, sondern von einem anderen Autor. Dann entsteht schon gar nicht ein Mißverständnis und eine Opposition oder Aggression. Und niemand braucht dann zu meinen, hier würde die Autorität und der Wert des Wortes Gottes angegriffen. Es handelt sich ja nur um eine Erkenntnis aus der Geschichte der Bibel.

Von Jesaja selbst stammen

die Kap. 1–12; 14,24–20,6 (vielleicht mit einigen Ausnahmen); 22; 28–32.

Von anderen Verfassern und aus anderer Zeit stammen die Kap. 13,1–14,23, eine Weissagung gegen Babel, das zur Zeit des Jesaja noch nicht als Staat und Weltreich existierte, sondern erst ab 625. Dieser Text kann aus dem Exil stammen.

14,9–17 sagt etwas Beachtliches über das Totenreich. Der „Morgenstern" ist ein göttlicher Würdetitel für den König. Denn der Morgenstern ist nicht nur ein Gestirn, sondern kann auch der Engelfürst als Gottes Verwalter für dieses Gestirn sein. Hier ist nicht von dem Fall Luzifers die Rede, der auch ein Engelfürst und Lichtträger war. Davon steht nichts in der Bibel, sondern in der apokryphen Literatur. Wieder anders ist die Bedeutung in 2 Petr 1,19, wo mit dem Morgenstern der Heilige Geist gemeint sein wird.

21: Weissagung gegen Babel, Edom und die Araber (550 in Palästina entstanden).

24–27: eine Apokalypse aus nachexilischer Zeit,

besonders wertvoll: 25,8; 26,12; 26,19.

33: eine prophetische Liturgie,

hervorzuheben die Verse 14 und 22.
34–35: eine Apokalypse aus nachexilischer Zeit,
großartig ist 35,3–10, vgl. Jes 51,11.
36–39: geschichtlich-biographische Erzählungen,
beachtlich das Wunderzeichen mit der Sonnenuhr 38,8, das nach Professor Hans Rohrbach durch ein überirdisches Licht der Herrlichkeit Gottes geschehen sein kann.

Die letzten Könige Judas

Manasse

697–642

2 Kön 21,1–18

Er hatte die längste Regierungszeit aller israelischen Könige: 55 Jahre. Sie fielen zusammen mit dem Höhepunkt der Herrschaft Assurs über Palästina und Ägypten. Diesem Druck mußte Manasse sich beugen. Unter großen Schwierigkeiten hatte er Baumaterial zum Palastbau nach Ninive zu transportieren und mußte mit seinem Heer beim Feldzug gegen Türhaka von Ägypten Heeresfolge leisten. Das ist außerisraelischen Berichten zu entnehmen. Der Verfasser des Königsbuchs erhebt schwerste Vorwürfe gegen ihn: Auch er hat seinen Sohn durchs Feuer gehen lassen (wie 16,3) und vor allem ein Ascherabild in den Tempel gesetzt, dazu viel unschuldiges Blut vergossen. Darum mußte das Gericht kommen. Der Fall Jerusalems wird mit den Sünden der Vergangenheit begründet. Das ist die theologische Geschichtsdeutung, die von der Wahrheit ausgeht, während die historische Deutung von der Wirklichkeit ausgeht. Beides gehört zusammen.

Amon

641–640

2 Kön 21,19–26

Er setzte die Politik seines Vaters fort. Bereits nach zwei Jahren wurde er durch seine Großen ermordet. Der Grund wird nicht sichtbar. Aber es gelang durch Beseitigung der Verschwörer, die Dynastie zu erhalten. Nachfolger wird Amons Sohn

Joschija

639–609

2 Kön 22–23

Seine Zeit ist bestimmt durch den Niedergang Assurs. Ninive fiel 612, Harran 608. Assur herrschte nicht mehr, Babel noch nicht. Das ergab eine günstige Zwischenzeit. Nun bestand auch keine kultische Verpflichtung mehr, wie bei Joschijas Vorgängern. Er konnte eine Renovierung des Tempels vornehmen. Bei dieser Gelegenheit wurde „das

Buch des Gesetzes" gefunden. Es handelt sich um die Grundschrift des Deuteronomiums, die unter Hiskija verfaßt wurde. Ein Fund aus jener Zeit der Errettung Jerusalems verlieh dem Buch eine besondere Autorität. Das Entsetzen des Königs über seinen Inhalt löste am Königshof eine Bewegung aus. Die Prophetin Hulda, Frau eines Priesters, sagte Gottes Strafe an für allen Ungehorsam, der durch dieses Buch voll bewußt geworden war. Der König aber solle mit Frieden in sein Grab kommen – und gerade das erfüllte sich nicht.
Joschija erneuerte 622 aufgrund dieses „Bundesbuches" den zerbrochenen Bund mit Gott und reinigte das Land von allem fremden Kult, was sehr ausführlich geschildert wird. Da er das alte Davidreich wiederherstellen wollte, dehnte er seine Reform auch auf Samaria aus. Die abgesetzten Priester wurden nach Jerusalem umgesiedelt (23,9), durften aber keinen Dienst im Heiligtum tun. Die joschijanische Reform ist gekennzeichnet durch die Begriffe Kultreinheit und Kulteinheit. Dafür erhielt der König höchstes Lob.
Trotz der Bemerkung „und alles Volk trat in den Bund" ist zu erkennen, daß die Reform nur von oben kam und das Volk nicht verpflichtet wurde, wie es später unter Esra geschah. Auffallend ist, daß diese Reform nicht von Jeremia oder einem anderen Zeitgenossen erwähnt wird. Man kann es sich nur so erklären, daß Jeremia in dieser Zeit keinen Anlaß und Auftrag zur Verkündigung hatte und deshalb schwieg. Und gerade dieses Schweigen um die Zeit 622 könnte ein indirekter Hinweis auf die Reform sein.
Im Jahr 609 zog der Pharao Necho durch Palästina nach Norden, nach Karkemisch am Orontes, um Assur zu helfen. Joschija stellte sich ihm entgegen. Warum er das tat, bleibt dunkel. Ob ihn ein messianisches Sendungsbewußtsein erfüllte, Gottes Werkzeug für die eschatologische Wiederherstellung des Davidsreiches zu sein? „Aber Necho tötete ihn in Megiddo, als er ihn sah" (23,30). Hier ist von keiner Schlacht die Rede wie in 2Chr 35,23. Diese vermeintliche Schlacht wurde hernach zum apokalyptischen Bild der Schlacht bei Harmagedon (beim Berg Megiddo). Die Umstände des Todes Joschijas bleiben unklar. Dieser Tod paßte nicht zu dem idealen König; darum schwieg man darüber. Die hohe Erwartung, daß Joschija der verheißene Messias sei, wurde enttäuscht. Die Verse 26+27 versuchen eine Erklärung für den frühen Tod: Gottes Zorn habe dennoch nicht abgelassen.

Auch dieses Schicksal gehört zu den Geheimnissen der Heilsgeschichte.

Joahas

609

2 Kön 23,31–34

Seltsamerweise wählte man einen jüngeren Sohn Joschijas zum König, Joahas. Aber der Pharao Necho, der die vollständige Herrschaft über Juda hatte, war damit nicht einverstanden und legte ihn schon nach drei Monaten ins Gefängnis. Joahas starb in Ägypten. Das Volk mußte für diese eigenmächtige Wahl schweren Tribut zahlen. Necho setzte den älteren Sohn Eljakim auf den Thron und gab ihm den Namen

Jojakim

608–598

2 Kön 23,34–24,7

Unter ihm änderte sich schon wieder die politische Großwetterlage. Ägypten, das seit 609 bis an den Eufrat geherrscht hatte, wurde 605 von dem Babylonier Nebukadnezzar entscheidend geschlagen und aus Syrien und Palästina verdrängt. 604 wurde Jojakim Vasall der Babylonier. 601 mußte ein babylonischer Feldzug gegen Ägypten abgebrochen werden. Jojakim sah das als eine Gelegenheit zum Abfall an. Nebukadnezzar konnte zwar nicht selbst etwas gegen Juda unternehmen, veranlaßte aber die ihm untergebenen Nachbarn zum Kleinkrieg.

Jojachin

598

2 Kön 24,8–17

wird auch Jechonja genannt. Kaum hatte er den Thron bestiegen, kam Nebukadnezzar, belagerte die Stadt, und Jojachin kapitulierte am 16. 3. 597. Der König und sein Hofstaat, die Oberschicht und die besten Handwerker wurden nach Babylonien deportiert. Alle Schätze wurden als Beute mitgenommen, aber die Stadt mit dem Tempel blieb erhalten. Sie erhielt sogar einen neuen König, den dritten Sohn Joschijas namens Mattanja. Sein Name wurde geändert in

Zidkija
597–587
2 Kön 24,18–25,7
Eigentlich war er nur stellvertretender Regent, weil Jojachin auch in Babel noch „König von Juda“ genannt wurde. Man erwartete von Zidkija Vasallentreue. Nach Jer 27 hat er sich auch 594 einer Koalition gegen Babel verweigert. Aber 589 lehnte er sich dann doch auf. Am 10. 1. 587 begann die Belagerung Jerusalems. Als der Feind am 9. 4. 587 in die Stadt einbrach, floh Zidkija zum Jordan hin, wurde aber gefangen. Seine Söhne wurden vor seinen Augen getötet, er selbst geblendet und in Ketten nach Babel gebracht, wo er nach Jer 52,11 bis zu seinem Tod gefangen blieb.

2 Kön 25,8–21
Jerusalem wurde am 25. 8. 587 zerstört. Die Minister, Generäle und Hohenpriester wurden in Ribla hingerichtet. Die Stadtbevölkerung, vor allem die Handwerker, wurden weggeführt. Nur die Unterschicht der Bauern und Weingärtner blieb. Dazu kamen hernach Adlige und Militärs, die noch hatten fliehen können. „So wurde Juda weggeführt aus seinem Land.“ Das wahre Juda ist nun in der Verbannung. Die Zurückgebliebenen sind nicht mehr das wahre Juda.

2 Kön 25,22–26
Über die Restbewohner des Landes wurde der Jude Gedalja als Statthalter eingesetzt, aber bald von fanatischen Nationalisten ermordet, die sich daraufhin mit ihrem Anhang nach Ägypten absetzten. Sie schleppten auch Jeremia mit (Jer 40,7–43,7).

2 Kön 25,27–30
Im Jahr 561 wurde Jojachin begnadigt und kam wieder zu Ehren. In Babel wurden ihm sieben Söhne geboren. Sein Enkel Serubbabel wurde später „Repatriierungskommissar“.
Damit schließt das deuteronomistische Geschichtswerk.

Die beiden Bücher der Chronik

Die Darstellung folgt teilweise KG.

Das chronistische Geschichtswerk

umfaßt die beiden Bücher der Chronik und die Büchlein Esra und Nehemia. Ursprünglich bildeten die beiden Chroniken ein einziges Buch – wie die Samuel- und Königsbücher –, und ebenso waren Esra und Nehemia zusammengefaßt unter dem Namen Esra. Bei der Bildung des jüdischen Kanons wurden die Chroniken von Esra-Nehemia getrennt.

Für die spätnachexilische Gemeinde wurde mit diesem Werk eine „Kirchengeschichte Jerusalems“ geschrieben, die in den Chroniken von David bis zur Zerstörung Jerusalems reicht und noch das Toleranzedikt des Kyrus erwähnt. Im zweiten Teil, im „1. und 2. Esra“, wird Nehemias Mauerbau um Jerusalem beschrieben und als Höhepunkt die Verlesung des Gesetzes durch Esra mit der Verpflichtung der Gemeinde und der Auflösung der Mischehen.

In dieser zweibändigen, heute vierbändigen Chronik werden hauptsächlich drei Quellen verarbeitet: 1. das deuteronomistische Geschichtswerk; 2. die aramäische Chronik von Jerusalem (Esra 4,6–6,15); 3. die Memoiren des Nehemia. Die beiden Chronikbücher folgen dem Stoff der Königsbücher und schließen sich der Geschichtsdeutung des Deuteronomisten an. Sie geben Auslegungen zu unklaren Stellen der Königsbücher und glätten schwierige oder widersprüchliche Aussagen darin (z. B. bei der Goliaterzählung).

Dieses Geschichtswerk hat seine innere Orientierung an dem Gesetz, wie es im Deuteronomium zusammengefaßt und durch Esra zum „Staatsgesetz“ erhoben wurde. Dieses Gesetz will das Volk zur Buße führen, vor Abfall bewahren und zum Glaubensgehorsam anleiten. Es ist die tragende Kraft für das wahre Israel. Die aus dem Exil zurückgekehrte Gemeinde ist das wahre Israel, dem die Verheißungen Gottes gelten. Die chronistische Geschichtsdarstellung unterstützt also den reinen Jahwedienst in Jerusalem in den Krisen der spätnachexilischen Zeit. Ihre geistliche Linie kann durch drei Begriffe charakterisiert werden: Erweckung – Restauration – Orthodoxie.

Die Exegeten des AT nehmen zwei Autoren an: Der 1. Chronist hat etwa um 300 diese Geschichte geschrieben. Den Hinweis auf diese Zeit gibt die aramäisch geschriebene Quelle. Der 2. Chronist hat sie hundert Jahre später durch Einschübe ergänzt, gleichsam eine erweiterte und verbesserte Auflage herausgebracht. Er hat Nachrichten über Militärwesen und Verwaltung, Rechtspflege und Levitenstädte hinzugefügt. Ihm standen Listen zur Verfügung und Dokumente aus der Zeit Joschijas. Aber der 2. Chronist hatte keine klaren Vorstellungen über den historischen Ablauf: Nehemia und Esra sind für ihn gleichzeitig in Jerusalem tätig, obwohl Nehemia 40 Jahre früher wirkte; ebenfalls Serubbabel und Nehemia, obwohl sie 60 Jahre voneinander getrennt sind. Durch die historischen Hinweise im zweiten Teil des Werks ist anzunehmen, daß das Gesamtwerk um 200 fertiggestellt war.

Der Inhalt der Chroniken

1 Chr	1– 9	Genealogischer Vorbau:
	1	Von Adam bis Jakob-Israel
	2– 7	Die Söhne Israels
	8+ 9	Die Nachkommen Benjamins und Sauls
	9	Die Bewohner Jerusalems
1 Chr	10–29	David:
	10–11	David wird König und erobert Jerusalem
	11–12	Die Helfer Davids
	13	Die Überführung der Lade in das Haus Obeds
	14–15	Die Einholung der Lade nach Jerusalem
	16	Das Fest in Jerusalem
	17	Der Plan des Tempelbaus und die Verheißung für das Haus Davids
	18–20	Davids Kriege
	21	Volkszählung und Legitimierung des Zion
	22–29	David überweist Tempelbau und Regierung an Salomo
2 Chr	1– 9	Salomo:
	1	Die Gottesoffenbarung in Gibeon
	1– 2	Die Vorbereitungen für den Tempelbau
	3– 4	Der Tempelbau und die Kultgeräte
	5– 7	Die Tempelweihe

	8– 9	Salomos Unternehmungen, Ruhm und Tod
2 Chr	10–12	Rehabeam:
	10	Abfall der Nordstämme
	11–12	Rehabeams Regierung im Segen und Gericht Gottes
2 Chr	13	Ahija
2 Chr	14–16	Asa:
	14–15	Kultreform und Gotteswunder
	16	Der Krieg gegen Bascha
2 Chr	17–20	Joschafat:
	17–18	Der Gottessegen und die verderbliche Übereinkunft mit Ahab
	19–20	Die Einsetzung der Richter und der Maoniterkrieg
2 Chr	21	Joram
2 Chr	22	Ahasja
2 Chr	22–23	Atalja
2 Chr	24	Joasch
2 Chr	25	Amasja
2 Chr	26	Usija/Asarja
2 Chr	27	Jotam
2 Chr	28	Ahas
2 Chr	29–32	Hiskija:
	29	Die Tempelreinigung
	30	Das Pascha in Jerusalem
	31	Die Ordnung des Kultes
	32	Sanherib und Hiskija
2 Chr	33	Manasse
2 Chr	33	Amon
2 Chr	34–35	Joschija
	34	Die Kultreform
	35	Das Pascha in Jerusalem und der Tod Der Tod Joschijas wird hier anders dargestellt als im 2. Königsbuch: durch Verwundung in der Schlacht. Joschija überhört das Gottesorakel aus dem Mund Nechos. Zur Strafe muß er sterben.
2 Chr	36	Joahas – Jojakim – Jojachin – Zidkija

Mit dem Untergang Judas und der Zerstörung Jerusalems enden sowohl die Königsbücher als auch die Chroniken.

Chronologie der Könige und Propheten

(sichere Angaben nicht möglich)

Saul ca.	1020–1004				
David	1004–965				
Salomo	965–926				
Rehabeam	926–910	Jerobeam I.	927–907		
Abija	910–908	Nadab	907–906		
Asa	908–868	Bascha	906–883		
		Ela	883–882		
		Simri	882		
		Omri	882–871		
Joschafat	868–847	Ahab	871–852	Elija	um 860
Joram	852/47–845	Ahasja	852–851	Elischa	um 850
Ahasja	845	Joram	851–845		
Atalja	845–840	Jehu	845–818		
Joasch	840–801	Joahas	818–802		
Amazja	801–773	Joasch	802–787		
Asarja	787–736	Jerobeam II.	787–747	Amos	um 760
= Usija		Secharja	747	Hosea	750–725
		Schallum	747		
		Menahem	747–738		
Jotam	756–741	Pekachja	737–736	Micha	740–700
Ahas	741/36–725	Pekach	735–732	Jesaja	740–690
		Hoschea	731–724		
Hiskija	725–697				
Manasse	696–642				
Amon	641–640			Zefanja	um 630
Joschija	639–609			Jeremia	627–580
Joahas	609			Nahum	626–615
Jojakim	608–598			Habakuk	um 600
Jojachin	598			Klage-	597–580
= Jechonja				lieder	

Zidkija	597–587	Obadja	586
		Ezechiël	593–570

Verschiedenheiten um ein Jahr kommen von einem veränderten Neujahrsbeginn und von dem Brauch, die Regierungszeit erst von Neujahr an zu rechnen. Außerdem gibt es auch eine Mitregentschaft, so daß sich die Zahlen überdecken können.
Die biblischen Angaben werden ergänzt durch Chroniken der Großmächte.
In der schweren Zeit, die der großen Katastrophe, dem Untergang Judas und der Zerstörung Jerusalems, voranging und folgte, wirkten mehrere Propheten:
Jeremia und vier kleine Propheten um 600,
Ezechiël und Deuterojesaja im Exil,
einige Propheten nach der Rückkehr.
Sie werden im folgenden betrachtet.

Die Propheten vorm und im Exil

Jeremia	ca. 627–580
und die kleinen Propheten seiner Zeit:	
Zefanja	um 630
Nahum	626–615
Habakuk	gegen 600
Obadja	um 580
und die Klagelieder	597–580

Vgl. die Kommentare auf S. 8f.

Jeremia

hebräisch: Jirm^{e}jahu
627–ca. 580 v. Chr.
Der Prophet des Leidens Gottes
Sein Thema: Bekehrung und Besserung

Die sogenannten Schriftpropheten (deren Reden wir schriftlich haben) waren fast alle Gerichtspropheten. Darum wird ihr Amt und der Inhalt ihrer Botschaft auch „Last des Herrn" genannt (Jer 23,22–40; Hab 1,1; Sach 9,1; 12,1; Mal 1,1). Alle Propheten hatten nicht nur einen religiösen, sondern auch einen politischen Auftrag. Denn im Volk Gottes gibt es keine Trennung zwischen Religion und Politik. Um ihre Botschaft zu verstehen, muß man sich in ihre Geschichte hineinversetzen.

Die geistliche Situation

zur Zeit Jeremias

Man möchte gern annehmen, daß die Regierungszeit Hiskijas und die 40jährige Arbeit Jesajas trotz Manasses religiöser Toleranz nicht ohne Wirkung geblieben seien. Man sollte meinen, daß die joschijanische Reform von 622 doch die Priester und die Frommen für die Botschaft des Jeremia empfänglich gemacht habe. Aber Jeremia selbst erwähnt Joschijas Werk kaum. Folglich konnte er daran nicht anknüpfen. Weder die Minister noch die Generäle, weder die Priester noch die Hofpropheten, weder die Verehrer Jahwes noch die der fremden Götter waren fähig, sich selbst und die Lage richtig einzuschätzen und darum die Botschaft Jeremias anzunehmen. Nirgendwo sind Anzeichen, daß man die Zeichen der Zeit verstanden hätte.

Ein Gespräch mit maßgebenden Leuten hätte so verlaufen können: Ihr wißt doch, daß 722 Israel vernichtet wurde. – Ja, aber das war ja auch die Strafe Gottes für den Abfall von Juda, für „die Sünde Jerobeams". Nur wir sind noch das auserwählte Volk!

Ihr habt doch nicht vergessen, daß Sanherib 701 schon vor Jerusalem stand. – Nein, aber Gottes Engel hat ihn geschlagen, und Jerusalem blieb unversehrt! Jerusalem ist die Stadt Gottes, und im Tempel ist der Thron Gottes. Jerusalem kann nicht fallen!

Aber unser frommer König Joschija ist 609 getötet worden. – Leider,

unser Gott ist ein heiliger und verborgener Gott, und der Gerechte muß viel leiden.
Schließlich habt ihr es doch selbst miterlebt, daß der junge König Konja (Jojachin) sich ergeben und den Babyloniern die Tore öffnen mußte. – Allerdings, dafür mußte er auch in Gefangenschaft mit vielen Menschen unseres Volkes. Er hat sich gefürchtet vor der Macht der Feinde und nicht vertraut auf die Macht Gottes. Hätte er im Namen des Herrn Widerstand geleistet, dann hätte er unserm Gott Gelegenheit gegeben, ein Wunder zu tun wie zu Hiskijas Zeit an Sanherib. „Glaubt ihr nicht, so bleibt ihr nicht", hat Jesaja gesagt. Der ist unser Prophet, nicht Jeremia! Wir sind sicher und fürchten uns nicht!
Wo religiöser und nationaler Glaube zum Fanatismus wird, kann weder die Vernunft noch der Heilige Geist durchdringen; da reden Menschen und Engel vergebens. Da gibt's kein Erwachen und keine Erweckung, keine Buße und keine Bekehrung.

Die Lebens- und Leidensgeschichte Jeremias

Von keinem Propheten wissen wir so viel Persönliches wie von Jeremia, dem Sohn des Priesters Hilkija aus dem Stamm Benjamin in Anatot bei Jerusalem. Sein Sekretär Baruch, Sohn des Nerija, hat uns biographisch von seinem Schicksal als Prophet in der schicksalsschwersten Zeit seines Volkes berichtet. Er selbst hat uns in sein Herz schauen lassen, das so voll Leid und Qual war, daß er es nicht verschließen konnte; es brach einfach aus ihm heraus. Darum kann wohl auch keiner so viel über die menschliche Seele sagen wie Jeremia. Er ist der Psychologe unter den Propheten. Durch ihn kommt das Individuum zur Geltung und nicht nur das Volk. Mit ihm beginnt die „Konfessionsliteratur", d. h. die persönlichen Bekenntnisse (vgl. Augustins „Confessiones").
Das Geburts- und Todesjahr kennen wir nicht. Sie können auf 645 und 580 geschätzt werden. Jeremia war nach Gottes Geheiß unverheiratet (16,1–4 – wie Paulus).

Jeremias Berufung

Kap. 1
Sie geschah 627, als Jeremia noch jung war. Gott hat ihn schon vor seiner Geburt auserwählt und zu seinem Boten bestimmt. Das

Geheimnis der Inspiration wird nur angedeutet: daß Gott seine Worte in des Propheten Mund legt. Das Ziel des Auftrags wird durch zwei Visionen versinnbildlicht: Warnung zur Rettung, aber noch mehr Gerichtsweissagung. Es ist 5 Minuten vor 12! Und darum ist Jeremia Warner auf verlorenem Posten. Sein Schicksal kann deshalb nur Leiden sein.

Dennoch darf er nicht erschrecken und nicht weich werden. Gott macht ihn fest und ist bei ihm. Er selbst ist nur ein zerbrechliches Gefäß und birgt doch Gottes Kraft – wie Paulus (2Kor 4,7; 12,9).

Sein Leiden

Eine erschütternde dichterische Darstellung gibt Stefan Zweig in seinem 1917 entstandenen und 1927 veröffentlichten Drama „Jeremias".

Gott leidet unsagbar unter seinem Volk, das er liebt wie ein Ehemann sein Weib, das aber von ihm abtrünnig geworden ist. Weil Gott leidet, darum leidet auch sein Prophet. Und er kann es nicht abwenden, daß sein Volk leiden muß. Auch darin besteht Ähnlichkeit mit Paulus 2Kor 4,7–18; 6,4–10; 7,5 „von allen Seiten bedrängt; von außen mit Streit, von innen mit Furcht".

Der Prophet leidet unter Gott
und unter Gottes Auftrag:
4,19–22; 8,18.21–23; 15,15–18.19–21!; 17,14–18; 20,7–18!: Jeremia wollte Gott aufkündigen; aber der Herr war ihm zu stark und hat ihn überredet. In tiefster Anfechtung (vgl. Paulus 1Kor 4,9f) und Verzweiflung verflucht Jeremia den Tag seiner Geburt.

Er leidet unter dem Volk:
15,20; 18,18.22 b.23; 20,10.

Er leidet unter den Priestern:
20,1–6 unter dem Hohenpriester Pashur; 26,7ff die Gerichtsverhandlung endet mit Freispruch und Schutz durch Safan.

Er leidet unter den falschen Propheten:
28: sein Hauptgegner ist der Hofprophet Hananja; 29,24ff: Schemaja schreibt aus dem Exil gegen ihn.

Er leidet unter den Königen:
(26,20–23 der Prophet Urija wird ermordet.)
32,2 Gefangenschaft im Wachthof

36,5 Redeverbot und Haftbefehl, deshalb Versteck (Vers 19)
37,11 Verhaftung und schwerstes Gefängnis wegen angeblichen Hochverrats und „Zersetzung des Wehrwillens“; 37,21 Hafterleichterung.
38,6 Er soll zum Schweigen gebracht werden durch Tod im Schlamm der Zisterne; aber ein Schwarzer rettet ihn.

Seine Befreiung

durch die Babylonier
39,11–14; 40,1 (2Kön 25) Er war bereits gefesselt unter den Deportierten. Auf höchsten Befehl wurde er freigelassen und ihm die Wahl überlassen, ob er als freier Mann mitziehen oder hierbleiben wolle. Und er blieb.
50–51 Er gibt den Exulanten den Trost mit, daß auch Babel fallen, Israel wiederkehren wird.

Seine Verschleppung

nach Ägypten
42 Für den Rest Israels fragt er Gott um Weisung und warnt vor der Flucht nach Ägypten.
43 Man hört nicht auf die Warnung und zwingt auch Jeremia und Baruch zur Auswanderung. Jeremia weissagt den Einfall Nebukadnezars in Ägypten.
44 Jeremia warnt vor Götzendienst und bekommt V. 15-19 eine bemerkenswerte Antwort darauf. (Anmerkung: Auch Maria wird als Himmelskönigin verehrt!)
45,1–5 Baruch überlebt. Jeremia ist vermutlich den Märtyrertod gestorben (vgl. Hebr 11,36-38).

Die Botschaft Jeremias

Theodor Brandt nennt in seiner Kurzauslegung „Jeremia, ein Deuter unserer Zeit“ (1932) Jeremia den Paulus des Alten Bundes.
Seine Theologie läßt sich nicht in eine Formel fassen. Er nimmt die Erkenntnisse aller Propheten vor ihm auf.
Sein Skopus ist wohl die Bekehrung Israels: 3,7.9.12.14.22; 4,1; 18,8; 24,7; 25,5; 26,3; 31,18–19: „Bekehre du mich, so will ich mich bekehren. Nachdem ich bekehrt war, tat ich Buße.“ Dazu gehört auch das

Wort „bessern“ (dem im Deutschen das Hauptwort „Buße“ zugeordnet ist): 6,8; 7,3: „Bessert euer Leben und Wesen, so will ich bei euch wohnen an diesem Ort“; 18,11; 35,13. Voraussetzung dafür ist die Klage, daß Israel sich abgekehrt hat von Gott und abtrünnig geworden ist.

Die zeitlichen Epochen seines Wirkens

Worte aus Joschijas Zeit 627–622
Kap. 1–6
Jeremia sieht den Feind aus dem Norden kommen und schlägt Alarm. Nach der Reform Joschijas 622–609 spricht er wenig. Ob Kap. 11 ein Echo auf die Reform ist?
Worte aus der Zeit Jojakims 608–598
Kap. 7–18 u. a.
Die alten Verhältnisse reißen wieder ein. Darum schwerste Drohungen.
Kap. 7 und 26 die Tempelrede.
Kap. 14 Buß- und Bettag bei Dürre.
Worte aus der kurzen Zeit Jechonjas 598
Kap. 22; 25.
Worte aus der Zeit Zidkijas 597-587
Kap. 23; 24; 27–31.
Kap. 29 der Brief an die Exulanten in Babylon. (Anmerkung: 70 Jahre sind eine runde und symbolische Zahl. Das Ende des Exils war 539, also rund 60 bzw. knapp 50 Jahre.)
Worte an den Rest Israels 586–?
Kap. 42–45.

Sprachliche Merkmale

Th. Brandt rühmt mit Recht die wundervolle Sprache Jeremias, mit der er seine inneren Empfindungen zum Ausdruck brachte. Er redet wie die meisten Schriftpropheten nicht nur in Prosa, sondern in Poesie, d. h. in bestimmten Rhythmen des israelischen Klagelieds und in Parallelzeilen. Brandt nennt ihn einen Dichter von Gottes Gnaden.
Auffallend sind die Gleichnishandlungen:
Kap. 13 der verdorbene Gürtel
Kap. 18 das Töpfergleichnis

Kap. 19 der zerbrochene Krug
Kap. 27–28 das Joch.

Inhaltliche Gliederung

Jeremia ist zeitlebens Gerichtsprophet und hat das Gericht mit erlitten:
Gericht über das Volk:
Die Stellen sind so zahlreich, daß man sie nicht nennen kann. Die Fürbitte für das Volk übt er wie Mose, aber Gott verbietet sie ihm: 4,10; 7,16; 11,14; 14,7–14; 14,19–22; 15,1–2!
Gericht über die falschen Propheten:
5,31; 6,13–15; 8,10–13; 14,13–16; 23,9–40! 28; 29,8f.15; 29,24ff.
Gericht über die Priester,
die oft mit den falschen Propheten zugleich genannt werden:
20; 23,11.33ff.
Gericht über die Könige:
13,18; 22,11 über Schallum = Joahas
22,18ff über Jojakim 36,30
22,24ff über Jechonja = Jojachin
21 über Zidkija 24,8; 32,4f; 34,2–5 (dies Wort scheint einen Widerspruch zu enthalten)
38,14–28 letztes Gespräch Jeremias mit Zidkija.
Gericht über die Völker:
25,15ff über alle Völker ringsum und die Mischvölker
46 über Ägypten
47 über die Philister
48 über Moab
49 über Amman und Elam
50–51 über Babylon.

Heilsweissagungen

Es gibt bei Gott kein Gericht ohne Gnade.
Gott wird nicht ganz ein Ende machen 5,18, vgl. Klagelieder 3,22ff.
Ein Rest bleibt übrig 6,9; 40,11.
Schon der Ackerkauf ist ein Unterpfand für die Zukunft Kap. 32.
Die verheißene Heimführung: 3,14–18; 16,14f; 23,7–8; 29,10–14; 30,2.10f.17–22; 31,1–30.

Anmerkung zu Jer 3,16:

Bei der Zerstörung des Tempels 587 wurde auch die uralte Bundeslade vernichtet.
Im nachexilischen Tempel fehlte die Bundeslade (laut Paul Volz, Die biblischen Altertümer, S. 39 und weiter S. 53). Im herodianischen Tempel „trennten zwei hintereinander hängende kostbare Teppiche das Heilige vom Allerheiligsten. Zwischen ihnen ging der Hohepriester einmal im Jahr hindurch, um vor die Gottheit zu treten. Der dunkle Raum war leer. Nur ein drei Finger hoher Stein, der Grundstein, stand an der Stelle der Lade. Auf ihn stellte der Hohepriester am Versöhnungstag die Räucherpfanne (Traktat Joma V. 2)."

Verheißung des Messias: 23,5–6; 33,14f; 30,21.
Der neue Bund: 31,31–34ff; 3,16f vgl. die Einsetzungsworte zum Abendmahl: Der neue Bund, der durch mein Blut bekräftigt wird. Diese Verheißung des neuen Bundes ist für uns vielleicht das Kernstück seiner Verkündigung, eine Pfingstbotschaft.

Kernworte

2,11 Mich, die lebendige Quelle, verlassen sie ...
2,19 Du mußt erfahren, was es für Jammer und Herzeleid bringt, den Herrn, deinen Gott, verlassen.
4,3 pflüget ein Neues.
6,16 Fragt nach dem guten Weg, so werdet ihr Ruhe finden für euere Seelen, vgl. Mt 11,29.
8,4–7 Ein Storch weiß seine Zeit ...
9,22–23 Ein Weiser rühme sich nicht seiner Weisheit, vgl. 1 Kor 1,31.
14,7–9 Wenn unsere Sünden uns verklagen ...
Du bist ja doch unter uns, und wir heißen nach deinem Namen.
15,16 Dein Wort war meine Speise, da ichs empfing ...
17,5–7 Gesegnet der Mann, der sich auf den Herrn verläßt.
17,9 Es ist das Herz ein trotzig und verzagt Ding.
17,14 Heile du mich, Herr, so werde ich heil; hilf mir, so ist mir geholfen.
22,29 O Land, Land, Land, höre des Herrn Wort!
23,29 Ist mein Wort nicht wie ein Feuer, wie ein Hammer, der Felsen zerschmeißt?
29,7 Suchet der Stadt Bestes.

29,11 Ich habe Gedanken des Friedens über euch und nicht des Leides, daß ich euch gebe Zukunft und Hoffnung.
29,13 Wenn ihr mich von ganzem Herzen suchen werdet, so werde ich mich von euch finden lassen.
31,3 Ich habe dich je und je geliebt, darum habe ich dich zu mir gezogen aus lauter Güte.
31,20 Darum bricht mir mein Herz, daß ich mich sein erbarmen muß.
51,50 Gedenket des Herrn in fernem Land und laßt euch Jerusalem im Herzen sein.
45 hatte für Dietrich Bonhoeffer besondere Bedeutung.

Das Schicksal des Buches Jeremia

Jeremia ist der erste und – abgesehen von Ezechiël – wohl einzige Prophet, der selbst seine Reden schriftlich fixiert hat, indem er sie seinem Sekretär Baruch diktierte. (Bei Jesaja nur ein Anfang von Aufzeichnungen: 30,8; 8,16.)

Die Urfassung
enthält vermutlich die Kap. 1–18.
Auf göttlichen Befehl diktierte sie Jeremia um 605 (36,1–4; 30,1–2). Sie waren ein Ersatz für die mündliche Predigt, da Jeremia Redeverbot hatte. Und zugleich eine Ausdehnung der Botschaft auf die Zeiten und Räume. Aus Gottes Wort wurde Heilige Schrift. Durch Baruch wurde aber das geschriebene Wort wieder zum gesprochenen Wort, zur viva vox, indem er es im Tempelvorhof vorlas und damit im Zusammenhang vor das Volk brachte. In Kap. 36 erzählt Baruch hochinteressant von der Wirkung und vom Ende dieser Schriftrolle.

Die zweite Auflage
wurde alsbald in Angriff genommen. Sie wurde noch umfangreicher (36,32). Dieses Buch könnte bis Kap. 25 gereicht und 30–31 eingeschlossen haben. Es ist anzunehmen, daß Baruch dieses literarische Werk sorgsam gehütet hat.

Die große Erweiterung
durch die geschichtlichen Erzählungen des Baruch und einigen Aktenmaterials (wie z. B. der Jeremiabrief nach Babal Kap. 29) war wohl

erst nach der Zerstörung Jerusalems und wohl auch nach dem Tod Jeremias möglich. Welch gnädige Führung Gottes bewahrte uns dieses geistliche Erbe!

Die Endredaktion
zum heutigen Umfang mag noch einige andere Stücke hinzugefügt haben. Es ist interessant, daß der masoretische Text (der hebräische Wortlaut, spätestens 100 n. Chr. abgeschlossen; masora = Überlieferung) um 2700 Wörter, um ⅛ des Ganzen größer ist als die Übersetzung der Septuaginta (LXX um 200 v. Chr.). Also war das Buch Jeremia nicht endgültig abgeschlossen.

Zefanja

um 630 v. Chr.

Er ist ein älterer Zeitgenosse Jeremias und zur Zeit der Minderjährigkeit des Königs Joschija (geb. 648, reg. 639–609) aufgetreten.
Er gehört zu den Wegbereitern der joschijanischen Reform, welche die Einheit und Reinheit des Kultus herstellen wollte. Er folgt mit seiner Botschaft den Vorgängern Amos, Micha, Jesaja. Auch für ihn ist der Tag des Herrn finster (Am 5,18; Jer 2,12). Auch er wendet sich gegen den Hochmut der Führenden (Mich 2,1–5; 3,1–4; Jes 2,5). Auch er fordert soziale Gerechtigkeit, das Festhalten am Vätererbe und die Demut (Mich 6,8). Auch sein Auftrag ist die Verkündigung des Läuterungsgerichtes. Auch er betont wie Jesaja den Gedanken des Restes, der übrigbleibt.
Im politischen Bereich herrscht noch die Abhängigkeit vom ausländischen Wesen unter Hiskijas Sohn Manasse (696–642) und dessen bald ermordetem Sohn Amon (641–640).
Die Zusammenstellung des Büchleins erfolgte im Exil.
Sein Inhalt:
1,2–18 Des Herrn großer Tag ist nahe.
2,1–3 Suchet den Herrn, und suchet Gerechtigkeit und Demut.
2,4–15 Gegen die Nachbarvölker
3,1–5 Weh der widerspenstigen Stadt Jerusalem!
3,6–8 Darum wartet auf mich!
3,9–13 Der heilige Rest.
3,14–18 Freue dich; denn der Herr, der König Israels, ist bei dir; besonders V. 17.
3,19–20 Ein Heilswort aus der Zeit des Exils.

Nahum
626–615 v. Chr.

Der Mann aus Elkosch wirkt gleichzeitig mit Jeremia. Es ist die bewegte Zeit des raschen Verfalls der assyrischen Großmacht nach dem Tod des letzten Herrschers Assurbanipal (626). Schon 625 wurde Babylonien von Assyrien losgerissen. Die Ägypter hatten bereits 640 die assyrischen Garnisonen vertrieben. Im Jahre 612 erlag Ninive dem Ansturm der vereinigten Babylonier und Meder. Diese Zeit benützt auch der junge König Joschija von Juda (639–609) dazu, sich von Assyrien zu befreien und die Restauration des alten Davidreiches einzuleiten, indem er den ehemaligen Nordstaat etappenweise besetzt.

Die prophetische Botschaft Nahums spiegelt diese Ereignisse. Das Siegeslied 2,1+3 stammt aus der Zeit, als Joschija die Wiedervereinigung anstrebte (626). Die übrigen Worte sind vor dem Fall Ninives gesprochen.

1,2–9 Der Herr ist ein eifernder und vergeltender Gott,
aber auch gütig und eine Feste zur Zeit der Not.

1,12–14 ist aus Fragmenten zusammengesetzt.

2,1 + 3 Frohe Botschaft (vgl. Jes 52,7); denn der Herr hat beide Staaten wiederhergestellt und wird sie erneuern. Der Traum des Jahrhunderts ist in Erfüllung gegangen: Der Norden ist mit dem Süden vereinigt. Großisrael, die alte davidische Doppelmonarchie, ist wiederhergestellt. Darum Dankgottesdienste. „Feiere deine Feste, Juda!"

1,10–11; 2,2.4–14; 3,1–19 Der Untergang Ninives, eine wirklichkeitsnahe Schilderung der Einzelheiten, als würde Nahum sie hellseherisch miterleben.

Nahum ist Zeitgenosse Jeremias und doch ein ganz anderer. Seine Gerichtsworte sind nur gegen Assur und Ninive gerichtet, und seine Freude entzündet sich an Joschijas Politik der Wiedervereinigung. Wahrscheinlich hat auch er in Joschija den verheißenen Messias gesehen und das Gottesreich nahe geglaubt. Es fehlt jeder Bußruf und jede Verheißung einer geistlichen Erneuerung. Darum gehört Nahum wohl zu den politischen Heilspropheten, die dem Jeremia das Leben schwer gemacht haben, die Jeremia zu den falschen Propheten zählt. Während Nahum über die Feinde schilt oder Schadenfreude äußert, klagt Jeremia über das kommende Unheil seines Volkes. Allerdings geschah beides zu verschiedenen Zeiten. Während Nahum redete, hielt sich Jeremia zurück. Als Jeremia reden mußte, schwieg Nahum, oder er war nicht mehr am Leben. Prophet ist eben nicht gleich Prophet; es gab und gibt „solche und andere".

Habakuk
gegen 600 v. Chr.

Nach dem überraschenden und erschütternden Tod Joschijas (609) brachen alle Hoffnungen auf ein Großisrael und ein messianisches Reich zusammen. Das Land geriet unter die ägyptische Oberhoheit des Pharao Necho II. (609–594). Der neue jüdische König Joahas fand nicht die ägyptische Bestätigung und wurde gefangen nach Ägypten gebracht, wo er starb. Sein Bruder Jojakim (608–598), gegen den Jeremia reden mußte, wurde vom Pharao um den Preis einer schweren Geldbuße eingesetzt (2 Kön 23,31 ff). Aber bereits 605 kam der Wechsel von der ägyptischen zur babylonischen Oberherrschaft, und der Tribut mußte jetzt an Nebukadnezzar (605–562) gezahlt werden. Jojakim tat es drei Jahre lang. Dann fiel er ab. Die Folge war das erste Strafgericht über Jerusalem (598/597, vgl. 2 Kön 24). In dieser Zeit vor 600 kann das Büchlein Habakuk entstanden sein.
Das Thema Habakuks ist das Theodizeeproblem.
1,2–2,4 Die Tröstung des Propheten in der Anfechtung, die ihm der Blick auf die Weltlage und auf das politische Geschick des eigenen Volkes bereitet. Die Lösung ist eschatologisch: Über die Weltmacht kommt das Ende, während der Gerechte am Leben bleibt.
1,2–4: Herr, wie lange? Warum greifst du nicht ein?
1,5–11: Gottes Antwort: Ich will die Chaldäer erwecken zum Gerichtsvollzug.
1,12–17: Aber du, Herr, warum schaust du den Räubern zu und schweigst?
2,1–4: Gottes Antwort: Die Weissagung wird erfüllt. Der Gerechte bleibt wegen seiner Treue am Leben, vgl. Jes 7,9. (Zu dem Wort „harren" vgl. Jes 8,17; Zef 3,8; 2 Petr 3,9). Der Gerechte ist Juda, das am Leben bleibt, wenn es Treue hält, während die Weltmacht sterben muß. Paulus hat diese Zusage in Röm 1,17 und Gal 3,11 auf den einzelnen Frommen bezogen und im Sinn der Rechtfertigung erklärt: Der durch den Glauben und nicht durch Werke gerecht Gewordene wird leben, mit Gott und in Christus leben, ewig leben. Die Individualisierung des Gottesverhältnisses war schon im Alten Bund möglich. Aber Habakuk denkt hier nicht an Werkgerechtigkeit, sondern an das unbeirrbare Festhalten an Gott und seinem Wort trotz gegenteiligen

Augenscheins. So wird Hebr 11,1 der Glaube definiert, und so wird Hebr 10,38 samt Kontext die Habakukstelle richtig exegesiert.

Die Klage und Frage des Propheten kommt in diesem ausharrenden Glauben zur Ruhe. Er bietet seinem Volk nicht eine theoretische Lösung des Theodizeeproblems, das nach dem Scheitern des joschijanischen Restaurationswerkes und der abermaligen Knechtung durch eine Fremdmacht aufgebrochen ist. Die praktische Lösung wird dem Habakuk in unmittelbarem Gotterleben geschenkt – wie dem Ijob –, und er gibt sie in Vollmacht weiter: In Glaubenstreue an Gott festhalten, der die Weltgeschichte durch alle Rätsel hindurch seinem Ziel zulenkt, wo das Böse vernichtet wird und der Gerechte lebt.

Die LXX schreibt nicht: Der Gerechte wird durch seine Treue leben, sondern: Der Gerechte wird durch meine Treue leben!

2,5–20: Das fünffache Wehe.

3,1–19: Der Psalm Habakuks: Gott kommt!

V. 3 Er kommt von Teman, das wie das Gebirge Paran an der Grenze von Edom und Sinaï liegt. Das ist gleichbedeutend mit: Er kommt vom Sinaï. Dort ist das irdische Einfallstor für die vom Himmel herabfahrende Herrlichkeit Gottes.

V. 4 Vgl. Psalm 50,2–3; Psalm 104,2; Jes 6; Ez 1.

V. 16 Aber ich will harren.

V. 18 Aber ich will mich freuen des Herrn und fröhlich sein in Gott, meinem Heil; denn der Herr ist meine Kraft.

Obadja

nach 586 v. Chr.

Der Name bedeutet *ebed jahwe* = Gottesknecht, ist also kein Eigenname. Die prophetische Person bleibt anonym. Obadja gehört zu den jahwetreuen Kreisen der in Palästina zurückgebliebenen Bevölkerung, in deren Mitte die Klagelieder entstanden sind.

a) V. 1–14 Eine Weissagung über Edom.
   V. 7c, „Die dein Brot essen, werden dich verraten", erinnert wie Psalm 41,10 an Joh 13,18ff, an Jesu Kennzeichnung des Verräters.
   V. 12–14 endet siebenmal mit „zur Zeit ihres Elends ..."
b) V. 15–18 Eine Weissagung vom Tag des Herrn.
   Man erkennt ein nationalistisches Denken, das den Feinden den Untergang wünscht, für das eigene Volk Rettung und Rache erhofft.
c) V. 19–21 Eine Weissagung der Wiedergewinnung des verlorenen Landes, „und die Königsherrschaft wird des Herrn sein".

Klagelieder
hebräisch = Kinot
597–580 v. Chr.

In der hebräischen Bibel sind sie mit *ëjcha* = ach, wie! überschrieben nach dem Anfangswort des Buches.
In der griechischen und lateinischen Bibel wird meist in der Überschrift oder Nachschrift Jeremia als Verfasser genannt. Das geht auf 2Chr 35,25 zurück: „Jeremia sang ein Klagelied über Joschija“ und stützt sich auf Jer 8,21ff; 14,1ff. Aber weder steht sein Name im Text, noch enthält der Inhalt einen Anknüpfungspunkt dafür. Nach 4,19 kann vermutet werden, daß der Verfasser bei der Flucht des Königs Zidkija in seinem Gefolge war. Außerdem stehen die Klagelieder im dritten Teil der hebräischen Bibel, haben also nach jüdischer Tradition nichts mit Jeremia zu tun.
Sie gehören zu den 5 Megillot, den Festrollen für die jüdischen Hauptfeste: Am Paschafest wird das Hohelied gelesen; am Wochenfest das Buch Rut; am Tempelfest zur Erinnerung an die Zerstörung des Tempels durch Titus am 9. Ab = Mai die Klagelieder; am Laubhüttenfest der Prediger; am Purimfest das Buch Ester.
Die Klagelieder stellen formal eine kunstvolle Dichtung dar. Die Kap. 1–4 sind je ein Akrostichon, d. h. die Verse beginnen fortlaufend mit den 22 Buchstaben des hebräischen Alphabets. In Kap. 1+2 bilden die 22 Verse Dreizeiler, Kap. 3 hat 3×22 = 66 Einzeiler, Kap. 4 hat 22 Zweizeiler. Kap. 5 besitzt zwar keine alphabetischen Anfänge, aber auch 22 Verse.
Diese Kunstform finden wir auch sonst im AT: vor allem in den Psalmen 9; 10; 25; 34; 111; 112; 119 (8×22 = 176 Verse); 145; auch Spr 31,10–31 und Nahum 1,2–8. Ob dabei eine Vorstellung von der magischen Kraft der Buchstaben wirksam ist, oder nur eine pädagogische Gedächtnisstütze gegeben werden soll?

In unserem Gesangbuch haben wir ähnliche Dichtungen: Im Lied 318 ergeben die Versanfänge den Namen des Dichters Valerius (Herberger). Paul Gerhardt hat mit den jeweiligen Worten „Befiehl dem Herrn deine Wege . . .“ die Strophen seines bekannten Liedes 294 begonnen. Ebenso ist es beim Lied 251 „Meinen Jesum laß ich nicht“.

Die geschichtliche Lage

ist gekennzeichnet durch die Not der Jerusalemer bei der ersten Eroberung 598 und erst recht durch die unsagbaren Qualen bei der Belagerung und Zerstörung 587 und durch die Klage der wenigen Bewohner, die der Deportation entgingen und in Juda zurückblieben. Diese Ereignisse werden von einem Augenzeugen aus frischer Erinnerung der Gemeinde in ihrem äußeren Elend der Unfreiheit und in ihrer inneren Depression und Glaubenskrise ins Gedächtnis gerufen, damit sie sich nicht in Verbitterung und Resignation verliert, sondern zur Besinnung und zur Buße, zur Umkehr kommt. Die Klage wird Gott vorgetragen mit der Bitte, daß er nicht ewiglich zürne, sondern sich wieder erbarme. Wir Deutschen können uns gut hineindenken, wenn wir uns an den Zusammenbruch unseres Staates und Volkes 1945 erinnern. Auch wir kannten eine Stunde Null.

Die Zeit

der Klagelieder wird durch die beklagten Ereignisse bestimmt, die gerade geschehen sind: 598–580.

Der Verfasser

der zuvor wahrscheinlich am Königshof tätig war, steht in einer Linie mit den Propheten von Amos bis Jeremia und bestätigt deren Botschaft. Er ist eine geistliche Persönlichkeit und hat genau das zu sagen, was das an Zahl und an Kraft geringe Volk jetzt braucht.

Kap. 1:

Jerusalem unter Gottes Gericht.

Ein Lied für eine kultische Gedenkfeier. Entstanden durch die Erschütterung, die die Eroberung Jerusalems, die Deportation der Oberschicht und die Abtrennung der südlichen Landschaft von Juda bewirkt hat: 598.

Kap. 2:

Der Zusammenbruch von Stadt und Staat am Tag des Zornes Gottes. Ein Augenzeugenbericht von 587.

Die Tore wurden zerbrochen, die Mauer geschleift. Die Häuser waren zerstört, der Tempel entweiht und verbrannt (V. 7). Die Stadt ein Trümmerfeld. Der König und die Priester wurden geschändet (6) und erschlagen (20). Die Straßen lagen voll Leichen, Kinder und Alte, junge Frauen und Männer (21). Zuvor schon wütete Hungersnot, durch welche vor allem die Kinder umkamen (11.12). Besondere Schuld trifft die falschen Heilspropheten (14). Zu allem Unglück schmerzt der Spott und die Schadenfreude der Nachbarvölker (15–16).

Kap. 3:

Der Weg zur Hoffnung.

Da spricht der prophetische Dichter selbst und erfüllt seinen Auftrag als Seelsorger der Trostlosen. Das geschah kurz nach der Katastrophe, etwa 586.

1–18: Der Mann unter Gottes Zorn.
19–24: Die Wendung zur Hoffnung auf die Güte des Herrn.
22–24: enthalten ein herrliches Bekenntnis.
25–39: Trost und Mahnung aus der Weisheit Israels, auf die Gegenwart angewendet:
26: Es ist ein köstlich Ding, geduldig sein.
31: Denn der Herr verstößt nicht ewig.
39: Ein jeder murre wider seine Sünde!
40–42: Aufruf zur Selbstbesinnung, Buße und Sündenbekenntnis.
43–51: Gemeinsame und einsame Klage, ein aktueller Psalm.
52–66: Das erhörte Gebet.

Kap. 4:

Das ungeheure Ausmaß des Gerichts.

Der Rückblick auf

- die fürchterliche Hungersnot, in der Mütter sogar ihre Kinder kochten (4–5.9–10)
- den Tempelbrand (11); niemand hatte ja geglaubt, daß Jerusalem erobert werden könnte (12)
  Schuld und Schicksal der Priester und Propheten (12–14)
- die Deportation der Mittelschicht (15–16)
- die vergebliche Hoffnung auf Entsatz durch Ägypten (17)
- den mißglückten Fluchtversuch des Königs (18–20), den der Verfasser der Klagelieder miterlebte

Kap. 5:

Gedenke, Herr! Bring uns zu dir zurück!

Ein Volksklagelied für einen gemeinsamen Bußgottesdienst. Geschildert werden die Zustände nach der Katastrophe. Der Zionsberg ist ein

Trümmerhaufen, das Land vom Feind besetzt (2.5.8), aller Besitz enteignet (2). Selbst Wasser ist nur um Geld zu haben, und das eigene Holz muß man der Besatzung abkaufen (4). Das Volk wird von Abgaben und Zwangsarbeit bedrückt (4–5). Die Einbringung der Ernte ist gefährdet (9), was Hunger zur Folge hat (10). Auch hier noch einmal Rückblick auf die schrecklichen Ereignisse beim Zusammenbruch (11–13). Interessant ist die Feststellung der jungen Generation: „Unsere Väter haben gesündigt und leben nicht mehr; wir aber müssen ihre Schuld tragen“ (7). Man wehrt sich gegen die Kollektivschuld und muß doch die Konsequenzen auf sich nehmen. So war es immer. So ging es uns nach dem Vertrag von Versailles 1919 und als Erben der Schuld des Dritten Reiches! Erbsünde und Erbschuld sind keine dogmatischen Erfindungen, sondern harte Realitäten im Leben des einzelnen und des Volkes!
Aufgrund dieser Hinweise ist zu schließen, daß dieses Klagelied erst Jahre nach der Katastrophe entstanden ist, nach 580.
Es schließt mit der Warum-Frage: „Warum willst du uns so ganz vergessen, so ganz verlassen?“ und mit der Bitte: „Bring uns, Herr, zu dir zurück, daß wir wieder heimkommen!“

Die Klagelieder legen eine Gedankenverbindung zu der Klagemauer in Jerusalem nahe, die von der Zerstörung des herodianischen Tempels im Jahre 70 n. Chr. übriggeblieben ist. An ihr wurden die Klagelieder Israels gebetet und gesungen – erst recht nach 1967.
Im Gebet und in den Psalmen Israels hat die Klage eine wichtige Bedeutung: 1. Die Klage darf nicht verdrängt werden; sie muß geäußert werden, und sie darf laut geäußert werden. Das ist die Voraussetzung dafür, daß das Leid bewältigt werden kann. 2. Israels Klage ist eine Klage vor Gott und zu Gott hin. Nur so kann sie etwas ändern. 3. Israels Klage ist eine gemeinsame Klage. Die ganze Gemeinde trägt das Leid zu Gott und bittet um die Wende der Not. Diese Solidarität hat Kraft. Sie trägt den einzelnen und setzt den Arm des Allmächtigen in Bewegung. 4. Gott erhört die Klage und wandelt sie durch seine Rettung in Lob. „Du hast meine Klage verwandelt in einen Reigen“ (Psalm 30,12). So enthalten alle diese Psalmen Klage und Lob. Wer nicht in der rechten Weise Gott sein Leid klagen kann, kann auch nicht recht loben. Wir haben die biblische Klage noch zu lernen!

Ezechiël

oder Hesekiel
593–570 v. Chr.
Der Sprecher Gottes im Exil
und Vater des Judentums
Sein Thema: Die Herrlichkeit Gottes

Er ist der eigenartigste unter den Propheten und darum schwer zu verstehen.
Er ist der wirkungsvollste unter den Propheten; und darum sollte man versuchen, ihn zu verstehen.
Da er Zeitgenosse des Jeremia ist, können wir den geschichtlichen Rahmen von dort übernehmen. Verschieden ist nur der Ort der Wirksamkeit.
Die Auslegung des Buches folgt meist WZ. Einen guten Kommentar für die Gemeinde hat Hans Brandenburg geschrieben: „Hesekiel. Priester, Seher, Prophet“, 1965.

Das Leben Ezechiëls

Sein Name

j^e^chesqēl wurde früher mit Hesekiel wiedergegeben, in der Wissenschaft meist mit Ezechiël umschrieben, was aber weniger den hebräischen Buchstaben gerecht wird.
Die Bedeutung des Namens ist ein Bekenntnis: Gott ist meine Stärke. Das entsprechende Verbum *chasaq* heißt: festschnüren, festbinden, festmachen, festhalten. Das gibt dem Mann die Weisung: Gott hält ihn fest, und er hält an Gott fest und erfährt so, daß Gott seine Stärke ist. Deshalb kann er mannhaft und unerschrocken sein und getrost seinen Auftrag ausführen. Der gleiche Wortstamm kommt in der von ihm gebrauchten Formel vor: „Die Hand des Herrn lag schwer auf mir“, sie hat mich überwältigt und festgehalten (Ez 3,14).
Wiederum bedeutet die gleiche Wortwurzel in 13,22 und 30,24f „jemandes Hand oder Arm stärken“ und in 27,9 „ausbessern, Risse abdichten“.
Der Name *j^e^chesqēl* ist verwandt mit *chisqijahu*, den der König Hiskija trägt.

Ezechiëls Lebenslauf

Er war der Sohn des Priesters Busi in Jerusalem. Aus dem 4. Teil des Buches ist zu schließen, daß er selbst in Jerusalem amtierender Priester war oder kurz vor der Übernahme des Priesteramtes stand. (Diese Kapitel lassen sogar den überraschenden Schluß zu, daß sein Hobby die Tempelarchitektur war; denn er zeichnete einen baureifen Plan für einen neuen Tempel.)

Von seinem Lebensanfang erfahren wir nichts. Aufgrund der in 1,1 angegebenen 30 Jahre können wir vermuten, daß er 622, im Jahr der joschijanischen Reform, geboren ist. Bei der ersten Deportation 598 wurde er als angehender Priester mit der Oberschicht Jerusalems nach Babylonien gebracht und am schiffbaren Kanal Kebar, einem der Ströme „Babylons" in der Gegend von Nippur, angesiedelt. Dort entstand auch der Psalm 137: „An den Wasserkanälen von Babel saßen wir und weinten." Dort am Ufer hatten die Juden ihre Gebetsstätte und gottesdienstlichen Versammlungen (vgl. Apg 16,13). Der unbebaute Ort trug die Bezeichnung *til abūbi* = Sintflut- oder Sturmfluthügel (vgl. Warft); aber die Juden nannten ihre neue Siedlung *tel abib* = Ährenhügel. Der Name wurde bewußt in der israelischen Stadt Tel Aviv festgeschrieben.

Dort wurde Ezechiël (nach 1,2) am 31. 7. 593 zum Propheten berufen. Er war verheiratet, verlor aber um 589 durch einen plötzlichen Tod seine Frau und durfte noch nicht einmal trauern (24,15–24). Der Grund dafür ist Gottes Befehl. Ezechiël gehört eben nicht mehr sich selbst, sondern ganz und gar Gott, der seinen Leib und sein Leben in die Botschaft einbezieht und ihn zum Wahrzeichen für das Volk macht (12,11; 24,24. Zeichen Gottes heißt persisch: ajat ollah, die Bezeichnung der schiitischen regierenden Hohenpriester, wie z.B. Khomeini): Ezechiël muß sich in seinem Haus einschließen, wird sogar mit Stricken gebunden und muß für einige Zeit verstummen (3,22–27). Durch Schlaganfall oder Nervenlähmung schnürt oder bindet ihn Gott fest (wie sein Name sagt) und läßt ihn so viele Tage als sinnbildlichen Schuldträger liegen, wie Israel in Jahren seine Schuld büßen muß (4,4–8). Dazu muß er mit rationierter Kost leben (4,9–17) und sich die Haupt- und Barthaare schneiden (5,1–4). Es ist schwer, Prophet sein zu müssen. Man hat um dieser außergewöhnlichen Zeichen willen, die durch sein Zittern (12,17–20) und Stöhnen (21,11–12) ver-

stärkt werden, Überlegungen über Krankheitsphänomene bei Ezechiël angestellt – wie bei Paulus. Aber ein Prophet überschreitet (wie ein Genie) die Grenze des normalen Lebens ins Paranormale und Parapsychologische hinein. Davon soll noch die Rede sein. Auch Jeremia erreichte die Grenze, jenseits derer der Wahnsinn beginnt.
Die Kunde vom Fall Jerusalems erhielt Ezechiël durch einen dem Tod entronnenen Boten am 19. 1. 586, also 5 Monate später (33,21–22). Das ist die Wende in seinem Wirken. Er wird – als einziger Prophet – zum zweitenmal berufen, d.h. mit einer neuen Botschaft betraut (33,1–9). Die große Tempelvision wurde ihm 573 zuteil. Die letzte Botschaft ergeht am 26. 4. 571 als Weissagung des Sieges Nebukadnezzars über Ägypten. Über den Zeitpunkt und die Art seines Todes ist wieder nichts bekannt.

Seine Eigenart

Wenn Jeremia der Psychologe unter den Propheten genannt werden kann, dann darf man Ezechiël entsprechend als den Parapsychologen unter ihnen bezeichnen. Als Charismatiker sind alle Propheten mit außerordentlichen Gaben und Fähigkeiten ausgestattet. Ein Elija konnte nach einer transzendentalen Versenkung in Ekstase einen „Marathonlauf" vom Karmel nach Samaria bewältigen (1 Kön 18,41–46). Ezechiël hatte parapsychologische Erlebnisse:
Er hatte Visionen (Kap. 1–3; 8–11; 37; 40–48).
Die Hand des Herrn kam über ihn (1,3; 3,22; 8,1; 37,1; 40,1) und lag manchmal schwer auf ihm (3,14). Damit wird jedesmal ein Ausnahmezustand eingeleitet.
Der Geist des Herrn kam in ihn (3,24) oder fiel auf ihn (11,5).
Er erlebte Entrückungen im Sinn von Exkursionen der Seele. „Etwas wie eine Hand ergriff ihn beim Haupthaar", und der Geist Gottes hob ihn empor und führte ihn weg (3,12–14 nach Tel Aviv; 8,3ff nach Jerusalem; 11,1 innerhalb des Tempels; 11,24 zurück nach Chaldäa). In 40,1–2 sind wohl nur Visionen gemeint.

Seine Berufung

Kap. 1–3
Vier Jahre war er schon unter den Verschleppten. Er war Priester, konnte aber keinen Dienst tun; denn es fehlte der Tempel und damit

der Opfergottesdienst. Es blieb nur das Gebet der Psalmen bei den Sabbatversammlungen am Kanal Kebar. Und die wurden von den Ältesten geleitet. Dazu brauchte man keinen Priester.

Die erste Berufung

Am 31. 7. 593 schlug für Ezechiël die Gottesstunde seines Lebens. Da tat sich über ihm der Himmel auf, „die Hand des Herrn kam über ihn". Er hatte ein wunderbares Erlebnis: In einer Vision schaute er die Herrlichkeit des Herrn. Eigentlich kann man „die Tiefen der Gottheit" nicht ergründen und das Unbegreifliche und Unaussprechbare der unsichtbaren Welt Gottes nicht in Worte fassen (vgl. Röm 11,33; 1Kor 2,9–10; 2Kor 12,4). Dennoch versucht der Prophet zu schildern, was er erlebt hat, zu malen, was er geschaut hat. Dabei sind die Worte Wind, Wolke, Feuer als Sinnbilder des Geistes Gottes so wichtig wie bei der Offenbarung Gottes am Sinaï.

Er sieht vier Engelgestalten „wie Menschen" mit je vier Flügeln, von denen zwei, nach oben ausgestreckt, die der andern berühren, und zwei, nach unten gewendet, ihre Leiber bedecken (vgl. Jes 6). Dazwischen feurige Blitze. Die Kerubim tragen über ihren Häuptern eine lichte, leuchtende Kristallplatte, die dem Firmament in 1Mose 1 entspricht. Darüber erhebt sich ein hellglänzender Thron (vgl. 2Mose 24,10). „Und auf dem Thron saß einer wie ein Mensch" (vgl. Jes 6; Dan 7,9; Offb 4,2). Dieser himmlische Thron ist das Urbild zum irdischen Abbild der Bundeslade; denn diese ist die sinnbildliche Darstellung des göttlichen Throns und damit von Gottes Gegenwart mitten unter seinem Volk. Später deutete man die Lade als „Schemel seiner Füße" (43,7). Der Glanz unter dem Thron war wie das Farbenspiel des Regenbogens.

Nun wird diese Schau erweitert: Die vier Keruben haben auch vier Angesichter: Vorn sieht man das Angesicht eines Menschen, rechts eines Löwen, links eines Stiers, hinten eines Adlers. Das sind jeweils die mächtigsten Lebewesen ihrer Gattung, Sinnbilder der Hoheit und der Stärke – wie bei unseren Wappentieren.

Auch das wird in Offb 4 aufgenommen und in der kirchlichen Kunst ab dem 5. Jahrhundert zu Symbolen der vier Evangelisten, nur in anderer Reihenfolge: Der geflügelte Mensch gehört zu Matthäus, weil er sein Evangelium mit der

Menschwerdung Christi beginnt; der geflügelte Löwe zu Markus, weil er mit der Predigt des Teufels in der Wüste anfängt; der geflügelte Stier zu Lukas, weil er mit dem Opferdienst des Zachäus einsetzt; der Adler zu Johannes, weil aus ihm der göttliche Geist sich am höchsten emporschwingt.

Wegen der vier Gesichter brauchen auch die Engelsgestalten sich nicht umzuwenden, wohin sie auch der Geist treibt.
Und nochmals ein neuer Aspekt: Unter den vier Gestalten der Keruben waren vier Räder, die so ineinandergriffen, daß sie sich nach allen Richtungen bewegen konnten, ohne sich umzuwenden. Aus dem Thronsitz wird ein Thronwagen. Damit soll verdeutlicht werden, daß Gott keinen statisch festgelegten Platz hat, sondern dynamisch, beweglich überall sein kann, wo sein Geist sein will – auch in den Notgottesdiensten der tempellosen Gemeinde an den Wassern Babels. Das ist das Bekenntnis zur Allgegenwart Gottes. Und die vielen Augen an den Rädern und an den Gestalten (10,12) zeigen die Allwissenheit Gottes an. Die Zahl 4 ist gemäß den Himmelsrichtungen das Sinnbild der Erde, ja der Welt.
Erst jetzt hört Ezechiël außer dem Rauschen großer Wasser und dem Donnern aus dem Himmel die Stimme des Allmächtigen, die den zusammengesunkenen Mann aufstehen heißt, weil er mit ihm reden will. Dabei wird die Distanz zwischen der Majestät Gottes mit ihrer Lichtherrlichkeit und der geringen und vergänglichen Menschenkreatur in dem Wort „Menschensohn" (*ben adam*) deutlich. Etwa 80mal kommt diese Anrede vor. Ezechiël wird zu seinem Volk gesandt. Seine Vollmacht und Legitimation besteht nicht in tieferen Einsichten und in reinerer Frömmigkeit, sondern in seiner Sendung.
Auch er muß Gerichtsprophet sein unter einem abtrünnigen Volk mit harten Köpfen und verstockten Herzen. „Sie sind ein Haus des Widerspruchs und der Widerspenstigkeit. Dennoch sollen sie wissen, daß ein Prophet unter ihnen ist" (was immer wieder betont wird). Wie Jeremia, so darf auch Ezechiël sich nicht fürchten.
Bei Jeremia legt Gott sein Wort in des Boten Mund, der später bekennt: „Dein Wort ward meine Speise, sooft ich's empfing" (Jer 15,16). So geschieht auch hier die Inspiration sinnbildlich so, daß Ezechiël eine Schriftrolle, die außen und innen beschrieben ist mit Klagen, Ach und Weh, essen muß, und die doch in seinem Mund süß wie

Honig schmeckt. Er soll seine Reden mit dem „Botenspruch“ einleiten: „So hat der Herr Jahwe gesprochen.“

Die zweite Berufung
Kap. 33,1–9
Nach dem Fall Jerusalems geschah etwas Außergewöhnliches, ja Einmaliges. Ezechiël bekam einen neuen Auftrag und mit ihm eine neue Berufung. Die doppelte, gleichlautende Erwähnung zeigt, daß später die zweite Berufung in die erste eingetragen wurde. Original ist also nicht 3,16–21, sondern 33,1–9: Ezechiël wird zum Wächter über das Haus Israel bestellt, der das Volk und den einzelnen vor Gefahren zu warnen hat und die Verantwortung für die Gottlosen und für die Gerechten trägt. Schon Jesaja gebrauchte diesen Vergleich (21,6), ebenso Jeremia (6,17). Aber nun wird das Wächteramt persönlich übertragen. Diese Wächterfunktion wurde in der Geschichte des Volkes Gottes nicht mehr vergessen. Nach der Rückkehr nach Jerusalem hat man sich daran erinnert (Jes 62,6). Beim Neuaufbau mußte Nehemia sehr praktisch Wächter sein, damit das Volk nicht überrumpelt würde. Nur bei Daniël werden die Engel Wächter genannt. In der ersten Christenheit wurden bereits von Paulus Wächter oder Aufseher eingesetzt, in der griechischen Sprache *episkopoi*, bei uns Bischöfe in einer erweiterten Bedeutung.

Die Botschaft Ezechiëls

Seine Sprache

Charakteristisch für ihn sind folgende Merkmale:
Der Ich-Stil
wird noch bewußter gebraucht als bei Jeremia. Aber auch Gott spricht stets „Ich Jahwe“, vgl. die Ich-bin-Worte Jesu im Johannesevangelium.
Die stereotypen Formeln:
- da geschah das Wort des Herrn zu mir (fast 50mal);
- du Menschenkind (80mal), weissage (fast 30mal),wobei das Verbum *naba* = weissagen dem Hauptwort *nabi* = Prophet gleich ist;
- so wahr ich lebe, spricht der Herr (7mal: 17,16.19; 18,3; 20,3.31.33; 33,11; 34,7);

– ich schwor . . . und unterließ es (in Kap. 20 allein 7mal);
– ihr sollt erfahren, daß ich der Herr bin (etwa 70mal).

Entscheidend wichtig ist also, daß das Wort sich ereignet und erfahren wird als Widerfahrnis, Geschehnis und Wirklichkeit. Gott braucht keinen Beweis, aber er will sich erweisen als der Heilige (20,41; 38,13) und will seine Herrlichkeit erweisen (38,13; 39,13).

Die langen Reden mit breiten Ausführungen und schier endlosen Wiederholungen der Begriffe (schon bei der Berufung das „Haus des Widerspruchs"; Kap. 7 „Das Ende kommt"; 21,32 „Zu Trümmern will ich sie machen"). Das ergibt die Umständlichkeit seiner Redeweise und den trockenen Stil seiner Schilderungen, was der Priesterschrift und ihrem juristischen Gesetzesstil entspricht.

Die Datumsangaben für Reden oder Ereignisse,
die vom Jahr der Verbannung Jojachins ausgehen, der für Ezechiël anscheinend der legitime König geblieben ist: 1,2; 8,1; 20,1; 24,1; 26,1; 29,1; 29,17; 30,20; 31,1; 32,1; 32,17; 33,21 (12 Daten).

Die Gleichnisse:

Kap. 15:	vom Rebholz
Kap. 16:	von der Ehe und dem Ehebruch
Kap. 23:	von den ehebrecherischen Schwestern
Kap. 17:	von der Zeder und dem Weinstock
Kap. 19:	von dem Weinstock und dem Löwen
Kap. 21:	vom Waldbrand
Kap. 22:	vom Schmelzofen
Kap. 24:	vom rostigen Topf
Kap. 29:	vom Drachen
Kap. 31:	von der Zeder
Kap. 47:	vom Wasser des Lebens

Gleichnishandlungen:

3,22–27:	Der Prophet muß verstummen und wird gebunden
4,1–3:	Der Stadtplan und die Belagerung
4,4–8:	Das zeichenhafte Schuldtragen für Israel
4,9–17:	Rationierung der Lebensmittel
5,1–4:	Das Scheren der Haare
12,1–16:	Der Gang in die Verbannung

12,17–20:	Das Zittern und Beben
24,15–24:	Der Tod von Ezechiëls Frau und das Trauerverbot
37,15–28:	Die Wiedervereinigung der beiden Völker

Die Gliederung der Reden

1–24	Ankündigungen des Untergangs Jerusalems (593–587)
25–32	Weissagungen gegen sieben Nachbarvölker (589–586+571)
33–39	Trostreden an die Deportierten (586–ca. 570)
40–48	Visionen vom neuen Tempel und neuen Gesetz (573)

Der Inhalt der Verkündigung

Ezechiël geht von der Gotteserkenntnis aus, daß Jahwe der Heilige in Israel ist (39,7; 28,22; 36,23; 38,23), wie Jesaja ihn geschaut hat und Jeremia ihn bekannte. Heiligkeit und Herrlichkeit gehören zusammen (38,23). Darum ist Ezechiël der Prophet der Herrlichkeit Gottes (1; 8–11; 39,13–21; 43,2–4; 44,4). Das hebräische Wort *kabod* kommt von schwer sein, gewichtig, angesehen, geehrt und heißt darum Ehre, Ruhm, Glanz, Herrlichkeit. Herrlichkeit ist also der Glanz, der von einem mächtigen Herrn ausgeht und ihm Ansehen und Ehre verleiht. Ezechiël schaut Gottes Herrlichkeit als lauter Lichtglanz (vgl. Psalm 104,2).

Das Gericht über Israel

Kap. 4–24

Auch wenn Ezechiël vom Gericht über Jerusalem spricht, hat er das ganze Israel im Blick.

Am Priester Ezechiël merkt man, daß die joschijanische Reform nicht vergebens war. Die Begründung des Gerichts ist die Verletzung des Gesetzes. Das Gericht selbst ist nicht aufzuhalten, und es wird unerbittlich sein. Das wird durch die Gleichnisse vom Schwert, vom Schmelzofen, vom rostigen Topf, vom Waldbrand noch verschärft. Deshalb schreit der Prophet: „Ach Herr Jahwe, willst du den ganzen Rest Israels verderben?“ (9,8). Der *Rest* ist von Elija her eine Zusage Jesajas, an die sich auch Jeremia hält. Ezechiël greift den Gedanken auf (6,8; 11,13; 12,16). In der Vision tätowiert der Engel den treuen Juden ein Eigentumszeichen Gottes, ein Stigma, an die Stirn, damit

sie verschont werden (vgl. Offb 7,3; 9,4; 14,1). Denn das Gericht beginnt am Haus Gottes (vgl. 1 Petr 4,17). Die Herrlichkeit des Herrn verläßt Jerusalem (11,23).
Ezechiël entwickelt eine ausführliche Geschichtstheologie. Er zeigt die große Linie der Heilsgeschichte auf und begründet aus dem Verhalten Israels die kommende Unheilsgeschichte. Am deutlichsten geschieht das in der packenden Gleichnisrede (Kap. 16) vom Findelkind, dessen der Herr sich erbarmte und es aufzog, sich mit der erblühten Jungfrau verlobte und verheiratete und alle Liebe an sie wandte, die dennoch treulos geworden ist und sich Liebhabern feilgeboten hat. Kap. 23 sagt dasselbe von den zwei Schwestern, mit denen das Nordreich Israel und das Südreich Juda gemeint sind. In Kap. 20 beklagt Gott leidenschaftlich diese Abwendung. Er hat die Hand zum Schwur erhoben, Israel in das verheißene Land zu führen. Es wurde ungehorsam, und er gedachte, es zu richten. Aber er unterließ es immer wieder, damit sein Name nicht entheiligt würde unter den Völkern. 22,30 steht: „Ich suchte unter ihnen, ob jemand eine Mauer ziehen und in die Bresche vor mir treten würde für das Land, damit ich's nicht vernichten müßte; aber ich fand keinen.“ Hier möchte man einwenden: Es regierten doch Hiskija und Joschija. Und es wirken doch jetzt Urija (Jer 26,20 ff), Jeremia, Baruch, Gedalja u. a. Doch hinter dieser Rede Ezechiëls steht das Bekenntnis der Schuld, das keine Einschränkung zuläßt. Dadurch soll Gott gepriesen werden (man spricht von einer Gerichtsdoxologie, vgl. Psalm 51).
Energisch wendet sich der Prophet gegen die Verächter der Weissagung, die meinen, das hätten schon viele gesagt und es sei immer noch nicht eingetroffen. „Der Herr redet ein Wort und tut es auch!“ (vgl. Hab 2,3; 2 Petr 3,4).
Auch Ezechiël hat sich gegen falsche Propheten zu wehren und sogar gegen falsche Prophetinnen (13). Sie haben ihm das Leben so schwer gemacht wie dem Jeremia.
Mit den Fürsten Israels beschäftigt Ezechiël sich eingehend in Kap. 17 und 19.
Nun erhebt sich die Frage, welchen Sinn es haben soll, den 598 nach Babel verschleppten Juden den Untergang Jerusalems anzusagen. Man könnte denken, daß sie froh sind, noch davongekommen zu sein, und nur auf die Nachkommenden warten, um stärker zu werden. Aber

Jerusalem ist ganz Israel und zugleich Israels Zukunft. Wenn es fällt, gibt es für Israel keine Rückkehr in die Heimat mehr. Ohne Jerusalem ist Israel kein Volk mehr. Ohne den Tempel hat es keinen Gott mehr. Das Schicksal Jerusalems trifft es also sehr existentiell. Sein Erwählungsbewußtsein wird gefährdet oder ausgelöscht!

Das Gericht über die Völker

Kap. 25–32.35

Wir verstehen heute kaum, warum dem Gericht über die Völker so viel Raum gegeben wird. Wir müssen aber daran denken, daß Gottes Gerechtigkeit allen Völkern gilt: sein Gericht allen, die sündigen, und seine Gnade allen, die ihm gehorchen. Außerdem benützt Gott manche Völker als seine Werkzeuge, bestraft sie aber um ihrer Ungerechtigkeit und Grausamkeit willen.

Drei große Kapitel (26–28) gelten dem kleinen Tyrus, das sich aber 13 Jahre lang gegen Nebukadnezzar behauptet. Vier Kapitel (29–32) beschäftigen sich mit Ägypten. Dabei spielt „das Motiv der Höllenfahrt" eine große Rolle, daß auch die mächtigsten Könige herunterfahren müssen zu den Toten und dort auch nur Staub und Schatten sind (vgl. Jes 14). Am stärksten wird dabei in Kap. 28,11–19 an die Austreibung aus dem Paradies erinnert. Für die übrigen fünf Völker hat Ezechiël nur wenig Worte. Besonders gut kommt Nebukadnezzar mit seinen Babyloniern weg. Nur weil er dort lebt und weil es den Juden dort nicht schlecht geht? Oder deshalb, weil Nebukadnezzar Gottes Werkzeug ist?

Die Aufrichtung aus Fatalismus und Resignation

„Ihr sollt erfahren, daß ich der Herr bin." Das hat Israel wirklich erfahren. Die Meldung vom Fall Jerusalems kommt zu den Exulanten (33,21–22). Das Volk muß sich beugen. Das hat kein anderer erreicht und erlebt als Ezechiël. Er hat den Verschleppten den Fluchtweg abgeschnitten, das Geschehen als ein tragisches Schicksal zu deuten. Die Katastrophe wird als Gericht über die Schuld des Volkes erkannt und anerkannt. Darum beginnt nun auch eine neue Epoche. Ezechiël bekommt mit erneuter Berufung einen neuen Auftrag: Der Richter wird zum Tröster. Gott will Leben aus dem Tod erwecken!

Aber zunächst muß dafür Raum geschaffen werden. Das Volk ist durch diesen Schlag gegen Jerusalem wie gelähmt. Manche verfallen in einen zynischen Fatalismus: Das ist Schicksal, gegen das man nichts machen kann! Wir haben es nicht verschuldet, wir können es nicht wenden. Kap. 18+33 gehört hierher: „Die Väter haben saure Trauben gegessen, aber den Kindern sind die Zähne davon stumpf geworden." Unser Sprichwort würde lauten: Die Alten haben uns diese Suppe eingebrockt, und wir sollen sie auslöffeln. Das wird scharf abgelehnt. Jeder, der sündigt, soll sterben. Es soll nicht einer die Schuld des andern tragen. Das Gericht Gottes ist individuell. Er richtet jeden nach seinem Handeln. Diese Aussage des Ezechiël ist neu für Israel. Sie zeigt uns Gottes Absicht, aber nicht die ganze Erfahrung der Wirklichkeit. In die Katastrophe eines Volkes werden auch diejenigen mit hineingerissen, die Gott treu geblieben sind. Deshalb bedauern wir so oft, daß unschuldige Menschen mit den schuldigen leiden müssen. Aber wenn wir die Lebenslinie in die Ewigkeit hinein verlängern und nicht nur an das irdische Leben und an den leiblichen Tod denken, stimmt die Aussage, daß Gott jeden nach seinem Handeln und Verhalten richtet. Er gibt dem, der unter der Kollektivschuld leiden muß, hier schon den Trost seiner Gegenwart und die Hilfe im Sterben und dort das ewige Leben. Man hat diese These Ezechiëls das individuelle Vergeltungsdogma des Judentums genannt: Der Gerechte wird belohnt, der Ungerechte bestraft. So hat das Judentum den Ezechiël verstanden. Aber schon der Verfasser des Ijob hat sich dagegen gewandt. Und für Ezechiël ist das auch nur die halbe Wahrheit. Sie muß ergänzt werden durch die Erkenntnis, daß Gott im Grunde kein Interesse am Gericht, sondern an der Rettung hat. Dieses Evangelium ist in 18,33 = 33,11 enthalten: „Meinst du, daß ich Gefallen habe am Tode des Gottlosen, spricht Gott Jahwe, und nicht vielmehr daran, daß er sich bekehrt von seinen Wegen und am Leben bleibt?" Kap. 18 schließt mit der Konsequenz: „Darum bekehrt euch, so werdet ihr leben!"

Die andere Gefahr ist die Resignation, welche aus Müdigkeit und Verzweiflung „die Flinte ins Korn wirft": Wir können ja doch nichts machen als leiden und sterben. „Wie können wir denn leben?" (33,10). Antwort: Wer sich bekehrt und Recht tut, der wird leben! Das Gebot Gottes, seine Weisung zum Leben ist bekannt (vgl. Micha 6,8). Nun sollen sie es tun und danach leben.

Aber die zweifelnde Frage wird noch hartnäckiger gestellt: Können wir überhaupt Gottes Willen tun? Sind wir nicht zu schwach dazu? Haben wir die Kraft zur Umkehr? Gibt es darum für uns noch eine Zukunft? Darauf hat Ezechiël eine wunderbare Antwort Gottes zu sagen:

Die Erneuerung Israels durch Gottes Geist!

Kap. 36,22–27

„Ich will euch ein neues Herz und einen neuen Geist in euch geben. . .und will solche Leute aus euch machen, die in meinen Geboten wandeln und meine Rechte halten und darnach tun!" Das ist Pfingstbotschaft wie bei Jer 31. Die Heilsweissagungen schließen 39,29 mit dem Satz: „Ich habe meinen Geist über das Haus Israel ausgegossen."

Kap. 11,19f; 28,25f; 34 und 36

verheißen die Heimkehr Israels.

Gott will sich seiner Herde selbst annehmen und sie suchen als der gute Hirte. 34,16: „Ich will das Verlorene wieder suchen und das Verirrte zurückbringen und das Verwundete verbinden und das Schwache stärken."

Kap. 34,23

gibt die Verheißung des Messias: „Ich will ihnen einen einzigartigen Hirten erwecken, der sie weiden soll, nämlich meinen Knecht David. Der wird sie weiden und soll ihr Hirte sein." Die gleiche Zusage steht 37,24.

Kap. 34,25ff; 37,26

Gott schließt einen neuen Bund des Friedens, einen ewigen Bund (vgl. Jer 31,31).

Dagegen erhebt sich wiederum die zweifelnde Frage, ob aus diesem zerschlagenen Volk noch etwas werden kann. Erneuern und heimführen kann man nur ein Volk, das noch lebt. Aber so wie Jerusalem ein Trümmerhaufen ist, so ist Israel wie ein Schlachtfeld voller Totengebeine. „Meinst du, daß diese Gebeine wieder lebendig werden? Herr, nur du weißt es." Die Antwort Gottes steht in

Kap. 37

Bei den Menschen ist's unmöglich. Aber alle Dinge sind möglich bei Gott. Gottes Geist läßt die Knochen zusammenrücken, mit Fleisch und Haut überziehen und wieder lebendig werden. Christen sollen wissen, daß hier von der Erneuerung Israels und nicht von der allgemeinen Totenauferstehung am Ende des Reiches Christi die Rede ist.

Die apokalyptische Entscheidungsschlacht

Kap. 38–39

Rätselhaft ist die Weissagung gegen Gog, den Fürsten über Magog im hohen Norden, der meint, im wiederhergestellten Israel eine Beute gewinnen zu können, aber von Gott selbst vernichtet wird. Man könnte meinen, Ezechiël sehe das Ende des babylonischen Reiches durch die Perser. Aber sie brachten ja den Exulanten die Freiheit. Oder man nimmt das Ende der Perser durch Alexander den Großen an und käme dann in das Zeitalter des Seleukidenreichs und der Makkabäerkriege. Wenn das alles nicht bestehen kann, muß man die Deutung offenlassen. Walther Zimmerli erklärt aufgrund von 38,17: „Die Ankündigung des Gog ist als Erfüllung älterer, noch nicht eingelöster Prophetie verstanden." Er weist noch hin auf die Kimmerier und Skythen. Die Offenbarung des Johannes nimmt diese Weissagung auf, macht aber aus dem Land Magog eine zweite Person (20,8). Von daher wird der Name Gog zu einem Decknamen für die letzte Auseinandersetzung zwischen Christ und Antichrist, zwischen Gott und Satan. Diese apokalyptischen Züge werden verstärkt durch Bewegungen der Mächte des Kosmos (Ez 38,19–23). Dadurch will Gott seine Herrlichkeit unter die Heiden bringen (39,21).

Der neue Tempel und das neue Gesetz

Man hat diese Komposition von Visionen schon einen „Verfassungsentwurf" des Ezechiël oder seine „Planung für den Wiederaufbau nach der Katastrophe von 587" genannt. Für das geistige Neuerwachen der Exilgemeinde war dieser uns fremde Stoff sehr bedeutsam. Er gehört zur Grundlage für das spätere Judentum.

Kap. 40,5–42,20 gibt den architektonischen Grundriß der ganzen Tempelanlage der Zukunft (43,11). Sie ist auf den Maßzahlen 25, 50 und einem Mehrfachen davon aufgebaut (vgl. das Jobeljahr). Die eigentlichen Visionen stellen nur einen kleineren Teil dar. Dazu kommen Anweisungen über den Bau und die Einweihung des Altars

(43,13–27), die Ordnungen der Priesterschaft und des Opfers (44,6–31), die Forderung von rechtem Maß und Gewicht, die Bemessung der Opfer und die Regelung der Feste (45,9–25), Gang- und Opferordnungen für den Fürsten (46,1–15) und die Regelung seines Umgangs mit dem Landbesitz (46,16–18). Am Schluß steht die richtige Zuteilung des Landes an die Stämme und an das Heiligtum (47,13–48,29) und die Beschreibung der 12torigen Stadt mit ihrem neuen Namen „Hier ist Jahwe".

Wichtig für die geistliche Aussage ist:

Jahwe will für immer unter den Kindern Israel wohnen (43,7). Darum brauchten sie einen neuen Tempel und ein neues „Gesetz des Tempels" (43,12). In Offb 21 steht: Gott will unter seinem Volk wohnen; darum braucht es keinen Tempel mehr!

Vom neuen Tempel fließt ein Strom lebendigen Wassers ostwärts aus der Stadt ins Jordantal und mündet ins Tote Meer (47). Wohin er kommt, gibt er Gesundheit und Leben. Anfänglich ist das Wasser noch ganz niedrig, dann wird es immer tiefer und breiter. An den Ufern des Stroms wachsen Bäume, die 12mal jährlich Früchte bringen, die zur Speise dienen und deren Blätter zu Arznei verarbeitet werden. So bringen am Anfang die vier Paradiesesströme das irdische Leben in die Welt, und Offb 22 spricht wie Ezechiël vom Paradiesstrom der neuen Welt, der das ewige Leben in die Welt leitet. In der Zwischenzeit gilt Psalm 1,3; Psalm 92,13–16; Jer 17,8. Und Christen singen: „Ich weiß einen Strom, dessen herrliche Flut fließt wunderbar stille durchs Land . . ."

Die Wirkung Ezechiëls

Die Durchschlagkraft seines Wirkens hängt nicht an der Wucht seiner Persönlichkeit, sondern sie ist durch die geschichtliche Situation gegeben. Er ist der Sprecher Gottes zur Zeit der Not und der Notwende. Er geht mit den Exulanten in die Tiefe der Katastrophe hinein und führt sie wieder heraus einer neuen Zukunft entgegen. Sein Auftrag ist ein doppelter: die Hartnäckigen und Widerspenstigen zu beugen und die Gebeugten und Verzweifelten wiederaufzurichten. Beides ist gelungen. Und darum hat kein Prophet eine solche weitreichende Wirkung erzielt wie Ezechiël.

Daß es ihm geschenkt wurde, dem erwählten Volk die falsche Sicher-

heit zu nehmen und die Anklage gegen Gott in eine Anklage gegen sich selbst zu verwandeln, es also wirklich zu demütigen – das war die Voraussetzung dafür, daß Israel wiederaufgerichtet und in eine neue Zukunft geführt werden konnte. Ezechiël wurde zum
„Vater des Judentums".
Das heißt, daß er die Fundamente für den geistlichen Wiederaufbau legte. Dazu gehörte

1. Die Anerkennung der prophetischen Botschaft

von Amos bis Jeremia, einschließlich seiner eigenen. Und das bedeutete zugleich die Anerkennung der Schuld und des göttlichen Strafgerichts! Nur so ist es zu erklären, daß die Reden der Propheten gesammelt, geschrieben und in den Gottesdiensten gelesen wurden!

2. Die Bereitschaft zum Gehorsam gegen das Gesetz Gottes

Das Gesetz wurde dem Volk in der Fassung des Deuteronomiums vorgelesen, das unter Hiskija geschrieben und unter Joschija wiedergefunden wurde. Im Exil wurde es vollendet und bestimmte die jüdische Frömmigkeit. Es konnte natürlich nur soweit gehalten werden, wie es ohne Tempel und Priesterschaft möglich war. Das bedeutete bereits eine stillschweigende Unterscheidung von Moral- und Zeremonialgesetz. Das Schwergewicht liegt auf dem Dekalog und auf dem Doppelgebot der Liebe, auf den Lebens- und Sozialordnungen. Rituale Grundlage bleibt die Beschneidung und der Sabbat, die Hauptfeste und das Armenopfer. Der Gottesdienst bekommt seine Gestalt durch das Lesen und Auslegen von Gesetz und Propheten und durch das Gebet und die Psalmen. Damit werden die Priester künftig durch die Schriftgelehrten auf den zweiten Platz verwiesen. An die Stelle des Tempels tritt die Synagoge, d.h. das Versammlungshaus (oder auch nur Versammlungsplatz am Fluß), und später dazu das Lehrhaus, wo die theologische Arbeit getan wurde.
Aber gerade Ezechiël nährte zugleich die Hoffnung auf den neuen Tempel, das neue Priestertum, das neue Opfer, das neue Gesetz. Was im Exil nicht praktiziert werden kann, ist nicht abgesetzt, sondern nur ausgesetzt, bis die Erfüllung des ganzen Gesetzes wieder möglich wird. Das gilt auch für das Diaspora-Judentum seitdem bis auf den

heutigen Tag. Und insofern beginnt mit Ezechiël die erste geschichtliche Form des Zionismus.

3. Der Wert des einzelnen

Das bisherige Kollektiv Israel bekommt eine wichtige Ergänzung durch das Individuum. Durch das Aufbegehren der Verbannten gegen Kollektivschuld und Kollektivgericht war Ezechiël genötigt, den Wert und die Verantwortung des einzelnen klar herauszustellen (18; 33). Gott hat nicht nur eine Beziehung zum Volk Israel, sondern auch zu jedem einzelnen Israeli.

Das bedeutete zugleich den Beginn einer Seelsorge am einzelnen, wie sie in 34,16 zum Ausdruck kommt: „Ich will das Verlorene wieder suchen und das Verirrte zurückbringen, das Verwundete verbinden und das Schwache stärken." Wir hören dahinter den, der gekommen ist, zu suchen und zu retten, was verloren ist.

Das Buch Ezechiël

Von Jeremia wissen wir genau, daß er seine Reden diktiert hat und daß sie von Baruch ergänzt wurden. Das Buch Ezechiël macht den Eindruck, als ob es sich um die eigene Niederschrift des Propheten handle. Dafür spricht die Ich-Form der Aussagen und die genaue Datierung der Offenbarungen.

Allerdings ist schon 1,3 von Ezechiël in der dritten Person die Rede. Die wissenschaftlichen Ausleger schließen aus vielen Gründen auf eine Schule des Propheten, deren „Jünger" die Reden aufgeschrieben und ergänzt haben könnten. Zimmerli wählt den Vergleich, daß ein Maler das Gemälde in seinen Hauptgestalten und Hauptformen angelegt und die Schüler es in seinem Sinn ausgemalt und ergänzt haben. Hinweise darauf sind nicht nur die langen Reden und Wiederholungen, sondern die Weiterführungen mit neuen Gedanken und die Übertragungen aus anderen Kapiteln. Zimmerli spricht von einer „Fortschreibung".

Für uns sind diese Details weniger interessant. Wir freuen uns darüber, daß wir – gerade weil die Überarbeitungen durch die eigene Schule Ezechiëls vorgenommen wurde – ein so einheitliches und geschlossenes Buch vor uns haben, wie von kaum einem andern Propheten. Hier hören wir von Anfang bis Ende die Stimme Ezechiëls, der ein so auserlesenes Werkzeug Gottes wurde. Seine Botschaft von Kap. 33–37 ist heute noch so wichtig wie damals. Und auch wir warten darauf, daß Gott sich heilig und herrlich erweisen möge vor vielen Völkern, damit sie erfahren, daß Er der Herr ist (38,23).

Gemäß der historischen Einordnung in die Geschichte Israels folgt nun

Der zweite und dritte Teil des Buches Jesaja

Deuterojesaja	550–530
Tritojesaja	540–500

Der Zweite Jesaja
Deuterojesaja
Der Prophet der Weltpolitik Gottes
550–530 v. Chr.

Kapitel 40–55

Aus der Geschichte der Vertriebenen

Die 1. Deportation 597 betraf die Oberschicht,
die 2. Deportation 587 auch die Mittelschicht,
die 3. Deportation 582 die inzwischen gesammelte Opposition.
C. Westermann (CW[2]) schätzt 15000 Exilierte; diese Zahl dürfte aber zu gering sein.
Erhebliche Teile blieben in Juda zurück. Das zeigen die Klagelieder. Das deuteronomistische Geschichtswerk ist wahrscheinlich in Juda während des Exils entstanden. Die Prophetie hörte auch in Juda nicht auf. Das zeigt die Sammlung von Babylonsprüchen in Jer 50–51.
Im Exil wurde den Juden Selbstverwaltung eingeräumt. Sie konnten auch Besitz erwerben und Handel treiben. Es ging ihnen nicht schlecht. 562 wurde sogar Jojachin aus der Haft entlassen und rehabilitiert. Die Juden bildeten einen Vasallenstaat unter babylonischer Oberhoheit.
Auch das babylonische Großreich ging seinem Ende entgegen. Der letzte babylonische König war Nabonid (oder Belschazzar 556–539, vgl. Dan 5). Sein stärkster Gegner war Medien (Hauptstadt Ekbatana), das von Persien bis Lydien reichte. Sein letzter König hieß Astyages (585–550). Der persische Vasall Kyrus empörte sich gegen ihn mit Hilfe Nabonids. 550 eroberte Kyrus Ekbatana, 546 Sardes (mit seinem König Krösus von Lydien), 539 Babylon. Auf die Ereignisse von 546 weist Jes 41,2–3; 45,1–3 hin, auf 539 Jes 47 und Jer 50–51. Damit war das babylonische Reich untergegangen und das persische an seine Stelle getreten.
538 erließ Kyrus das Befreiungsedikt von Ekbatana. Er gab den Juden volle Freiheit, gestattete ihnen die Rückkehr nach Palästina und den Wiederaufbau des Tempels. Aber nur eine kleine Schar kehrte heim (vielleicht 5000). Das war der „Rest“. Doch erlebte er in der Heimat nicht Herrlichkeit, sondern Schwierigkeit.

Der unbekannte Prophet

Er lebte in Babylonien in der zweiten Hälfte des 6. Jahrhunderts (etwa 570–520). Außer seiner Berufung Jes 40,5–6 wissen wir nichts von ihm. Wir haben nur seine Botschaft.

Er erlebte den geschichtlichen Wandel der Großreiche (46,1; 47), den Siegeszug des Kyrus, das Befreiungsedikt für die Juden. Das ist für ihn der Anbruch der Heilszeit. Er sieht in Kyrus den Gesalbten Gottes, das Werkzeug seiner Weltpolitik: 41,2.25–26; 44,24–45,8; 46,11; 48,14–15.

Aber der unbekannte Prophet ist nicht nur der Heilsprophet der Hoffnung. Er erlebt auch die Enttäuschung, daß Kyrus nicht zur Erkenntnis Jahwes kommt, sondern Merodach anbetet. Er leidet auch unter der Enttäuschung seines Volkes: 49,14; 50,2. Er möchte es trösten: 40,1; 51,3.12. Er erleidet wohl auch das Prophetenschicksal wie Jeremia – nur wissen wir darüber nichts. Wir können nur ahnen, daß die Gottesknechtslieder irgendwie auch Spiegel seines Schicksals sein könnten.

Wie kommt die Botschaft des Unbekannten in die Sammlung des Buches Jesaja?

Natürlich könnte er auch Jesaja geheißen haben. Aber diese Annahme ist fast zu einfach. Wichtiger ist jedenfalls seine Geistesverwandtschaft und Kongenialität mit Jesaja, den er offensichtlich zu seinem Leitbild gewählt hat. Er hat die gleiche Sprachgewalt. Er knüpft auch theologisch bei ihm an. Auch er spricht vom Heiligen Israels:
40,25; 41,14–20; 43,14–15; 45,11; 47,4; 48,17; 49,7; 54,5.

Auch er nennt ihn den Herrn Zebaot:
45,13; 47,4; 48,2; 51,15; 54,5.

Auch ihm geht es um die Gerechtigkeit:
45,17.23; 46,13.

Und schließlich ist er wie Jesaja der Prophet der Eschatologie – das Hauptthema seiner Botschaft.

Da kein Name dieses großen Propheten bekannt war, hat man seine Reden da angehängt, wo sie sich theologisch am besten anfügen und einfügen lassen. Und so nennt man ihn eben den Zweiten Jesaja = Deuterojesaja.

Die literarische Gliederung seines Buches

Kap. 40–48
Die Befreiung steht bevor. Kyrus ist in der Mitte des Blickfeldes.
Prolog: 40,1–11.
Die Zeit: 539.

Kap. 49–55
Die Enttäuschung. Kyrus erkennt Jahwe nicht. Die Heilszeit ist doch anders.
Epilog: 55,6–11.
Die Zeit: nach 538.

Die Gottesknechtslieder,
hebräisch: *ebed-jahwe*-Lieder:
a) 42,1–4 (9)
b) 49,1–6
c) 50,4–9 Diese drei stammen von Deuterojesaja selbst.
d) 52,13–53,12 schrieben seine Jünger nach seinem Tod.

Die Theologie Deuterojesajas

Der Monotheismus
Früher waren die Götter Gegenspieler Jahwes.
Später wurde Jahwe als Gott über alle Götter erkannt. Jetzt sind die anderen Götter nur Nichtse, die keine Macht haben, die noch nicht einmal exisitieren. 41,6–7; 41,24.29; 42,17; 44,9–20.

Das Gottesbild
bekommt neue Züge. Gott ist
der Schöpfer 45,9.11
der Held 42,13
der König 41,21; 43,15; 44,6
der Erlöser 43,14ff; 44,6; 45,17; 48,17; 49,7.26; 54,5.8
der Heiland 43,3.11; 45,15.21; 49,26
der Erste und der Letzte 41,4; 44,6; 48,12 (vgl. Hebr 13,8; Offb 1,8).

Der Universalismus Gottes
Gott ist der Herr der ganzen Geschichte
und treibt souverän seine Weltpolitik (45,22 usw.)
Gott ist der Herr der ganzen Natur
und lenkt nach seinem Plan alle Kräfte.
Beides erkennt man bereits aus den Kapiteln 40 oder 45 oder 51, eigentlich durchgehend.

Israels Weltberuf
Israel ist Leitbild und zugleich Werkzeug für Gottes Handeln an der Welt. Sein Beruf ist: Zeuge Gottes für die Welt und Schulbeispiel zu sein.
41,8–16 (42,2.6); 42,18–20; 43,1; 43,8–13; 44,8.21; Israel als Mittelpunkt 49,22–23.

Die Heilszeit ist nah, ja, sie ist da!
Da ist das Zentrum von Deuterojesajas Botschaft.
40,1–11; 40,26–31; 43,1–7; 43,14–19 („jetzt"); 44,23; 48,20–21; 49,7–13; 51,9–11; 52,1–3; 52,7–12; 55,1–5.
Das Heil gilt allen Völkern
45,22–25.
Das Heil Gottes wird auch die Natur in die Vollendung einbeziehen:
41,18–20; 43,19–21 (44,1–5); 44,23; 45,8; 51,3; 55,12–13.

Das neue Messiasbild:
der leidende Gottesknecht.
Erlösung schafft er durch Leiden, Sterben, Auferstehen.

Deuterojesaja ist der größte Theologe des AT
und dem Evangelium Jesu am nächsten.
Darum wird er im NT auch oft zitiert.
„Goldene Worte": 40,1; 40,31; 41,10; 42,3; 43,1; 43,25; 44,3; 45,23; 48,18; 49,15; 50,4; 52,7; 53,4; 54,7; 54,10; 55,8.

Die Gottesknechtslieder

Claus Westermann (CW^2)
zum vierten Gottesknechtslied Jes 52,13–53,12:

Der Rahmen
ist Gottes Verheißung und Deutung: 52,13–15 und 53,11b–12. Zu Beginn die Verheißung: Das Werk des Knechts wird gelingen. Er wird nach seiner Erniedrigung erhöht werden.
Am Ende die Deutung: Die Erhöhung besteht darin, daß er vielen Gerechtigkeit schaffte als Lohn dafür, daß er ihre Sünden getragen und sein Leben dafür gegeben hat.
Der Bericht
über sein Leiden und Sterben steht 53,1–11a .

V. 1–3:	Seine Niedrigkeit und die Verachtung durch das Volk.
V. 4–6:	Das Bekenntnis der Gewandelten zu diesem Gerechten.
V. 7–9:	Die Vollstreckung eines Gerichtsurteils.
V. 10–11a:	Das Bekenntnis der Gläubigen zu dem Erhöhten.
V. 12:	meint nicht die Fürbitte für die Übeltäter, sondern das Eintreten des Erhöhten mit seiner Existenz, sein Treten an ihre Stelle, sein Büßen für sie.

Eine Parallele zum Apostolikum ergeben die Aussagen in
V. 3.7–9: geboren, (gelitten,) gestorben, begraben.
V. 4–6 und 10–11a wird die sühnende Kraft dieses Leidens, das stellvertretende Leiden entdeckt. Der Gottesknecht wird zum Mittler!
Die Wandlung des Volkes muß durch ein entscheidendes Geschehen bewirkt worden sein. Und dieses Geschehen muß mit der Erhöhung zusammenhängen. Aber dieses Geschehen und die Art der Erhöhung bleibt uns verborgen. Wir müssen dieses Schweigen respektieren.

Wer ist der Gottesknecht?

Das ist ein unlösbares Geheimnis. Wir können nur Möglichkeiten wiedergeben:

a) ein Prophet und Märtyrer aus der Zeit Deuterojesajas;
b) eigenes Erleben und Erleiden wird typisiert;
c) ein Typus für Israel, für sein Leiden und für seine Rolle in der Geschichte; das ist die unbedingte Überzeugung Israels. Das zeigt schon der Einschub des Wortes „Israel“ in 49,3;
d) ein Typus für den eschatologischen Messias, eine Weissagung auf Jesus Christus.

Eine Deutung gibt der Text nicht. Wir erkennen nur, daß keine der vier Möglichkeiten ausreicht. Die Deutung geht über das historische Geschehen und über das menschliche Maß hinaus.

Die Deutung Jesu

Jesus hat den leidenden Gottesknecht zum Leitbild seines Messiasverständnisses gewählt, damit auch zum Vorbild für sein Leben, Leiden, Sterben, Auferstehen. Jes 53 wurde für ihn zum Zentralkapitel des AT.

Vermutlich hat er als Zwölfjähriger durch seine Fragen den Schriftgelehrten diese Deutung von Jes 53 vorgetragen. Vermutlich hat er bei der Taufe mit Johannes darüber gesprochen; denn er bezeugt ihn als Gotteslamm Joh 1,29. Seine Leidensweissagungen einschließlich Mt 20,28; Joh 3,14–16; Joh 12,24 usw. haben Jes 53 als Hintergrund. Jesu Schriftauslegung nach Ostern geht gleichfalls davon aus, Lk 24,26–27. Die Exegese über Jes 53, die Philippus dem Kämmerer Apg 8 gibt, zeigt die zentrale Bedeutung.

Somit ist Jes 53 Grundlage des NT, und Deuterojesaja ist der Evangelist des AT.

Daß Jesus den Gottesknecht auf den Messias und damit auf sich selbst bezog, erscheint zunächst als seine ureigenste Erkenntnis und Exegese. Deshalb ist die Frage so bedrängend, ob die Juden mit ihrem davidischen Messiasbild aufgrund der prophetischen Weissagungen, daß der Messias das Gottesreich mit Macht und Herrlichkeit heraufführen werde, Jesus überhaupt als Messias erkennen konnten, ob sie ihn nicht als „falschen Messias" ablehnen mußten.

Gewiß war dies die allgemeine Vorstellung vom Eschaton. Aber das Kapitel vom leidenden Gottesknecht als dem leidenden Messias hat weitergewirkt. Das zeigt nicht nur der namenlose Prophet, der nach der Zerstörung Jerusalems unter dem geringen Volk zurückgeblieben ist und Obadja = *ebed jahwe* = Gottesknecht genannt wurde. Das beweist Deuterosacharja (um 300) mit der Weissagung vom armen und demütigen Messias (9,9) und noch deutlicher mit seinem Wort von der großen Totenklage über den Durchbohrten, der auferstehen wird (12,9–14). Hier kann man an einen Märtyrer-Messias denken.

Pinchas Lapide kennt drei Stellen der rabbinischen Literatur, in denen vom leidenden Messias im Sinn von Jes 53 gesprochen wird.

Der Dritte Jesaja
Tritojesaja

Der Prophet des künftigen Heils
540–500 v. Chr.
und prophetische Zeugnisse aus der ersten nachexilischen Zeit

Kap. 56–66

Aus der Geschichte der Heimkehrer

538 erließ der Perserkönig Kyrus (550–529) das Befreiungsedikt von Ekbatana, in welchem er den Juden die Rückkehr und den Wiederaufbau des Tempels erlaubte. In Esra 6,3–5 ist der Wortlaut enthalten. Eine kleine Gruppe von vielleicht 5000 machte davon Gebrauch. Diese neue Gemeinde in Juda lebte unter einem jüdischen Fürsten – 520 war es Serubbabel, ein Enkel Jojachins und damit Nachkomme Davids –, aber unter der Kontrolle persischer Statthalter.

Schon bald wurde der Grundstein des Tempels gelegt (Esra 5,14–16). Aber der Tempelbau kam nicht weiter. Hag 1,1–11 gibt dafür die Erklärung: Die Lage war so unsicher und so bedrängend, die wirtschaftliche Not so bedrückend, daß die Kräfte gerade noch reichten, die Unterkünfte zu bauen und die Existenz zu fristen.

Als nach der Ermordung des Sohnes von Kyrus, Kambyses (529–522) sein Vetter Darius (522–486) König wurde, gab es einen neuen Auftrieb im Reich. Da trat Haggai auf und bewirkte die Wiederaufnahme des Tempelbaus (1,12–14). 515 konnte der Tempel eingeweiht werden.

Aber die große Wende kam nicht. Das Heil blieb aus. Das war die Enttäuschung der in Babylon zurückgebliebenen Juden: Kyrus bekannte sich nicht zu Jahwe, sondern zu Merodach. Er war also nicht der Gottesknecht, der Messias.

Das war auch die Enttäuschung der heimgekehrten Juden: Jahwe ließ nach der Tempelweihe nicht die Heilszeit anbrechen. War Deuterojesaja ein falscher Prophet? War die Hoffnung Israels eine Illusion? Eine gefährliche Glaubenskrise breitete sich aus. Da beauftragte Gott einen Schüler Deuterojesajas, die Worte seines Meisters zu sammeln und die Heilsbotschaft neu zu verkündigen und zu interpretieren. Wir nennen diesen Unbekannten Tritojesaja.

Zur Entstehung der Sammlung

Die Botschaft des Tritojesaja wurde mit anderen Prophetenworten und mit Klageliedern der Gemeinde zusammengefügt. Darum die Uneinheitlichkeit dieses dritten Teils des Buches Jesaja. Darum auch seine komplizierte Geschichte.

C. W. unterscheidet vier Schichten:

1. Der Kern der Verkündigung Tritojesajas: 60–62.
   Er wurde eingefaßt in die Klagen des Volkes: 59 und 63–64.
   Dazu kamen Einzelworte Tritojesajas: 57,14–20; vielleicht 58,1–12; 65,16b–25; 66,6–16.
   a) Diese Botschaften sind nach der Rückkehr des Propheten nach Juda gesprochen worden. Sie spiegeln die wirtschaftliche Not (60,17; 62,8–9), die politische Unsicherheit (60,10.18), die äußere Verwüstung (61,4) und die Schmach der Ohnmächtigen (61,7; 62,4). Da nur wenige zurückgekehrt sind, ist ein wesentlicher Punkt der Verkündigung die Heimkehr derer, die noch in der Fremde sind. Die Weltvölker bekommen Anteil an der Wende zum Heil und bringen die Zerstreuten zurück (60,3.4.9; 66,12). Sie erkennen Gott an (60,6; 61,9; 62,2). Ganz Israel erhält die Heilsverheißung ohne Vorbedingung. Noch ist keine Scheidung in der Gemeinde. Das Heil ist diesseitig. Schauplatz ist Jerusalem. Aber der Blick geht darüber hinaus in die Welt, in den Kosmos (60,19–20; 65).
      Der Auftrag des Propheten geht dahin, die Heilsbotschaft Deuterojesajas bei der kleinen Gruppe der Enttäuschten neu zu erwecken. Aber er verbindet die Weissagung nicht mit einem bestimmten Ereignis wie Deuterojesaja. Er macht keine perfektische Heilszusage, sondern schildert den futurischen Heilszustand. Keine gegenwärtige Eschatologie, sondern eine zukünftige. (Der Begriff Parusie gilt für die gegenwärtige und für die zukünftige Eschatologie; denn er bedeutet sowohl Anwesenheit als Ankunft.)
      Da nach 60,13 der Tempel noch nicht gebaut ist, stammen diese Kapitel aus der Zeit um 530.

b) Die Heilsweissagung ist Antwort auf die Klage des Volkes: 59 und 63+64.
Kap. 63+64 ist ein aus dem Fall Jerusalems entstandener Klagepsalm, um 580.
Tritojesaja greift ihn auf und beantwortet die bange Frage 64,11 „Herr, willst du noch zögern und schweigen?“ mit nein. Gott schweigt nicht. Die Herrlichkeit des Herrn geht auf über dir!
In Kap. 59 verbindet sich mit der Klage eine prophetische Stimme, welche die Anklage des Volkes gegen Gott in eine Anklage Gottes gegen das Volk wendet. Darauf antwortet ein Sündenbekenntnis des Volkes (12–15a). Nun greift Gott erlösend ein (15b–20).

2. Es beginnt eine Scheidung zwischen Frommen und Frevlern: 56,9–57,13; 57,21; 59,2–8; 65,1–16a; 66,3–4.
Das ist notwendig, weil das Gericht über Israel die Erkenntnis geweckt hat, daß nur die Treue zum Bund Jahwes und der Gehorsam gegenüber seiner Weisung das Volk erhalten kann. Der Sabbat ist dabei besonders wichtig.
Nun kann man nicht mehr allen das Heil ankündigen. „Die Gottlosen haben keinen Frieden.“ Und doch ist die nachexilische Gemeinde noch missionarisch offen. Darum gleichen diese Worte der vorexilischen Prophetie. Eine Zeit kann nicht festgelegt werden, vielleicht zwischen 500 bis 450.
3. Wieder in einer späteren Phase beginnt die Apokalyptik.
   a) Die Ankündigung des Gerichts über die Völker:
   60,12; 63,1–6; 66,6.15f; 66,20.22–24.
   Der Universalismus des Tritojesaja erfährt hier eine Korrektur.
   b) Apokalyptische Zusätze zu den Heilsworten:
   60,19–20; 65,17–25; 66,20.22–24.
   Die Verheißung der neuen Welt Gottes.
4. Zusätze zum Anfang und Schluß des Buches:
56,1–8 und 66,18.19.21.
Sie bilden den Rahmen um die großen Teile 56–58 und 59–66.

Die Inhaltsübersicht

56,1–2	Bewahrt das Recht und den Sabbat; denn das Heil ist nahe.
56,3–8	Proselyten werden voll in die Gemeinde aufgenommen.
7:	Hier erstmals das Wort „Bethaus". Es zeigt die Situation des Exils.
56,9–12	Klage über die Hirten des Volkes.
57,1–13	Das Geschick der Frommen und Gottlosen.
57,14–21	Friede den Fernen und Nahen, aber nicht den Gottlosen.
58,1–12	Falsches und echtes Fasten.
58,13–14	Sabbatheiligung.
59,1–20	Des Herrn Arm ist nicht zu kurz.
	Antwort auf Volksklage wird zur Anklage.
60,1–22	Auf, werde licht! Eine Wallfahrt der Völker.
6	Efa ist ein midianitischer Stamm.
7	Kedar und Nebajot sind Söhne Ismaels 1 Mose 25,13.
61,1–3	„Der Geist des Herrn ist auf mir", eine biographische Selbstmitteilung. Vgl. 42,1–4; 49,1–6; Lk 4! Der Prophet ist Herold. Salben heißt hier bevollmächtigen; denn nur 1 Kön 19,16 steht der Auftrag, Elija zum Propheten zu salben. Salbung und Geistbegabung gehören in 1 Sam 16,13 und 2 Sam 23,1–7 zusammen. Zuerst wurden nur Könige gesalbt, später auch Priester.
61,4–11	Ihr werdet Priester Jahwes heißen.
11	vor 10; denn 10 ist eine Einheit für sich.
62,1–12	Ich kann nicht schweigen; denn siehe, dein Heil kommt!
5	Das Bild vom Bräutigam und der Braut für das heilige Volk.
63,1–6	Der Keltertreter.
63,15–64,11	Buß- und Bittgebet des Volkes.
63,7–14	Ein Geschichtspsalm von den Gnadentaten Jahwes.
65,1–16a	Die Abtrünnigen und die Getreuen.
65,16b–25	Ich schaffe neu den Himmel und die Erde. Das bedeutet keine Vernichtung der alten Welt wie in der Apokalyptik (2 Petr 3,13; Offb 21,1), sondern eine Erneuerung, meint C. W.
20	Der Tod bleibt auch in der Heilszeit (anders als Jes 25,8).

66,1–4 Der Himmel ist mein Thron, vgl. 1 Kön 8,27. Ein Wort vom Tempelbau und Tempelopfer. Beide Worte können aus dem deuteronomistischen Kreis stammen.

66,5 Die Spötter werden zuschanden werden.

66,6–16 Freut euch mit Jerusalem!

66,17 gehört zu 65,3–7.

66,8–24 Buchschluß.

20.22–24 Ewiger Gottesdienst und ewige Vernichtung. Hier erstmals der Zustand ewiger Verdammnis. Universale Aussage. Dieser Gedanke muß eine tiefe Wirkung gehabt haben: Sach 14; Henoch 27,2f; Mk 9,43–48. Aber in der Synagoge mußte nach V. 24 noch einmal V. 23 gelesen werden, damit die Lesung nicht mit dem schweren Gerichtswort, sondern mit einer Verheißung endigte! Ewige Vernichtung ist eine dem Kern des AT fremde Theologie (C. W.).

Der theologische Akzent

Das Volk Gottes kommt von der Erfahrung einer Erfüllung her: von der Befreiung durch Kyrus und von dem Wunder des neuen Exodus. Gerade darum ist nach der Heimkehr die Wirklichkeit so enttäuschend und niederdruckend und der Glaube durch das Ausbleiben der Heilszeit so gefährdet. Tritojesaja hat die Botschaft vom kommenden Heil erneuert und bewahrt. Gottes Geschichte mit seinem Volk geht dennoch weiter dem Heil entgegen. Die Heilszeit wird die Notzeit ablösen:

60 Das kleine Volk der Juden wird zum Mittelpunkt der Weltvölker werden.

61 Das Gnadenjahr des Herrn wird durch seinen Gesalbten ausgerufen.

62 Siehe, dein Heil kommt Die Herrlichkeit wird von Zion ausgehen.

Das historische Problem der Erfüllung der Weissagungen Gottes

Die größten Propheten oder Heilszeit, Deuterojesaja und Tritojesaja, stellen uns unausweichlich vor die Frage:
Sind die Weissager Gottes absolut zuverlässige Wahrsager?
Deuterojesaja hat sich getäuscht. Er war darum enttäuscht und hat das Volk enttäuscht.
Aber – so müßten wir einwenden – Propheten sind doch Sprecher Gottes aufgrund einer offenbarenden Eingebung! Daraus folgert die menschliche Logik: Gott selbst hat seine Weissagung nicht wahr gemacht und seine Boten samt seinem Volk getäuscht und enttäuscht!
Wenn die Frage so hart gestellt wird, muß man einer ebenso deutlichen Vorfrage standhalten: Wie ereignet sich eine prophetische Offenbarung, d. h. eine Weissagung für die Zukunft, eine Weissagung als Wahrsagung? Ein Mensch sieht visionär ein Geschehen und hört deutende Worte. Er versucht, die Bilder und Worte zu verstehen, d. h. mit seinem Verstand zu fassen, mit seinen Denkvoraussetzungen und mit seinem Sprachvermögen aufzunehmen, in sein Gottesbild und in sein Weltbild einzuordnen, mit seiner Lebenserfahrung und mit dem Weltgeschehen zu vergleichen und so den Sinn der Offenbarung zu erkennen. Was er dann ausspricht, ist bereits eine Einheit von Gotteswort und Menschenwort, von Gottesweissagung und menschlichem Verständnis dieser Weissagung. Damit ist Gottes Offenbarung bereits in menschliche Begrenzung eingegangen und hat damit eine Verhüllung durch menschliche Einsicht und Einstellung erfahren. Da Propheten sich fast immer mit politischen Vorgängen befassen, ist eine Fehleinschätzung in der Auswirkung eines solchen Vorgangs durchaus möglich.
Eklatant ist das bei Deuterojesaja, vor allem bei seiner Hoffnung, die er auf Kyrus setzt. Daß er es überhaupt für möglich hält, ein fremder Eroberer könne nicht nur Gottes Werkzeug, sondern Gottes Gesalbter sein, ist sehr verwunderlich. Dagegen ist es nicht verwunderlich, daß er nur Gottes Werkzeug wurde, aber nicht sein Gesalbter. Nun, das war ein Irrtum, der die Weltpolitik Gottes betraf. Schwerwiegender war die Ankündigung, daß jetzt die Heilszeit beginne: mit der Heimkehr des Volkes nach Juda und mit dem Tempelbau. Und sie

blieb aus. Die Zeit war noch längst nicht erfüllt. Aber Deuterojesaja hat sie in Gottes Namen angesagt! Diese Enttäuschung betraf nicht nur die Weltpolitik Gottes, sondern die Heilsgeschichte Gottes. Und hier – so meinen wir – dürfte es keine Fehleinschätzung, keine Täuschung, keinen Irrtum geben. Ob darum Deuterojesaja zum Märtyrer wurde?
Tritojesaja war durch diese Erfahrung klug geworden und verkündigte die Heilszeit ohne „Terminangabe", ohne zeitliche Festlegung. Er ließ es offen, ob sie noch zu Lebzeiten der Hörer oder später in ferner Zukunft komme. Aber er blieb bei der Verkündigung des Heils.
Und nun die größte Überraschung: Trotz aller Täuschung und Enttäuschung hielt Israel an diesen Verheißungen fest und lebte in gläubiger Hoffnung auf das Heil, auf den Messias, auf das Reich Gottes. Und zwar bis heute. Das ist das Wunder der Heilsgeschichte Gottes mit Israel. Es gab immer wieder Teilerfüllungen, welche die Hoffnung stärkten. Es gab aber noch mehr Enttäuschungen. Und Israel wurde zerstreut unter alle Völker.
Aber so wenig wie es je gelingt, Israel von seinem Glaubensgehorsam abzubringen, so wenig läßt Israel von seiner Hoffnung.
Nun ist allerdings etwas grundlegend Wichtiges zu bedenken und zu beachten:

1. Gott hat die Freiheit, seine Verheißungen zu erfüllen, wie und wann er will.
2. Gott erfüllt seine Heilsverheißungen mehrmals und auf mancherlei Weise in Stufen seiner Heilsgeschichte.

   Das gilt schon für Jes 7,14 und 9,5, daß ein zeitliches Königskind Anlaß zur Verheißung des Gottessohnes wird, wie in Jes 53 der Märtyrertod eines Gottesknechts zum Typos für den Sühnetod des Gottessohnes wurde. Das klarste Beispiel aber ist die Offenbarung des Johannes. Er macht mit seinen Visionen die Gemeinden seiner Zeit bereit für die Verfolgung durch den römischen Staat. Er hat dabei ganz bestimmte Personen und Ereignisse im Blick. Und doch gilt diese Offenbarung auch für spätere Jahrhunderte, in unerhörter Aktualität für uns heute und erst recht bis zur Wiederkunft Christi. Man vergleicht den Gang der Weltgeschichte und Gottesgeschichte mit einer Spirale, deren Kreise immer wieder an denselben Punkt kommen, nur jedesmal höher liegen und enger gezogen werden, so daß das Tempo immer schneller wird, bis sie die Spitze erreicht haben.

Wenn wir Gottes Wort und Gottes Geschichte so annehmen und anerkennen, kann das Ausbleiben der Erfüllung von Weissagungen zwar zur Anfechtung werden. Aber sowohl Gottes Freiheit als auch das Eingeständnis menschlicher Täuschung kann uns dennoch nicht im Glauben und in der Hoffnung irre machen.

Vor allem wird die Verkündigung der beiden unbekannten Propheten nicht dadurch in ihrem Wert gemindert, daß ihre Weissagungen nicht alle zu dem angesagten Zeitpunkt erfüllt, sondern erst später verwirklicht wurden oder für die Endzeit gelten. Unabhängig von der Terminfrage bildet ihre Botschaft den Höhepunkt der Gottesoffenbarung im Alten Bund. Sie war Trost und Stärkung für das damalige Israel und für das Gottesvolk späterer Zeiten. Sie ist auch für die Christenheit eine unentbehrliche Erkenntnis Gottes und ein unersetzbarer Zuspruch. Das wird jedem deutlich, der die Kap. 40–66 liest und darin die vielen „Kernworte“ mit den tiefsten Aussagen über das Heil Gottes findet. Und darin sind die Worte Gottes, welche die beiden Propheten ausgesprochen haben, unbedingt zuverlässig. Wir haben allen Grund, Gott dafür zu danken, und können nur staunen, daß er durch ein begrenztes Menschenwort sein unbegrenztes Gotteswort zum Ausdruck bringen kann.

Grundsätzliches zur historischen Betrachtung der Bibel

Ist es möglich, gesicherte Ergebnisse geschichtlicher Forschung zu gewinnen, die gegen den biblischen Wortlaut ins Feld geführt werden können?

Die geschichtliche Forschung verarbeitet die ihr zugänglichen Quellen der Bibel, außerbiblischer Literatur und der Inschriften archäologischer Funde und kommt durch Vergleiche oftmals zu eindeutigen Ergebnissen. Freilich gelangt auch sie oft nur zu Wahrscheinlichkeiten oder zu Vermutungen.

Die literarische Forschung kommt durch Untersuchungen der Wörter, der Sprache, der literarischen Eigentümlichkeiten zu erstaunlichen Ergebnissen über Zeit, Ort und Verfasser von Schriften.
Geschichtswissenschaft und Literaturwissenschaft bestätigen oder korrigieren gegenseitig ihre Urteile.
Die Bibel selbst gibt eine Fülle von Hinweisen. Wenn z.B. im Buch Jesaja von Babel geredet wird, kann diese Stelle nicht vom Ersten Jesaja aus 700 stammen, als es dieses Reich noch nicht gab, sondern aus der Zeit um 600. Das kann man nicht mit der Behauptung aus der Welt schaffen, daß der Prophet eben die Zukunft voraussehe. Er nennt in Zukunftsvisionen keine Namen, die man noch nicht kennt, und keine konkreten Situationen, die man noch nicht erlebt hat. Das wäre ein mechanisches Verständnis von Weissagung, das wäre schlechter als Wahrsagerei.
Wenn ab Kapitel 40 von Kyrus und seinem Siegeszug gesprochen wird, so kann das eben nur dem Volk gesagt werden, das diesen Kyrus erlebt, also nur um 540. Wenn in den letzten Kapiteln vom Mauerbau die Rede ist, spricht eben einer, der nach Jerusalem heimgekehrt ist, wahrscheinlich aus der Zeit Nehemias um 445. So beweist die Bibel selbst, daß im Buch Jesaja Zeugnisse aus drei verschiedenen Jahrhunderten gesammelt sind.

Wir wissen, daß die Bibel ein Glaubenszeugnis der Heilsgeschichte Gottes ist und kein geschichtliches oder naturwissenschaftliches Lehrbuch. Darum dürfen wir die Geschichtlichkeit der Bibel mit unseren wissenschaftlichen Erkenntnissen zu ergründen versuchen.

Die Nachexilischen Propheten und Lehrer

Haggai	520
Sacharja	520–518
Maleachi	zw. 500 und 450
Nehemia	445–430
Esra	um 430 oder 400
Joël	um 400
Deuterosacharja	um 300
Jona	um 300

Haggai

Der Mahner zum Tempelbau
August bis Dezember 520 v. Chr.

Geschichtliche Anknüpfung

538 hatte der Perserkönig Kyrus (550–529) in seinem Befreiungsedikt von Ekbatana die Erlaubnis zum Bau des Tempels gegeben (Esra 6,3–5). Nach der ersten Repatriierung der nach Babel Deportierten wurde der Grundstein zum Neubau gelegt und der Altar wieder hergestellt (Esra 3). Aber wirtschaftliche Not und politische Umstände hinderten die Weiterarbeit. Als Kambyses (530–522) ermordet wurde und ein Aufstand ausbrach, hatten vermutlich die Behörden der Provinz Samaria auch die Sach- und Geldlieferungen für den Tempelbau eingestellt, zu denen sie von der Zentralregierung verpflichtet waren.

Um dieser Lage willen rief Gott im August 520 den Propheten Haggai auf den Plan. Er gehörte wohl zu den Rückwanderern und war darum schon ein alter Mann, der bald darauf gestorben sein muß. Er überzeugte den Davididen Serubbabel, den Enkel des 597 gefangenen Königs Jojachin, und den Hohenpriester Jeschua davon, daß man jetzt den Tempelbau selbst in die Hand nehmen und aus eigenen Mitteln finanzieren müsse. Der Aufruhr im Reich war für ihn ein Zeichen der kommenden Heilszeit. In fünf Jahren war dann tatsächlich der Bau vollendet und wurde 515 eingeweiht.

Der Inhalt des Büchleins

das nicht unmittelbar vom Propheten selbst geschrieben ist:

Kap. 1: Der Baubefehl
Die Sorge um die eigene Existenz war bisher das größte Hindernis. Nun rüttelt der Prophet das Volk auf. Und seine Rede schlägt ein. Die Menschen gehorchen der Stimme des Herrn in schuldiger Ehrfurcht.

Kap. 2,5–19: Von heute ab segne ich.
Im September 520 kann die Arbeit in Fluß gekommen sein. Nach 2,18

war sie am 24. September in vollem Gang (1,14; 2,3). Die Segensverheißung wird für das Volk zu einer bewegenden Ermutigung.

2,1–9: Groß wird die Herrlichkeit dieses Hauses!
Im Oktober 520 zeigte sich, daß man von dem alten Tempel weniger verwenden konnte, als man dachte; man mußte immer mehr abtragen. „Es sieht wie nichts aus." Aber Haggai, der wohl selbst noch den früheren Tempel gesehen hat, zerstreut die Zweifel am Gelingen des Werkes. Er ermuntert die beiden Führer, trotz allem weiterzumachen. Denn „ich bin mit euch, spricht Jahwe Zebaot. Mein Geist soll unter euch bleiben." Das klingt johanneisch: Er redet fast personhaft vom Geist. Gott selbst wird das Finanzproblem lösen: „Mein ist Silber und Gold." Der neue Tempel wird noch herrlicher werden als der alte! Die Wirklichkeit sah freilich ganz anders aus.

2,10–14: Können unheilige Menschen den Tempel bauen?
In diesem Wort vom Dezember 520 handelt es sich wohl um die Mitbeteiligung der Samariter am Tempelbau – und zwar um die von den Babyloniern in Samaria eingesetzte Oberschicht; denn das Landvolk dort war nicht minder treu als in Juda. Vielleicht hat man in Jerusalem selbst gewünscht, daß die reichen und einflußreichen Leute im Norden sich am Tempelbau mit ihren Opfern beteiligen. Es ging zunächst um Tieropfer. Die Samariter wollten auch in Jerusalem opfern, um ihren Einfluß hier nicht zu verlieren.
Haggai verlangt dagegen aus der Sorge um die Reinheit des Volkes eine klare Scheidung. Es gibt keine Kultusgemeinschaft mit Samaritern, die nicht zum Volk Gottes gehören.

2,20–23: Ich mache dich zum Siegelring.
Am gleichen Tag im Dezember 520 ergeht ein persönliches Wort an Serubbabel. Die Aufstandsbewegung beim Regierungsantritt des Darius wird zu einer Erschütterung der Erde, d.h. der Völker. Daraus folgt Israels Unabhängigkeit. Das soll die Vorbereitung für das Reich Gottes sein. Der Messias ist schon erwählt und wartet nur auf seine Einsetzung. Der Herr wird seinen Knecht wie einen Siegelring halten.
Aber Jer 22,30 hat recht behalten: „Kein Nachkomme Konjas (=

Jojachins) wird das Glück haben, daß er auf dem Thron Davids sitze und in Juda herrsche." Die Weissagung des Haggai und des Sacharja verwirklichen sich nicht. Weder war David schon der Messias noch Joschija (609). Weder Kyrus noch der unbekannte Gottesknecht Deuterojesajas. Weder Serubbabel noch Judas Makkabäus. Im Jahr 135 n. Chr. hat sich auch der alte Rabbi Akiba getäuscht, als er Bar Kochba, den „Sternensohn", zum Messias ausrief. So auch alle anderen „Messiasse" der späteren Geschichte wie z. B. Sabatai Zwi (1626–1666). „Lasset uns wachen und nüchtern sein!"

Die bleibende Bedeutung des Haggai ist:
sein Eintreten für Gottes Ehre (1,4),
seine Sorge für die Reinheit der Gemeinde (2,14),
sein Glaube an die Verheißung und seine Hoffnung auf das eschatologische Ziel (2,9).

Sacharja

Der Künder der messianischen Zeit
November 520 bis Dezember 518 v. Chr.

Kap. 1–8

Sacharja, der Sohn des Priesters Berechja und Enkel Iddos und deren Nachfolger im Priesteramt (Neh 12,16), löste Haggai in nahtlosem Übergang ab. Er hatte als Priester das gleiche Ziel – die Vollendung des Tempelbaus – und als Prophet die gleiche Erwartung: den baldigen Anbruch der messianischen Heilszeit. Wie seine großen Vorgänger verbindet er Ethik und Eschatologie zu einer Einheit. Der Name Gottes lautet bei ihm immer Jahwe Zebaot.
Aufgrund schriftlicher Aufzeichnungen des Propheten hat ein Herausgeber die Visionen und Prophetensprüche in Buchform gebracht – nach dem Vorbild des Buches Haggai.

Die sieben Nachtgesichte

1,7–6,15
Wahrscheinlich liegt ein selbstverfaßter Bericht über seine Visionen zugrunde. Alle wurden in einer Nacht gegeben und bilden eine Einheit, eine Zusammenschau des ganzen Geschehens.
Ihr Datum: 24. 11. 520 (oder 24. 2. 519?).
Ihr Thema: Er ist schon auf der Bahn!

1. 1,7–15: Der Reiter zwischen den Myrten.
Der Reiter und seine Begleiter sind Gottes Spähtrupp zur Erkundung der Lage auf der Erde. Nach dem Tod oder der Ermordung des Perserkönigs Kambyses (522) hatte ein Aufstand die Provinzen erschüttert. Aber Darius konnte im Januar 519 zum zweiten Mal Babel erobern und die Ruhe wiederherstellen. Sacharja bringt zum Ausdruck, daß diese Ruhe nur Schein sei.
Der Inhalt des Nachtgesichts ist die Botschaft: Gott wacht dennoch über Jerusalem.

2. 2,1–4: Die vier Hörner und die vier Schmiede.
Die Hörner sind Sinnbilder der Kraft und Macht. Die Schmiede bedeuten ihre Zerstörung. 4 ist die Zahl der Himmelsrichtungen, vgl. Hag 2,22.

3. 2,5–9: Der Mann mit der Meßschnur.
Die Meßschnur mißt die ersten Vorbereitungen für den Mauerbau. Es wird Aufschluß gegeben über die Zukunft der heiligen Stadt und ihre Befestigungen. Dahinter steht die Hoffnung auf die Rückkehr der gesamten Diaspora: Jerusalem wird kaum alle die Menschen fassen. Darum kann die Stadt keine einengenden Mauern brauchen. Sie wird sie auch nicht nötig haben; denn Gott selbst will eine feurige Mauer um sie her sein.

– 3,1–7 wird unter Nr. 8 behandelt.

4. 4,1–6a.10b–14: Der Leuchter und die beiden Ölbäume.
Gezeigt wird ein Ständer, der ein Becken trägt. Auf dem Rand des Beckens sind sieben flache Lampenschalen angebracht, deren Ränder jeweils siebenmal eingekniffen sind für sieben Dochte. 7 × 7 bedeutet Lichtfülle. Der Leuchter ist Gott selbst. „Ich bin das Licht der Welt.“ (Die Röhren mit dem einfließenden Öl Vers 12 gehören ursprünglich nicht zur Vision.) Die sieben Augen sind Sinnbild der Allwissenheit. Die beiden Gesalbten (wörtlich: Ölsöhne), die vor dem Herrn stehen (s. Offb 11,4), haben das Messiasamt geteilt in die königliche und die priesterliche Funktion. Der historische Serubbabel war noch nicht gesalbt, d.h. gekrönt. Hier findet sich also eine Vorwegnahme, vgl. Hag 2,23.

5. 5,1–4: Die fliegende Schriftrolle
enthält einen Fluch, der eine wirkende Kraft zur Vernichtung des Bösen ist: Vor allem sind die Diebe und Meineidigen gemeint, die im Wirtschaftsleben betrügen, also die Wirtschaftssünder. Dabei ist an die zurückgebliebenen Judäer zu denken, die sich den Besitz der Deportierten angeeignet haben, ihre festen Häuser mit Balken und Steinen. Hier wird eine Lösung der Grund- und Bodenprobleme und der Vermögensstreitigkeiten verheißen.

6. 5,5–11: Das Weib im Scheffelmaß.
Das Hohlmaß ist die Schuld aller Bewohner des jüdischen Landes. Das Weib personifiziert die Bosheit und die Gottlosigkeit. Sie kommt nach Babel auf ein Postament in einem Tempel. So geschieht die Entsündigung der Gemeinde Gottes. Die einzelnen Sünden der einzelnen Menschen erwachsen aus einer Wurzel: der Sünde als einer persönlichen Macht, deren Wesen die Bosheit ist. Hier ist ein tiefes Verständnis für das Wesen der Sünde und die Erkenntnis, daß Gott allein Sünde und Schuld tilgen kann: nicht durch Engel, sondern durch Christus!
Warum ist die Personifikation der Bosheit ein Weib? Das Wort für Sünde und Bosheit ist auch im Hebräischen grammatikalisch ein Femininum. Es mag allerdings der Gedanke darin verborgen sein, daß Eva als erste der Versuchung erlegen ist, vgl. 1Tim 2,14. Die Frau ist auch sensibler und intuitiver als der Mann, für Inspiration offener, „für Religion zuständig". Darum hat der Teufel laut 1Mose 3 bei ihr den Hebel angesetzt. Durch sie den Mann zu bestimmen, war wesentlich leichter.

7. 6,1–8: Die vier Wagen
mit je zwei roten, schwarzen, weißen, scheckigen Rossen, die den Osten, Norden, Süden und Westen bedeuten. Zwei eherne Berge flankieren den Himmelseingang (aus dem in 3,7 und 5,5 der Engel „herauskommt"). Der Auftrag der Wagen wird nicht genannt, aber bei einem von ihnen ruft der Engel, daß sie den Geist des Herrn sich niedersenken lassen oder ausgießen sollen. Also ist ihr Auftrag die Ausgießung des Geistes. Aber warum gerade im Nordland Babylon? Weil dort die größte Diaspora ist und durch Geistausgießung die Rückkehr in die Heimat ermöglicht werden soll. Durch Geistausgießung soll die gesamte Diaspora der Erde gesammelt und zurückgeführt werden. Dann ist die messianische Zeit da.

Die Gesamtschau:
Wie auf einem mittelalterlichen Flügelaltarbild die einzelnen Szenen das Leben Jesu oder die Heilsgeschichte darstellen, so gehören die sieben Visionen zusammen: In der Mitte als Hauptbild die beiden Messiasgestalten (4). Davor und dahinter je zwei Einheiten (2+3 und

5+6) und am Anfang und am Schluß zwei Bilder, deren eines (1) die Heimkehr und das andere (7) die Ausfahrt der Boten zeigt:

4

2 3 5 6

7 1

Das Gesamtthema ist die Heilszeit. Jedes Gesicht hat ein wichtiges Unterthema. Dabei redet der Prophet von Ereignissen, die in der Gegenwart bereits spürbar sind. Der Anfang liegt in der himmlischen Welt. Nun kann es nicht mehr lange dauern, bis die Fortsetzung auf der Erde sichtbar wird. Es geht also um die im Anbruch begriffene Heilszeit, nicht um die in der Zukunft zu erwartende Heilszeit (vgl. Daniël und Offenbarung Johannes).

Die Gesichte kommen beim Aufwachen aus dem Tiefschlaf in den besonderen Seelenzustand des Übergangs, bei dem das Bewußtsein nicht ausgeschaltet ist. Hier ist Eingebung und Einsicht beieinander, Inspiration und Reflexion, Intuition und Komposition. Geist Gottes und Verstand des Menschen, Gotteswort und Menschenwort. Das ist Inkarnation des Gotteswortes in zeitgeschichtlichen Bedingtheiten und Begrenzungen.

Hier spricht und handelt der Gott der Liebe und des Erbarmens, der seine Gemeinde schafft und erhält, sammelt und erlöst; der seinen Heiligen Geist gibt und Sünden vergibt; der den Streit zwischen mein und dein aufhebt und damit Frieden schafft.

Das ist wahrhaftig Wort Gottes!

8. 3,1–7: Der wahre Hohepriester.

Diese Vision ist eine Ergänzung der Siebenheit. Der Engel des Herrn als der Stellvertreter Jahwes nimmt die himmlische Einsetzung des Hohenpriesters Jeschua vor. (Jehoschua = Jesus. Er ist nach dem Zeugnis des Hebräerbriefs der wahre Hohepriester!) Der Satan ist hier nicht der dunkle Gegenspieler Gottes, sondern der öffentliche Ankläger im himmlischen Gefolge, vgl. Ijob. Er erhebt Einspruch gegen die Kandidatur Jeschuas unter Hinweis auf seine Unwürdigkeit. Der Einspruch wird zurückgewiesen, weil Gott das Verfahren gegen Jeschua niedergeschlagen hat. Er wurde wie ein Brandscheit aus dem Feuer gerissen (vgl. 1 Kor 3,15). Es wird auf keine bestimmte Sünde abgehoben, sondern auf die allgemeine Sündhaftigkeit wie bei Jes 6.

Das Ablegen der schmutzigen Kleider (vgl. Eph 4,22–24) ist ein Ritual, das einem Sakrament gleicht: Absolution + Ordination + Investitur. Eine Analogie zu Aaron, 3 Mose 8. Das Amt gilt für die Heilszeit. Der wahre Hohepriester hat stets Zugang zum Allerheiligsten im Himmel.

Der Wortteil

1,1–6: Kehrt um zu mir, so will ich mich zu euch kehren!
Eine ganze Umkehr ist die Voraussetzung für die Heilszeit.
Diese Rede fällt zeitlich dicht hinter die dritte Rede des Haggai 2,1ff und setzt sie voraus. Die Propheten als Subjekt der Verkündigung sind gestorben; die Väter als Objekt der Verkündigung sind nicht mehr da; das Wort Gottes als Inhalt der Verkündigung ist aber noch da und gilt. Denn das Wort wird jetzt zur Schrift und bleibt deshalb der Gemeinde zugänglich.
Das Wort wird Schrift: Das ist der entscheidende Prozeß der exilischen und nachexilischen Zeit für die ganze Heilsgeschichte. Hier ist der Anfang des Kanons!
1,16–17: Ich will mich Jerusalem wieder zuwenden.
2,10–17: Ich will bei dir wohnen.
Die Hindernisse für die Rückkehr hat Gott beseitigt.
V. 12: „Wer euch antastet, der tastet meinen Augapfel an."
Das zeigt auch die Vaterlandsliebe des Propheten.
V. 15: Es bahnt sich die Überwindung der Schranken an, die Israel von den Völkern trennen. Paulus schreibt: „vornehmlich die Juden und auch die Griechen".
V. 17: Die heilige Wohnung könnte auch der Tempel sein.
Daß sich solche Aussagen des Propheten nicht verwirklichten, ergab Zweifel an seiner Sendung. Deshalb immer wieder Einschübe: Man wird noch erkennen, daß Gott ihn wirklich gesandt hat.
4,6–10: Ein Berg von Schwierigkeiten beim Tempelbau
erhebt sich gegen die Pläne Serubbabels. Sie kommen vermutlich von den Samaritern, die entweder mitmischen oder bei Verweigerung ihrer Mitarbeit den Fortgang hindern wollen. Die Folgerung liegt nahe, daß Serubbabel mit Gewalt gegen sie vorgehen möchte. Aber Gott erlaubt es nicht. „Es soll nicht durch Heer oder Gewalt, sondern durch meinen Geist geschehen." Der wird den Berg zur Ebene

machen und wird Serubbabel ermöglichen, zum Grundstein auch den Schlußstein zu setzen.

Gleichnishandlungen

3,8–10: Der Stein für den Hohenpriester.

Das ist der Anschluß an 3,1–7.

Karl Elliger deutet das Wort so: Der Priesterprophet Sacharja kam zu einer Sitzung der Priester. Er befestigte einen Stein am Ornat des Hohenpriesters, ein Schmuckstück mit „sieben Augen", d.h. einen Edelstein mit sieben Facetten oder einen flachen Stein mit sieben Feldern nebeneinander (vgl. 2 Mose 28,9 ff.17 ff.36 ff). Das war ein Ersatz für das Diadem. (Elliger hält es für mögich, daß die sieben Augen sieben Buchstaben bedeuten könnten, nämlich *qdš ljhw = qadosch le jahwe* = heilig dem Herrn. Aber das Wort Jahwe endet im hebräischen Original mit einem h, und dann wären es ja 8 Buchstaben!) Diese Handlung ist ein Zeichen. Und ein Zeichen ist mehr als ein Hinweis und Sinnbild: nämlich der Anfang eines Werkes Gottes, das Unterpfand für den Fortgang. Dieser Stein ist schon das Diadem. Er ist auch der Grundstein für den Thron. (Auch hier finden wir bei Jesus eine Parallele: Er ist der Eckstein.) Daß es sich um ein messianisches Zeichen handelt, zeigt das Wort „Sproß", *zemach* (Jes 11,1), das für Messias steht.

Der Gleichnishandlung für den Hohenpriester folgt eine weitere für den Fürsten:

6,9–15: Die Krone für den Messias.

Wieder kam eine Gruppe von Rückwanderern mit Gaben für die Gemeinde in Jerusalem und für den Tempel (Esra 7,15 ff). Sacharja nimmt ihnen etwas davon ab und läßt daraus eine Krone fertigen und setzt sie dem Serubbabel aufs Haupt. Er krönt ihn nicht zu einem politischen Gegenkönig, sondern zum König der Zukunft, zum Messias. Der messianische König und der messianische Hohepriester stehen nebeneinander ohne Kompetenzstreitigkeiten. Weltliche und geistliche Leitung bewirken miteinander eine ersprießliche Zusammenarbeit mit dem „Sproß", den Gott kommen lassen wird, an dessen Weg alles sproßt und blüht.

Es gab eine schwere Enttäuschung, als die Erfüllung ausblieb. Der Tempel wurde fertig. Aber sonst geschah nichts. Serubbabel war anscheinend schon vorher aus Jerusalem weggegangen und starb schließlich. Auch Sacharja ging dahin. Aber seine Weissagung blieb bestehen. Zwar wandten sich viele davon ab, aber andere hielten daran fest. So auch der Herausgeber der Prophetie des Sacharja. Das Wort Gottes an Sacharja mußte wahr sein – der Prophet hatte sich nur im Zeitpunkt, in der geschichtlichen Stunde geirrt. Aber der Messias wird kommen. Darum die Korrektur durch den Herausgeber: Die Krone dem Jeschua. So wird sie im Tempel aufbewahrt als Weihegeschenk jener frommen Stifter, zum „Andenken", daß Gott ihrer gedenkt!

Eine weitere Korrektur ist nötig: Der künftige Messias wird König und Priester zugleich sein, wie es schon im Psalm 110 steht. In 4,6–10 soll die Bedeutung Serubbabels auf seine historische Leistung beschränkt werden, zugleich aber in die Zukunft weisen: Alles ist nur Vorbereitung. Nicht Serubbabel war der Messias. Der wird erst kommen.

Der Herausgeber will die messianische Verkündigung aus der zeitgeschichtlichen Bindung lösen, sie aus der Sackgasse der Geschichte herausführen. Eschatologische Gegenwartsdeutung will er vor dem Geschick bewahren, bloßer Geschichtsirrtum zu werden, indem er sie auf den Kern zurückführt und wieder in Zukunftshoffnung verwandelt.

Die „Fastenpredigt"

Kap. 7–8

Der Rahmen ist 7,1–3 und 8,18–19: die Fastenanfrage und die Antwort. Die Begebenheit wird auf November 518 datiert. Elliger übersetzt den Vers 2 so: „Da schickten Betelsarezer, der Rabmag (Obermager – oder soll es Obermagier heißen?) des Großkönigs, und seine Leute eine Gesandtschaft, das Antlitz des Herrn zu begütigen mit folgender Anfrage..." Dieser Mann kann Jude sein, der es zu hoher Stellung gebracht hat und seinen Namen gegen einen babylonischen eintauschte (vgl. Dan 1), oder ein Proselyt, der Weisung und Klärung erbittet. Sein Brief enthält die Frage, ob man jetzt, wo der Tempel wieder bestehe, den Trauertag zur Erinnerung an die Zerstörung des früheren Tempels im 5. Monat (Juli/August) des Jahres 587 noch weiter begehen solle. Antwort: Alle mit der Zerstörung Jerusalems zusammenhängenden Trauertage (im 4. und 10. Monat s. Jer 39,2, im

7. Monat s. Jer 41,1) werden von selbst aufhören und sich in Freudenfeste verwandeln; denn die Heilszeit steht vor der Tür. Vorläufig soll man es halten, wie man will. Wichtiger ist Treue und Frieden.
7,4–14: Eine Predigt des Propheten zum gleichen Thema:
Habt ihr eigentlich für mich gefastet? Wichtiger als Fasten, von dem Gott nichts hat, ist Güte (Liebe), Barmherzigkeit, Gerechtigkeit.
8,1–17: Ich kehre wieder zurück auf den Zion.
Erscheint es auch unmöglich bei den Übriggebliebenen, beim Rest, sollte es darum unmöglich sein bei Gott? So stärket eure Hände. So will ich euch erlösen, daß ihr ein Segen sein sollt.
8,20–23: Viele Völker werden kommen
und sagen: Laßt uns gehen zu suchen den Herrn Zebaot. Zehn Männer aus allen Sprachen der Heiden werden einen jüdischen Mann beim Zipfel seines Gewandes ergreifen und sagen: Wir wollen mit euch gehen, denn wir hören, daß Gott mit euch ist.

Maleachi

Der Vorbote des Messias
zwischen 500 und 450 v. Chr.

Haggai und Sacharja haben den Anbruch der Heilszeit in der nächsten Zukunft verheißen, haben sie an die Voraussetzung des Tempelbaus gebunden. Der Tempel war 515 fertig. Die Weltwende blieb aus.
Die Gemeinde spaltete sich in zwei Lager: Die einen hofften unentwegt und hielten sich um so eifriger an Kult und Gesetz. Die anderen richteten sich auf eine allgemeine Frömmigkeit ein, soweit sie nicht zur Skepsis oder zur Abwendung vom Glauben kamen.

Die äußere Lage

entwickelte sich wenig glücklich. Die persische Zentralregierung ermächtigte zwar gelegentlich neue Rückwandererzüge, kümmerte sich aber nicht um deren Wiedereinbürgerung. Die örtlichen Instanzen hatten an ihnen wenig Interesse, weil sie den status quo störten. Wirtschaftliche und politische Schwierigkeiten wuchsen. Die Neuankömmlinge waren die Leidtragenden, besonders wenn sie es mit der Oberschicht in Samaria, der Provinzhauptstadt, zu tun bekamen, welche die früheren jüdischen Güter in Besitz genommen hatte. Den Vermögenden unter den Heimkehrern gelang es allmählich, Fuß zu fassen, besonders durch Einheirat in die herrschenden Familien. Aber das geschah auf Kosten der nationalen und religiösen Substanz.
Die politische Situation
brachte Unsicherheit und Angst; denn die Nachbarvölker bedrängten das kleine Gebiet, innerhalb dessen sich die Heimkehrer einrichten mußten (Esra 2; Jer 7): Im Westen waren sie – wie eh und je – von den Philistern gefährdet. Von Süden her drangen die Edomiter ein, die vor den Arabern zurückweichen mußten. Im Osten waren die Ammoniter die alten Erbfeinde.
Zu all dem kamen noch Naturkatastrophen. So ging es auf allen Lebensgebieten bergab – bis um 450 Nehemia und Esra dieser Entwicklung einen Damm entgegensetzten.

Einen Einblick in diese Lage gewähren auch die sechs Reden im Buch Maleachi. Der zeitliche Rahmen liegt zwischen der Vollendung des Zweiten Tempels 515 und dem Auftreten Nehemias 450.

Der Prophet

ist anonym (wie Elija, Elischa und Obadja), denn Maleachi heißt „mein Bote" (3,1). Seine Frömmigkeit ist charakterisiert durch ein Ernstnehmen des Gesetzes, auch des Kultgesetzes, und durch einen fest gegründeten Glauben an Gottes Verheißungen. Er konzentriert sich auf Juda und Jerusalem. Der Stil seiner Reden ist der Disput.

Der Überblick über die sechs Reden

1,1: „Dies ist die Last" (vgl. Hab 1,1; Nah 1,1; Sach 9,1; 12,1): Das Prophetenamt ist wirklich eine Last, die von Gott aufgeladen wird und nicht von Menschen gesucht.

1. 1,2–5: Ich habe euch lieb.
   3: Die Gnadenwahl wird in Röm 9 aufgegriffen.
2. 1,6–2,9 gegen die Priester.
   Sie vernachlässigen ihr Amt. Darum fallen sie unter Gottes Strafurteil. Gegenüber der Liebe Gottes gebührt den Menschen Ehrfurcht vor Gott.
3. 2,10–16: Gegen Mischehen und Ehescheidung.
   Die Situation ist ein Bußgottesdienst (13). Da kommt der Prophet wie einst Amos oder Jeremia und zeigt dem Volk seine Sünde auf (14–16). Manche verstoßen ihre Frau, um in die reichen Familien einheiraten zu können, auch wenn sie anderen Völkern angehören. Das ist die Mischehenpraxis der jüdischen Oberschicht.
4. 2,17–3,5: Gottes Gericht kommt bald.
   3,1: Gott kommt bestimmt; er hat schon seinen Boten gesandt, der ihm den Weg bereiten soll. Damit meint der Prophet sich selbst. Das ist das Zeichen dafür, daß in kürzester Frist der *adon* = Allherr selbst erscheinen wird. Der Engel des Bundes wird nur hier genannt. Damit ist nicht Maleachi gemeint, sondern die Erscheinungsform Jahwes oder – neutestamentlich gesehen – der Gottessohn.
   3,2: Das Gericht wird mit den Gleichnissen von Feuer und Lauge beschrieben.

5. 3,6–12: Bekehrt euch zu mir, so will ich mich zu euch kehren! Vgl. Sach 1,3. Das zeigt sich nicht nur in einer anderen Gesinnung, sondern in praktischen Konsequenzen: „Bringt den Zehnten in voller Höhe und prüft mich hiermit, ob ich euch dann nicht des Himmels Fenster auftun werde und Segen herabschütten die Fülle."
6. 3,13–24: Die letzten Dinge.
   3,13–21: Der kommende Tag des Herrn.
   Der Herr läßt ein Gedenkbuch führen für die Frommen, vgl. Lk 10,20; Offb 20,12. Am Ende wird man den Unterschied zwischen Gerechten und Gottlosen sehen. Euch, die ihr meinen Namen fürchtet, soll aufgehen die Sonne der Gerechtigkeit.
   3,22–24: Der Vorläufer des Messias.
   Daß dies Elija sei, wird hier zum ersten Mal gesagt. Dann wieder Sir 48,10f. Woher diese Überzeugung kommt, bleibt Geheimnis. Jedenfalls wartet Israel bis heute auf Elija und hält ihm in der Synagoge einen Sessel bereit. Jesus sieht in dem Täufer Johannes diese Funktion erfüllt.
   Der Vorläufer soll das Herz der Väter bekehren zu den Söhnen und das Herz der Söhne zu ihren Vätern: Man sieht darin gern die Überwindung der Familienprobleme und Generationskonflikte. Das wird gewiß geschehen. Aber die eigentliche Bedeutung dieser Weissagung ist heilsgeschichtlich zu verstehen: Die Väter sind die Propheten und Weisheits- oder Gesetzeslehrer der Vergangenheit, die Söhne die gegenwärtige und künftige Gemeinde. Es wird eine geistliche Bewegung geben, die zu den Quellen Israels zurückführt. Das wird keine Restauration und Reformation im Sinn einer Rückwärtsbewegung sein, sondern eine Vorwärtsbewegung „zu neuen Ufern", zum Neuen Bund, den der Messias verwirklichen wird.

Die Bücher Esra und Nehemia

Der Statthalter und Stadtbaumeister Nehemia und der Priester und Schriftgelehrte Esra als Retter der Heimkehrer

Geschichtliche Anknüpfung

Der Perserkönig Kyrus (559–529) erließ 538 von Ekbatana aus das Befreiungsedikt, das den Juden die Rückkehr und den Tempelbau erlaubte. In Esra 1,2–4 wird der Wortlaut im jüdischen Verständnis frei wiedergegeben. Im gleichen Jahr kam Scheschbazzar, ein jüdischer Fürst in der Funktion eines Hochkommissars, mit den Tempelgeräten, die ihm der persische Finanzminister Mitredat ausgehändigt hatte (Esra 1,9–11), nach Jerusalem. Er konnte den Grundstein zum Tempel legen bzw. wieder freilegen und den Altar wiederherstellen. Mehr ließ der Widerstand der Samariter, d. h. der Provinzregierung in Samaria, nicht zu. Der Bau ruhte. Ob mit Scheschbazzar schon damals eine größere Schar aus Babylon zurückkehrte, läßt sich historisch nicht feststellen, ist aber durchaus möglich. Haggai konnte vielleicht zu diesen ersten gehört haben, evtl. auch Sacharja. Galling meint, daß unter Kambyses (529–522), der durch seinen Ägyptenfeldzug auch Syrien und Palästina fest in die Hand bekam, die Rückführung größerer Kontingente am besten vorstellbar sei, evtl. auch erst 521 unter Darius I. (522–486). Hierher gehörte dann die Liste der Heimkehrer in Esra 2, an deren Spitze der Fürst Serubbabel und der Priester Jeschua genannt wird. Sie begannen 520 nach dem prophetischen Aufruf von Haggai und Sacharja mit dem Tempelbau und vollendeten ihn 515.

In der Regierungszeit Xerxes I. (486–465), der Griechenland vergeblich unterwerfen wollte, erfahren wir nichts vom Leben der jüdischen Gemeinde in Palästina. Erst unter Artaxerxes I. (465–425) entstand ein neuer Konflikt mit den Samaritern, als die Jerusalemer die Wiederaufrichtung der Mauern planten. Das könnte 448 während des Aufstandes des syrischen Satrapen Megabyzos gewesen sein. Auf die Anklage seiner Provinzoberen in Samaria hin verbot der Großkönig zuerst den Mauerbau. Aber hernach erlaubte er ihn, weil sich Juda an dem Aufstand nicht beteiligt hatte. Er stimmte sogar einer Trennung der Provinz Samaria zu und ernannte seinen Mundschenk Nehemia zum Statthalter von Juda. Der schrieb zwischen 445 und 430 seine Memoiren und deponierte sie im Tempel. Er befestigte Jerusalem mit Mauern und Toren und griff auch mit Notverordnungen in das Gemeindeleben ein. Nach ihm kam der Priester und Schriftgelehrte Esra, in Babylon „Referent für jüdische Religionsangelegenheiten", als „Kirchenkommissar" nach Jerusalem. Er führte die entscheidende Reform durch – oder war es eine Reformation? Er verpflichtete das Volk auf das Gesetz und löste die Mischehen auf, die schon Nehemia verhindern wollte. Das geschah entweder um 430 unter der Regierung Artaxerxes' I. (465–425) oder um 400 unter Artaxerxes II. (404–360). In diese geschichtliche Folge sollen die Texte eingeordnet werden.

Für die literargeschichtlichen Fragen der ursprünglichen Zusammengehörigkeit der Chronikbücher mit den Büchern Esra und Nehemia zum einheitlichen chronistischen Geschichtswerk und für die Verfasserfragen wird auf die Einleitung zu den Büchern der Chronik verwiesen.

Das Buch Esra

Berichte über den Tempelbau

Esra 1–6

1,1–11 Kyrus gibt Heimkehr und Tempelbau frei.

1,2–4 Der Erlaß wird frei wiedergegeben.

1,5–6 Die Heimkehr scheint in kleineren Gruppen zwischen 538 und 521 erfolgt zu sein.

1,9–11 Die Urkunde für die Übergabe des Tempelschatzes wurde vom Finanzminister Mitredat für die persische Regierung und vom Fürst Scheschbazzar für die Gola (Diaspora) unterzeichnet.

2,1–70 Die Liste der Heimkehrer.

Es handelt sich um die nach 520 vom Satrapen Tattenai geforderte Personenstandsaufnahme der Tempelgemeinde. Sie umfaßt 11000 Personen einschließlich Frauen und Kinder. Der „Rückführungskommissar" Fürst Serubbabel, ein Enkel des 597 deportierten Königs Jojachin, dürfte 570/60 geboren sein. Im gleichen Alter stand der Priester Jeschua, der Enkel des letzten Jerusalemer Hohenpriesters vor der

Katastrophe. Der Rat der Zwölf hat in der ersten Zeit die Leitung der Gemeinde ausgeübt. Die Zahl 12 weist auf das wahre Israel hin.

3,1–13 Der Beginn des Altardienstes und die Grundsteinlegung des Tempels.

4,1–5 Die Widersacher

wollten mitbauen. Aber die Führer lehnen es ab. Darum verhindern die Samariter den Bau von der Zeit des Kyrus bis Darius, also 537–520.

4,6–6,18 Aus der aramäischen Chronik von Jerusalem aufgrund von Urkunden der Perserzeit.

Ursprüngliche Reihenfolge war 5,1–6,18 und danach 4,6–23.

5,1–6,18 Die Wiederaufnahme des Tempelbaus und die Prüfung der Berechtigung.

Hier setzt eigentlich die Chronik ein. Mit den Propheten Haggai und Sacharja beginnt die Geschichte der Bekenntnisgemeinde. Die Zeitangabe „im zweiten Jahr des Darius“ (522–486) ergibt das Jahr 520.

5,3–5 Die kritische Frage des Statthalters Tattenai geschah 519.

5,6–17 Der dritte Brief an Darius mit der Bitte nachzuforschen, ob Kyrus wirklich die Genehmigung gegeben habe.

6,1–5 Der Erlaß wird gefunden

6–12 Die Bestätigung durch Darius.

13–18 Die Vollendung und Weihe des Tempels.

19–22 Das erste Paschafest nach der Vollendung des Tempels. Für den angefügten V. 22b ist wohl ein Edikt Antiochos' III. des Großen (217–169) aus dem Jahr 197 maßgebend, in dem Subventionen für den jüdischen Tempelbau befohlen wurden.

4,6 Die erste Anklageschrift im ersten Jahr des Xerxes I. (485–465).

4,7–24 Das zweite Schreiben aus der Zeit Artaxerxes' I. (465–425): Die Juden befestigen Jerusalem. Das sei Aufstand. Daraufhin wird der Mauerbau verboten.

Wir stellen den 2. Teil des Buches Esra zurück und erläutern zunächst aus chronologischen Gründen

Das Buch Nehemia

Memoiren aus der Zeit des Mauerbaus

Neh 1–7 und 11–13

1,1–2,10 Die Entsendung Nehemias.

Im Winter 446/5 hielt sich Nehemia in der persischen Winterresidenz Susa auf. Dorthin kam sein leiblicher Bruder Hanani aus Jerusalem zu Besuch. Er schilderte die dortige Notlage. Im Frühjahr 445 begegnete Nehemia dem Großkönig Artaxerxes I. (465–425), dessen Mundschenk er wurde – ein hohes und wichtiges Amt, weil er für das leibliche Wohl des Königs und für die Versorgung des ganzen Königshofs zuständig war. Er bat ihn, als bevollmächtigter Hochkommissar für den Wiederaufbau Jerusalems entsandt zu werden. Wenig später wurde er zum ersten Statthalter von Juda ernannt. Der König belohnte damit die Treue Judas beim Aufstand des syrischen Satrapen und sah in der Trennung Judas von Samaria die Lösung der steten Spannungen. Nehemia erhielt Passierschein und Freibrief für Holzlieferungen.

Seine Widersacher: In Samaria amtierte als Statthalter Sanballat (Nachfolger des Rehum Esra 4,8), der aus Rivalität nun Nehemias Gegner wurde. (Er wird Horoniter genannt; das ist aber nicht Bet-Horon, 20 km von Jerusalem entfernt, sondern soll Haraniter heißen, weil er aus Haran stammt, also ein Fremder ist.) Tobija ist der Befehlshaber der Nachbarprovinz im Ostjordanland. Der nachher genannte Araber Geschem ist Statthalter der südlich gelegenen idumäischen Provinz. Damit ist Juda von drei Seiten eingekreist. Nehemia übernimmt also das Amt in einer schwierigen Situation.

2,11–20 Die Lage in Jerusalem.

Ohne seine Absicht gleich zu enthüllen, besichtigt Nehemia bei Nacht die Tore im Südwesten des Hügels von Jerusalem. Dann versammelt er die Adligen, unterbreitet ihnen seine Pläne und überzeugt sie mit der brieflichen Vollmacht des Königs.

3,1–32: Die Mauerbauliste.

Ein offizielles Dokument der Verwaltung. Fast läßt sich daraus ein Stadtplan entwerfen. Daß in dieser Liste niemand aus der Gruppe Esra erwähnt wird, ist der Beweis dafür, daß dieser erst später kam. In der Provinz Juda gab es fünf Amtsbezirke, die von Obersten regiert wurden: Jerusalem in der Mitte, Keïla im Südwesten, Mizpa im Norden, Bet-Zur im Süden, Bet-Hakkerem im Westen; Jericho wird nicht erwähnt.

3,33–4,17 Beunruhigungen beim Mauerbau.

Durch den Beginn der Befestigungen spitzt sich die Lage zwischen Jerusalem und Samaria weiter zu. Sanballat verspottet die Juden, was zugleich als Beleidigung Gottes empfunden wurde. Da sie sich aber nicht einschüchtern lassen, beschließen die Feinde, sie durch überraschende Stoßtrupps mit Gewalt zu hindern. Einen Krieg konnten sie sich nicht leisten, weil Nehemia vom König bevollmächtigt war.

Zur Bedrohung von außen kommt die Müdigkeit durch schwere Arbeit von Sonnenaufgang bis -untergang. Das zeigt das Bauarbeiterlied Vers 4:

„Zusammen bricht des Trägers Kraft,
des Schuttes ist so viel.
Und wir alleine schaffen's nicht,
die Mauern aufzubaun."

Die freie Wiedergabe in der „Guten Nachricht" lautet:

„Der Schutt nimmt ja doch nie ein Ende,
wir haben schon ganz lahme Hände!
Wir sind viel zu müde und matt,
zu bauen die Mauer der Stadt."

Nehemia beruft eine Versammlung ein: Nicht Menschenfurcht, sondern Gottesfurcht soll das Handeln bestimmen (V. 11). Er ordnet eine Generalmobilmachung an: Die Wachen werden verstärkt. Die Bauarbeiter haben die Waffen griffbereit. Das militärische Gefolge des Statthalters wird geteilt: Die Hälfte arbeitet mit, die andere stellt ein fliegendes Kommando dar. Nehemia hat stets einen Trompeter bei sich, um Signale weitergeben zu können. Er selbst kommt nicht mehr aus den Kleidern. Jedermann muß in Jerusalem schlafen, um auch bei Nacht bereit zu sein. „Der Herr wird für euch streiten" (2 Mose 14,13). „Der Herr wird für dich streiten, du angstverstörtes Heer" (EKG 459). Die Gegner erkennen, daß mit Drohungen und Überraschungen nichts zu machen ist, und lassen von ihrem Plan ab.

5,1–19 Schuldenerlaß und Stiftungen.

Der Arbeitsdienst belastete die unvermögenden Schichten schwer. Sie konnten ihrer Arbeit als Bauern, Handwerker und Arbeiter nicht mehr nachgehen. So fehlte es an Nahrungsmitteln und Geld zum Lebensunterhalt. Viele mußten in ihrer Not das Eigentum verpfänden und sogar ihre Söhne und Töchter als Sklaven verkaufen. Da greift Nehemia ein. Er und die Seinen verzichten auf Rückzahlungen ausgeliehener Gelder und auf die Besoldung der 150 Bediensteten. Die andern sollen es ihm nachtun, und sie sind bereit dazu.

6,1–7,3 Die Vollendung des Mauerbaus.

Wenn die Gegner noch etwas erreichen wollen, müssen sie entweder den Statthalter in ihre Gewalt bekommen oder ihn beim Volk unmöglich machen. Nehemia lehnt jede Zusammenkunft mit ihnen ab und entgeht damit der Falle. Dann sollte er veranlaßt werden, aus Angst vor Attentätern das Asylrecht im Tempel wahrzunehmen. Das wäre das Ende seiner Tätigkeit gewesen. Ein Teil des jüdischen Adels konspirierte nämlich mit den Feinden und lieferte Material für Denunziationen.

Nach nur 52 Tagen ist Anfang Oktober 445 der Mauerbau fertig. Demnach waren nur die schweren Schäden auszubessern und die Tore zu erneuern. Burghauptmann wurde Nehemias Bruder Hanani.

7,4–72 Die Bevölkerung Jerusalems.

Der Festungs- und Residenzstadt mangelt es an Bewohnern. Darum veranlaßt Nehemia noch vor der Mauerweihe eine Art Zwangsbesiedlung und erfaßt abschließend die Einwohnerschaft in einem Register. (Die Listen in Kap. 7 und 11 sind jetzt auseinandergerissen.)

Kap. 8–10 gehören zu Esra.

Kap. 11,1–36 Die Gemeinde in Jerusalem
(ist Fortsetzung von Kap. 7).

Kap. 12,1–26 Nachgetragene Listen.

Kap. 12,27–47 Das Fest der Mauerweihe
geschah mit einer feierlichen Prozession in zwei Gruppen entlang den Mauern und Toren. Dabei wurden die Menschen und die Tore gereinigt, geheiligt. Der Festzug endete auf dem Tempelplatz. Vielleicht wurde bei dem großen Gottesdienst, an dem das ganze Volk einschließlich Frauen und Kinder teilnahm, der Psalm 147 gesungen: „Jerusalem, preise den Herrn; lobsinge, Zion, deinem Gott! Denn er hat die Riegel deiner Tore gefestigt und deine Kinder in deiner Mitte gesegnet."

Wenn man sich rückschauend bewußt macht, welche Opfer dem Volk abverlangt wurden: Fronarbeit ohne Lohn, in dauernder Alarmbereitschaft wegen feindlicher Überfälle, Trennung von der Familie und deren Not, Hunger und Schuldenlast bis zum Verkauf der Kinder in die Sklaverei – dann fragt man: Wie konnte Gott das alles zulassen oder fordern?
Jedermann weiß, daß die Theodizeefrage letztlich ohne Antwort bleibt und nur in eigener Betroffenheit dann gefunden werden kann, wenn Gott dem Leidenden selbst begegnet.
Hier aber ist zu erkennen, daß die Sicherung der Stadt und ihres Tempels nötig war zur Sicherheit des Volkes, das sonst nicht hätte bestehen können. Israels Schicksal und Zukunft erforderte solche Opfer. Und Nehemia war stets bemüht, die Not zu mindern und den sozialen Ausgleich zu fördern. Dann normalisierte sich das Leben wieder, und man darf wohl annehmen, daß auch die versklavten Kinder wieder zurückgekauft werden konnten. Aber es bleibt dabei: Ohne Opfer kein Leben, ohne Opfer keine Zukunft.

Neh 1–7+12 ist authentischer Bericht aus seinen Memoiren über das erste Amtsjahr, vor allem über sein Hauptwerk: die Befestigung Jerusalems. Zwischen Kap. 12 und 13 liegt eine Zeitspanne von mehr als 12 Jahren. Über die Zeit von 444–432 erfahren wir also nichts; denn Nehemia wurde nach Babylon zurückbeordert.

Die zweite Amtsperiode

galt der Beseitigung kirchlicher Mißstände.
12,44–13,3 Die Ordnung des Gemeindelebens.
Dieser Einschub stammt vom Zweiten Chronisten.
13,4–31 Kirchliche Maßnahmen Nehemias.
In der Abwesenheit Nehemias rissen allerlei Mißstände ein. Die starke Hand fehlte, und die Oberschicht lebte wieder wie zuvor. Dem Tobija räumte man sogar eine Kammer auf dem Tempelplatz ein. Der Levitenzehnte wurde eingespart. Der Sabbat wurde nur lax gehandhabt; Bauern und Händler arbeiteten weiter, und die Ausländer waren daran nicht gebunden. Es wurden Mischehen eingegangen. Sogar ein Sohn des Hohenpriesters heiratete eine Tochter des verhaßten Samariters Sanballat. Die Kinder aus den Mischehen sprachen nicht mehr hebräisch, sondern aramäisch und konnten darum der Toralesung und den Kultgesängen nicht mehr folgen.
Nun kommt Nehemia zurück. Er schließt den Tobija aus der Kultge-

meinde aus. Er fordert die Wiederaufnahme des Zehnten und die Einhaltung des Sabbats. Den Hohepriestersohn weist er außer Landes. Aber die bestehenden Mischehen löst er nicht auf. Er warnt nur vor neuen Mischehen. Darin nimmt er grundsätzlich eine andere Stellung ein als bald danach Esra.

Die Amtszeit Nehemias hat zur Konsolidierung der Gemeinde wesentlich beigetragen. Er hat das politische Fundament gelegt und den rechtlichen Rahmen gegeben.

Die Reform Esras

Esra 7–10 und Neh 8–10

Esra ist Priester und Schreiber des Gesetzes, d.h. Schriftgelehrter. Außerdem ist er am Königshof „Referent für jüdische Religionsangelegenheiten in den Provinzen Babylon und Elam".

Esra 7,1–28a Esras Beauftragung.

Er wird als staatlicher „Kirchenkommissar" nach Jerusalem entsandt, um nach dem Rechten zu sehen.

7,2–10: stammt vom Zweiten Chronisten.

7,8: Die Zeitangabe „im 7. Jahr des Königs" ist zu streichen.

7,12–19 enthält den Originalerlaß.

Galling äußert eine Vermutung zum Anlaß dieses Unternehmens: Der zur Zeit Artaxerxes' II. (404–359) amtierende Hohepriester Johanan hatte seinen Bruder ermorden lassen, weil er fürchtete, der Statthalter über Juda, der Perser Bagoas, wolle ihn an seine Stelle setzen. Das hatte Unruhen in Jerusalem zur Folge. Esra sollte ordnend eingreifen. Zugleich bekam er die Erlaubnis, eine „zionistische" Gruppe von Diasporajuden nach Jerusalem zu führen. Das konnte um 400 gewesen sein.

Esra 7,28b–8,36 Esra und die Heimkehrergruppe.

8,1–14 Das Verzeichnis der etwa 5000 Repatriierten.

8,15–20 Vorbereitungen zum Aufbruch.

8,21–23 Ein Fasten und Bitten um den Reisesegen.

8,24–30 Abgaben und Spenden für den Tempel.

8,31–36 Ankunft in Jerusalem und Übergabe der Legitimation und der Schätze.

Neh 8,1–12 Die Verlesung des Gesetzes durch Esra.

Eine große Volksversammlung wurde einberufen. In einem feierlich liturgischen Akt verlas Esra von einem Podium (wie Salomo 2Chr 6,13) das Gesetz. Gemeint ist damit wohl nicht nur die Priesterschrift, sondern der ganze Pentateuch. Aber das konnte nur in den wichtigsten Auszügen geschehen. Mit großer Wahrscheinlichkeit wurde außer dem Dekalog das Heiligkeitsgesetz 3Mose 17–26 verlesen; denn das Volk wurde traurig und weinte. Aber Esra tröstete die Gemeinde und erklärte diesen Tag zu einem Gott geheiligten Freudentag, zum Tag der Gesetzesfreude. „Denn die Festfreude im Herrn ist eure Stärke."

Der hebräische Text wurde von den Assistenten ins Aramäische übersetzt und zugleich ausgelegt, „so daß man verstand, was gelesen wurde". Damit beginnen die Targume, d.h. die Paraphrasierung des hebräischen Bibeltextes in Aramäisch.

Neh 8,13–18 Das Laubhüttenfest

schloß sich dieser Verlesung am nächsten Tag an. Auch Salomo hatte die Tempelweihe mit einem Laubhüttenfest geschlossen (2Chr 7,8ff), und in 5Mose 31,10 war vermerkt, daß man beim Laubhüttenfest das Gesetz vorlas. Während der ganzen Festwoche wurde täglich ein Teil des Gesetzes zu Gehör gebracht. Der achte Tag war ein Bußtag.

Neh 9,1–37 Das große Bußgebet.

„Durch das Gesetz kommt Erkenntnis der Sünde": Die schwerste Sünde war im Augenblick die Mischehenpraxis. Es mußten also Konsequenzen gezogen werden, die durch Gebet vorbereitet wurden.

Neh 10,1–40 Die feierliche Verpflichtung.

Nun wurde eine feste Abmachung getroffen, verbrieft und versiegelt: Das ganze Volk wurde eidlich auf das Gesetz verpflichtet. „Wir wollen", so beginnt jeder Paragraph. Zuerst die Absage an zukünftige Mischehen, dann die strenge Einhaltung des Sabbats, Verzicht auf Schuldforderungen, Verpflichtung zur Tempelsteuer, zu Naturalabgaben, zum Zehnten. Aber diese Verordnungen lassen vermuten, daß wir nicht mehr den ursprünglichen Wortlaut der Verpflichtungen vor uns haben. Vers 30 enthält das Wesentliche.

Diese Verpflichtung auf das Gesetz entsprach persischem Reichsrecht. Staatlich eingeführtes und sanktioniertes Gesetz ist Grundlage der staatlich privilegierten Religionsgemeinschaft, und die Übernahme der Verpflichtung ist Voraussetzung der Religionszugehörigkeit.

Hiermit wird also das Gottesgesetz zum Staatsgesetz. Israel soll eine Theokratie haben. Die Gemeinde wird fortan auf die Heilige Schrift und auf den Tempelkult gegründet. Zugleich wird hier der Synagogengottesdienst eingeleitet.
Die Reform Esras wird zu einer Reformation. Das war die für die Zukunft entscheidende Stunde. Das Spätjudentum hat hier seinen Anfang genommen.
Esra 9,1–10,6 Die Sünde der Mischehen.
Die Verpflichtung, zukünftige Mischehen abzulehnen, die Nehemia etwa im Jahr 430 durchgesetzt hatte, reichte nicht aus, diese zu verhindern. Nehemias Nachfolger, der Perser Bagoas, wird sich wenig darum gekümmert haben. Um 400 gab es darum nicht nur einzelne Mischehen. Sie waren vor allem in der Oberschicht häufig. Nach der Gesetzesverlesung und dem Freudenfest kam es zu einer öffentlichen Gerichtsverhandlung (9,1–2; 10,2–6). Esra nahm von den Oberen einen Eid, daß die Mischehen aufgelöst und die fremden Frauen samt ihren Kindern binnen drei Tagen entlassen würden. Wer sich widersetzte, sollte aus der Gemeinde ausgeschlossen werden und seine Habe dem Bann verfallen. Esra begab sich zum Fasten und Beten um einen glücklichen Ausgang in die Tempelzelle des Hohenpriesters Jonatan, der offenbar wegen seines Mordes von seinen Amtsgeschäften enthoben war. Nun war Esra der Hohepriester.
Esra 10,7–44 Die Auflösung der Mischehen.
Die Durchführung des Beschlusses geschah bei Kälte und strömendem Regen (9). Sie gestaltete sich nicht so einfach und nicht so schnell. Esra mußte eine Kommission aus den Sippenhäuptern als Richter zur Abwicklung einsetzen. Auch gab es Widerstände. In 109 Fällen mußte die Scheidung ausgesprochen werden. Eine relativ kleine Zahl. Aber sie betraf meist die Oberschicht. Von der hohenpriesterlichen Familie waren 4 betroffen, und weitere 13 Priester, 6 Leviten, 4 vom niederen Klerus, und 82 Laien. Damit war die Mission des Esra beendet. Wahrscheinlich ging er – entgegen dem Bericht des Josephus – wieder nach Babylon zurück. In Südbabylon verehrt man in ʿUzair = Esra sein Grab.
Diese Maßnahme des Esra war grausam. Man bedenke nicht nur den Schmerz der Trennung, sondern auch die Not der verstoßenen Frauen und der unversorgten Kinder. Aber dieser Eingriff war für das ganze

Israel wie eine Operation, die zwar schmerzhaft und gefährlich, aber für das Weiterleben des Patienten notwendig und heilsam war. Es ging um die Erhaltung Israels als Volk und als Kultgemeinde. Es war die einzige Überlebenschance.

Von da an zieht Israel den Trennungsstrich zwischen dem erwählten Volk, das Gott geheiligt ist, ihm also gehört, und den Heidenvölkern, zwischen dem *am haarez* und den *gojim*. Das selbsterwählte Getto war einerseits nötig, um bestehen zu können. Es war andererseits gefährlich, weil der heilsgeschichtliche Auftrag an Abraham und an Israel, Segen und Licht der Völker zu sein, auf diese Weise nicht erfüllt werden konnte. Das Spätjudentum lebt in der ungeheuren Spannung zwischen dem Universalismus des Heils Gottes, wie ihn vor allem Deuterojesaja verkündet hat, und dem Partikularismus des Heiligkeitsgesetzes Gottes, wie ihn Esra verwirklicht hat. Die Heiligkeit Gottes für Israel schien die Herrlichkeit Gottes für die Welt auszuschließen. Darum rief die Stellung zur Welt ein lebhaftes Pro und Contra hervor. Etliche versuchten, bei aller Wahrung der Eigenart Israels, die einengenden Gettomauern aufzubrechen oder doch die Tore zu öffnen. Ein göttlicher Mahner zum Dienst Israels an der Welt wurde ein unbekannter Prophet und genialer Erzähler, der um 300 v. Chr. das Buch Jona schrieb.

In der historischen Reihenfolge kommen aber zuvor die Propheten Joël und Deuterosacharja.

Joël

Sein Thema: der Tag des Herrn
um 400 v. Chr.

In diesem Buch wird die Zerstörung Jerusalems und die jüdische Diaspora vorausgesetzt. Tempel und Mauern sind wieder aufgebaut. Die Priester nehmen eine führende Stellung ein. Also befinden wir uns dabei in der Zeit nach Nehemia, etwa um 400.
Es besteht eine Verbindung zwischen Prophetentum und Priestertum. Unausgeglichen ist das Verhältnis von Partikularismus und Universalismus, von Kult und Eschatologie. Hier wird der Anfang der Apokalyptik sichtbar.
Kap. 1: Plage und Klage
Eine Heuschreckenplage und nachfolgende Dürre wird als Zeichen für die Nähe des Tages des Herrn gedeutet.
Kap. 2: Aufruf zur Buße.
Denn der Tag des Herrn ist finster, vgl. Am 5,18. Aber zerreißt eure Herzen und nicht eure Kleider! Wenn das Volk sich bekehrt, ist Gott gnädig und barmherzig, geduldig und von großer Güte, und ihn gereut bald die Strafe (13). Er gibt die Gnadenzusage: „Fürchte dich nicht, liebes Land, sondern sei fröhlich und getrost. Denn der Herr kann auch Gewaltiges tun." (21)
Kap. 3: Die Zeichen für den Tag des Herrn:
V. 1–2 Die Ausgießung des Heiligen Geistes, die in Apg 2 zitiert wird.
V. 3–4 Die kosmischen Veränderungen.
V. 5 Wer den Namen des Herrn anrufen wird, soll gerettet werden.
Kap. 4: Das Gericht über die Völker und der Segen der Heilszeit.
V. 10 steht das Wort vom „heiligen Krieg" der Endzeit und in Umkehrung von Jes 2,4 der Aufruf: Macht Pflugscharen zu Schwertern und Sicheln zu Spießen! Der Widerspruch zu Jes 2,4 ist so zu lösen: Joël 4,10 handelt von dem apokalyptischen Endkampf, in dem alle Kräfte mobilisiert werden müssen – Jes 2,4 dagegen von dem messianischen Friedensreich nach dem Sieg. Außerdem ist der Aufruf zum heiligen Krieg alttestamentlich. Für die Christen des Neuen Bundes gilt die geistliche Waffenrüstung von Eph 6. Im politischen Bereich haben sie den Auftrag, als Boten des Friedens Zeichen des kommenden Frie-

densreiches zu setzen und jetzt schon zum Frieden zu helfen, wo immer sich eine Möglichkeit dazu bietet. Die Verheißung des Friedensreiches macht uns nicht passiv, sondern stellt uns vor die Aufgabe, diesen Frieden vorzubereiten. Auch hierfür gilt das Gleichnis vom Sauerteig, der allmählich den ganzen Teig durchsäuert.

Der Zweite Sacharja
Deuterosacharja
Der Herold des demütigen Königs um 300 v. Chr.

Kap. 9–14

Im zweiten Teil des Buches spricht ein anderer Prophet. Er lebte zwei Jahrhunderte später. Aber seine Botschaft ist mit der des Ersten Sacharja verwandt. Darum sind die Worte des Unbekannten den seinen angefügt worden.
Das Thema des Deuterosacharja ist das kommende Heil. Das bewegt ihn zum Zeugendienst für den lebendigen Gott. Elliger unterscheidet zwei Sammlungen von Prophetenworten:
A. Kap. 9–11.
B. Kap. 12–14.

A.
9,1–8: Das Ende der heidnischen Nachbarn Judas.
„Ein Zeugnis aus der jüdischen Gemeinde im Alexanderjahr 332 v. Chr." Es zeigt eine konkrete historische Situation: Das zerbrochene Perserreich und den Siegeszug des jungen Mazedonierkönigs, der auf dem Weg nach Ägypten das starke Tyrus erobert hat. Die erwartete Weltwende kam allerdings auch nicht durch Alexander.
9,9–10: Eine Heroldsbotschaft des Messias:
„Siehe, dein König kommt zu dir!"
„Ein Gerechter und ein Helfer" bedeutet wörtlich: einer, der selbst Recht bekommen hat und durch höheren Beistand den Sieg behalten hat, einer, dem selbst erst geholfen worden ist und der nun anderen helfen wird. Darum ist er arm und demütig. Er wird die Abrüstung durchführen. Der demütige Messias wird zum Friedensfürsten.
Der Verfasser stammt wohl aus Efraïm, nördlich von Bet-El. Diese Gegend wurde damals politisch an Juda angegliedert.
9,11–17: Ich erstatte dir doppelt.

Es geht zunächst um die Freigabe der Gefangenen. Alsdann aber wird „der Bogen überspannt": Der Herr wird mobil machen gegen die Griechen und sie besiegen lassen. Das geschah erst durch die Makkabäer.

10,1–2: Erbittet euch vom Herrn Regen.

10,3–12: Gott wird seinem Volk im letzten Kampf Sieg verleihen.

11,1–3: Ein prophetisches Spottlied gegen die Weltmacht, die eine Katastrophe erleiden wird.

11,4–16: Gegen die treulosen Hirten des Volkes.

Eine Zeichenerzählung, gemischt mit Allegorie:

V. 4–7: Der Prophet bekommt den Auftrag, die Schafe zu weiden, das Bundesvolk Gottes. Er weidet sie für „Händler", die sie zu Schlachtschafen machen. Er besorgt sich dafür zwei Hirtenstäbe. Der Stab Huld ist der Bund Gottes. Der Stab Eintracht ist die Bruderschaft von Israel und Juda.

V. 8–11: Der neue Herr verliert allmählich die Geduld mit den Schafen, weil auch sie seiner überdrüssig werden. Er beschließt, die Herde ihrem Todesschicksal zu überlassen. Zum Zeichen dafür zerbricht er den Stab Huld.

V. 12–14: Der ausgediente Hirte verlangt seinen Lohn und erhält 30 Silberlinge (den Wert eines Sklaven, 2 Mose 21,32). Dieses geringe Geld soll dem Schmelzer im Tempel hingeworfen werden. Nun zerbricht der Prophet auch den zweiten Stab Eintracht.

Dahinter steht ein zeitgeschichtliches Ereignis:

nämlich das endgültige Schisma zwischen Samaria und Jerusalem, die Aufhebung der Kultgemeinschaft mit der jüdischen Gemeinde und die Konstituierung einer selbständigen samaritischen Gemeinde. Wahrscheinlich geschah das im Zusammenhang mit dem Tempelbau auf dem Garizim, etwa um 320. Die Besitzer der Schafe sind demnach die fremde Oberschicht in Samaria, die mit der alteinheimischen israelitischen Bevölkerung nach Belieben umspringt, ohne daß man ihr von Jerusalem aus wehren kann. Ihre alteinheimischen Helfershelfer sind die Seelenverkäufer und pflichtvergessenen Hirten. Ob V. 13 auch einen Hinweis auf die Tempelsteuer enthält?

V. 15–16: Hinter der negativen Schilderung des nichtsnutzigen Hirten steht das positive Bild des guten Hirten, des Messias.

B.

12,1–13,6: Jerusalem wird gerettet und gereinigt!

12,2–6: Das Wunder der Errettung Jerusalems. Die Reiter erinnern an die Scharen Gogs.

12,9–13,1: Der Umschwung in der Gesinnung der Jerusalemer gegenüber einem Toten.

12,10: Ich will ausgießen den Geist der herzlichen Zuneigung (*chanan*), und zwar der Zuneigung der Jerusalemer zu jemand, der vorher abgelehnt worden war. Das muß eine bedeutende Persönlichkeit gewesen sein; denn es wird eine große Totenklage gehalten, wie wenn ein Erstgeborener, einziger Sohn, gestorben ist. (Hadad-Rimmon sei der sterbende und wiederauferstehende Vegetationsgott, erklärt Elliger.) Es klagen alle Stämme, die heimgekehrte Diaspora, die so zahlreich ist, daß nicht alle zugleich an der Feier teilnehmen können. Aber wer ist der Durchbohrte? Etwa eine Königsgestalt, die dann durch den Messias abgelöst wird? Oder der deuterojesajanische Gottesknecht, ein Märtyrer-Messias? Oder ein die Sünden des Volkes büßender Vorläufer des Messias? Das spätere Judentum unterscheidet nämlich zwischen dem „Messias Sohn Josefs" und dem „Messias ben David". Mit Davidssohn wird wohl der königliche Messias bezeichnet, mit Josefssohn dagegen der leidende Messias. Wer der Durchbohrte ist, wissen wir so wenig wie beim Gottesknecht Jes 53. Aber wir Christen sehen in ihm den Messias Jesus am Kreuz. Jedenfalls muß es sich um ein schuldhaftes Verhalten der Jerusalemer handeln. Durch die Ausgießung des Geistes „der Zuneigung und des Ergriffenseins" erkennen sie ihre Schuld und ändern ihren Sinn. Darum kann sie Gott von der Sünde reinigen durch den offenen Wunderquell. Zur äußeren Rettung gibt Gott die innere Heilung.

13,2–6: Die Beseitigung der Unreinheit durch Götzen.

Hier werden Propheten und Götzen zusammen genannt. In der Heilszeit sind auch Propheten überflüssig, weil Gott selbst da ist.

Der Sprecher versteht sich als ein Prophet, dessen Wort an die Schriften der alten Propheten gebunden ist. Die Periode der Offenbarung vor dem Anbrechen der Heilszeit ist für ihn abgeschlossen. Damit hätten wir den Beleg für das spätjüdische Dogma, daß mit der Heimkehr aus dem Exil und der „Reformation" Esras die Zeit der Propheten zu Ende sei. Das war also um 300.

13,7–9: Der geläuterte Rest.

Zwei Drittel kommen um, ein Drittel wird geläutert wie Silber und

Gold (vgl. Ez 5,1 ff. 13; vgl. Jes 6,13; Jer 9,6; Offb 9,18). Gott selbst ist der Urheber der letzten Not, die Gericht und Rettung darstellt. Sind das die „Wehen des Messias“?

14,1–21: Der Herr wird König sein über die ganze Erde.

V. 1–5 schildert die Not Jerusalems und die Notwende. Der Herr kommt auf den Tempelberg, der sich vor seiner Gewalt spaltet (vgl. Mi 1,4; Nah 1,5; Hab 3,6). In seinem Gefolge sind alle Heiligen, d. h. die himmlischen Heerscharen (vgl. Joël 4,11; Ps 103,20; 2 Thess 1,10). Das Ge-hinnom wird zugedeckt, die *gehenna* = Hölle aufgehoben.

V. 6–11: Begleiterscheinungen des Königseinzugs in Jerusalem: keine Kälte, keine Nacht (zur Abendzeit wird es hell), lebendige Wasser wie im Paradies, das Land eine weite Ebene, nur Jerusalem wird hoch liegen. Das alte Reichsgebiet Davids wird wiederhergestellt.

V. 12–2: Wirkungen des göttlichen Erscheinens auf die Völker: Plagen werden über sie kommen. Sie müssen ihre Schätze nach Jerusalem bringen. Sie werden Jahwe anbeten und das Laubhüttenfest feiern, das hier als das Hauptfest der Juden gilt. Alles wird heilig sein, „heilig dem Herrn“!

Das Buch Jona

Die Universalität des Erbarmens Gottes
um 300 v. Chr.

Das Assoziationswort zu Jona ist spontan der Walfisch – von dem in der Bibel nicht die Rede ist. Diese allgemeine Beobachtung, die in der Tradition der christlichen Kunst ihren Grund hat, zeigt bereits eine Verschiebung der eigentlichen Absicht des Jona.
Prof. Hans Walter Wolff in Heidelberg hält Jona für eines der wichtigsten Bücher des AT, dem NT sehr nahekommend. Es sei eine existentielle Schrift für alle Prediger und Hörer (HWW).

Exegetische Bemerkungen

Jonas Freiheiten und die Freiheit Gottes

Auftrag und Flucht

Jona 1,1–3
Gott will Jona in Bewegung setzen und gibt ihm eine klare Anweisung. Sie erinnert an den Missionsbefehl: „Gehet hin in alle Welt.“ Warum flieht Jona? Hat er Angst, dem Auftrag Gottes nicht gerecht werden zu können? Oder ist es ihm zuwider, daß er zu den Heiden gehen soll, gegen die er berechtigte Vorurteile hat? Zunächst weiß man nicht, warum er von Jahwe weg will.
Er soll nach Osten gehen und flieht nach Westen. Nur – warum bleibt er nicht, wo er ist? Er flüchtet sich in einen negativen Gehorsam. „Wenn wir nichts zu sagen haben, tun wir etwas.“ Jona findet tatsächlich ein Schiff. Anscheinend gelingt die Flucht. Es gibt immer Gelegenheiten dazu.
Alle Religionen suchen Gott. Warum flieht Jona vor ihm? Wenn uns Gott so nahe kommt und uns unbequem wird, fliehen wir. Solange er von uns fern ist und unseren Erwartungen entspricht, suchen wir ihn.

Die Gottesfurcht Jonas und die Gottesfurcht der Seeleute

Jona 1,4–16

Jona stieg in den Bauch des Schiffs. War er dort geborgen oder nur verborgen? War der feste Schlaf ein Ausdruck der Sicherheit oder nur der Erschöpfung? Gott holt ihn ein. Die Seeleute stellen ihn. Seine Flucht hat ihn offenbar nicht von Gott gelöst. Ist seine Gottesfurcht aber echt oder nur Lippenbekenntnis? War er jetzt weit genug weg von Gott, um wieder Sehnsucht nach ihm zu haben?

Aber hier bahnt sich ja noch keine Wende an. Jona flüchtet sogar nicht nur nach Westen, sondern in den Tod. Sein Vorschlag, ihn über Bord zu werfen, zeugt zwar von Anstand, Einsicht und Gerechtigkeitsempfinden, ist aber zugleich nur eine neue Art der Flucht. Die Seeleute schreien zu Gott. Matrosen beten – sie fluchen nicht! Sie rufen sogar Jahwe an. „*Vielleicht* interessiert sich der Gott für uns" (V. 6). Sie bringen Opfer und legen Gelübde ab. Matrosen bekehren sich. Jona aber nicht.

Wende und neuer Auftrag

Jona 2,1.2.11; 3,1–3a

Gott hat merkwürdige Boten und Helfer, seltsame Gerichtsvollzieher: Sturm und Fisch. Jetzt ist die Flucht zu Ende. Jetzt ist Jona am Ende. Drei Tage im Bauch des Fischs bedeuten normalerweise sicheren Tod. Im Bauch des Schiffes hat er geschlafen; im Bauch des Fisches ist er hellwach. Jetzt kann er beten. Der Inhalt seines Gebets ist nicht erwähnt. Darum wurde diese Lücke in den Versen 3–10 später durch einen Psalm ausgefüllt. Er entspricht aber nur teilweise dieser Situation. Erlebt Jona im Fischbauch eine Umkehr? Der Wendepunkt kommt doch erst, als ihn der Fisch ausspeit und am Ausgangspunkt absetzt. Der neue Auftrag setzt ihn nach Osten in Bewegung.

Ninives Umkehr und die Reue Gottes

Jona 3,3b–10

Es ist überraschend, daß diese Stadtbewohner glauben, was ein fremder Jude sagt. Worauf beruht denn diese Wirkung? Kennen sie ihn denn? Haben sie seine wunderbare Geschichte erfahren? Es ist doch nicht anzunehmen, daß er selbst davon erzählt hat? Denn seine Predigt ist so kurz, so mißmutig, so schadenfroh, daß keine persönliche Note zu erkennen ist. Jona konnte wohl nach diesem Erlebnis mit besonderer Vollmacht sprechen. Zwar ist die Vollmacht schon vorher mit seinem Auftrag gegeben und in Gott selbst begründet. Aber Gehorsam ist die Voraussetzung dafür, daß die Vollmacht wirksam wird.

Trotzdem ist der königliche Erlaß und die Wirkung einer Erweckungsbewegung unter der Bevölkerung erstaunlich. Ein Volk bekehrt sich. War denn der Boden dafür schon vorbereitet? Nach dem Text gewiß nicht. Und die fremde Botschaft war nicht nur Drohung, sondern Todesurteil. Warum sind diese Menschen eigentlich nicht geflohen? Wie kommen sie nur auf die leichtsinnige und zuversichtliche Erwartung: „*Vielleicht* tut es Gott leid, und er kehrt um von seinem glühenden Zorn, so daß wir nicht umkommen" (V. 9). War es eigentlich recht, den Menschen Angst zu machen? Widerspricht das nicht der frohen Botschaft? Wir müssen beides ernst nehmen: Gericht und Rettung. Wir müssen beides als Einheit festhalten, wie auch beides am Kreuz Jesu sichtbar wird und im Symbol des Kreuzes durch den Schnittpunkt beider Linien zum Ausdruck kommt.

Gibt es das überhaupt, daß Gott etwas gereut? Er weiß doch alles im voraus! Oder ist das einfach Mitleid? Gott reut nicht das Ziel. Er ändert nur den Weg. Jona hat das Ziel und den Weg verwechselt – vgl. Röm 11,29. Aber wir dürfen nicht übersehen: Die augenblickliche Buße führt nicht zu einem neuen Anfang. Ninive geht im Jahr 612 unter!

Vergleichbar ist das Menetekel in Dan 5: Es handelt sich um eine barmherzige Mahnung der Liebe Gottes, um eine letzte Mahnung mitten im Gericht.

Gott „bekehrt sich", wenn Menschen sich bekehren! Das Vorauswissen Gottes hindert nicht sein Mitleiden und sein Warten auf die Entscheidung der Menschen.

Jonas Zorn und Gottes Mitleid

Jona 4,1–11

Jona ist nicht sicher, ob das Unheil wirklich eintrifft, darum nimmt er auf der Zuschauertribüne Platz. Der Mensch versteht Gott nicht, erst

recht nicht in seiner Barmherzigkeit. Jona ist hier derselbe wie am Anfang. Wenn er sich bekehrt haben sollte, dann hat er sich jetzt wieder rückwärts bekehrt. Er ist enttäuscht, daß er keinen Erfolg sieht. Es kränkt ihn, daß Gott diese böse Stadt verschont. Er fühlt sich blamiert. Selbstgerechtigkeit erfüllt ihn bis zum Lebensüberdruß. Er bleibt dickköpfig, eigensinnig und eigensüchtig. Jüdischer Haß gegen Assyrien verhindert ein normales Empfinden.
Die Niniviten tun Buße und werden errettet – Jona wird gerettet ohne Buße! Zweierlei Maßstäbe? Jona selbst wird gerettet, aber anderen gönnt er die Rettung nicht.
V. 11 billigt diesen Heiden mildernde Umstände zu: Sie wissen nicht um die ethischen Maßstäbe, was rechts und was links ist. Vgl. „Vater, vergib ihnen, denn sie wissen nicht, was sie tun".

Der rote Faden der Erzählung wird noch einmal sichtbar gemacht. Jona erhält den Auftrag, als Jude der assyrischen Hauptstadt Ninive den Untergang anzusagen. Das hätte ihm doch eigentlich Genugtuung sein können. Oder hatte er Angst vor den Folgen? Wir wissen nicht, warum er in den äußersten Westen flüchten will. Gott läßt ihn zuerst gewähren. Dann holt er ihn ein durch den Sturm und durch den Fisch. Das Erstaunliche ist, daß sich statt Jona die Seeleute bekehren. So verrufen sind sie also gar nicht. Jonas Flucht endet in des Todes Rachen. Aber dieser Schlußpunkt wird zum Doppelpunkt: An Land geworfen, gehorcht Jona endlich. Aber unwillig und gezwungen. Darum sagt er so kurz und hart das Gericht an. Mit gemischten Gefühlen wartet er den Ausgang der Geschichte ab. Die erstaunliche Buße einer ganzen Stadt rührt ihn nicht. Daß zum zweiten Mal Heiden sich bekehren, läßt ihn kalt. Aber das Ausbleiben des Gerichts ärgert ihn furchtbar. „Ich hab's ja gewußt, daß es so kommen würde. Deshalb bin ich doch geflohen!" Und Gott hat auch mit diesem störrischen Mann Geduld. Er gibt ihm Privatunterricht durch einen Rizinusstrauch. Erst durch einen Fisch, dann durch eine Pflanze. Und so behutsam geht er mit ihm um, daß er ihm nur eine Frage stellt: 4,11. Aber in dieser Frage steckt die Hauptsache. Das ist der Skopus der ganzen Erzählung. Die Frage bleibt offen – damit wir eine Antwort darauf geben!

Theologische Deutung

Die geistesgeschichtliche Situation

um 300 v. Chr.,

der Abfassungszeit dieses Büchleins (nach der alttestamentlichen Forschung):

Die Assyrer hatten 722 das Nordreich Israel unterjocht und 701 Jerusalem belagert. 612 wurde ihr Reich zerbrochen, und Ninive ging unter. Die Babylonier übernahmen die Weltherrschaft. Sie eroberten 597 Jerusalem und zerstörten es 587. Im Exil wurden die Juden mit der Kultur und der Religion der Babylonier bekannt. Die Bußfertigen unter ihnen wurden in den 50 bis 60 Jahren der Gefangenschaft innerlich gewandelt und kehrten schubweise in die alte Heimat zurück. Der Neuaufbau des Volkes war nur möglich durch Isolation von den anderen Einwohnern des Landes, um nicht in ihnen aufzugehen. Erneut entstand eine scharfe Abgrenzung zwischen dem erwählten Gottesvolk und den Heidenvölkern. Daraus ist auch die Geisteshaltung des Pharisäismus zu verstehen. Das selbstgewählte Getto brachte Verengung und Verkrampfung gegenüber der Welt. Die griechische Welle unter Alexander dem Großen hat diese Haltung nur noch verstärkt. Nur ein kleiner Teil von Israel blieb weltoffen. Bestimmend bleibt die Geisteshaltung der Isolation. Gegen sie wendet sich der unbekannte Verfasser des Buches Jona, ein großer Geist.

Die geistliche Heimat des Verfassers bei den großen Propheten Israels:

Sie läßt sich durch zwei große Gedanken des AT bestimmen:

durch den Universalismus Gottes

1 Mose 12,3	Der Abraham-Segen für alle Völker
1 Mose 41 ff	Josefs Staatsdienst für Ägypten
Mi 4; Jes 2	In Zion finden alle Völker Heil und Frieden
Jes 40 ff	Die Weltpolitik Gottes
Jes 60	Die Herrlichkeit Zions zieht alle Völker an
Vgl. Joh 3,16	„Gott liebt diese Welt.“

durch die Barmherzigkeit Gottes

1 Mose 8,21–22; 9,12–17 Gottes Zusage für die Erde und sein Bundeszeichen in den Wolken

2Mose 34,6–7 Gott ist barmherzig, gnädig, geduldig, von großer Gnade und Treue.
Jer 18,7–8 Wenn ein Volk umkehrt, reut Gott das Unheil (Umkehr-Theologie).
Joël 2,13–14 Gott ist gnädig und barmherzig, und es gereut ihn bald die Strafe.
Jona 4,2 (genauso)
Vgl. Luk 15 Der verlorene Sohn
Beide Linien werden bei Jona zusammengefaßt: *die Universalität des Erbarmens Gottes*.
Gottes Ziel bleibt das gleiche: Heil für die ganze Welt. Gottes Weg ist immer variabel, je nachdem, ob wir umkehren oder nicht. Gottes Gerechtigkeit und Gottes Gnade sind zwei Linien, die sich im Kreuz Jesu schneiden.
Das ist der prophetische Hintergrund des Buches Jona.

Die theologischen Hauptgedanken der Erzählung:

Gott ist das Subjekt allen Handelns.
Gott ergreift die Initiative und beginnt immer neu mit dem Gespräch. Gott gebietet dem Wind auf dem Meer, dem Fisch, der Rizinuspflanze, und er wirkt in den Menschen von Ninive.
Gottes Handeln ist die Geschichte der Rettung dieser Welt. Davon ist niemand ausgeschlossen. Darum fängt Gott bei dem grausamsten Volk an, wie seine Erwählung bei dem kleinsten Volk begann (vgl. 1Kor 1). Das ist auch für uns mehr Theorie als Praxis. Vgl. das Lied „Gott liebt diese Welt“.
Die Rettung der Welt entspringt der Universalität des Erbarmens Gottes, seinem Mitleiden mit dieser Welt und seiner Reue, die aus Unheil Heil machen möchte. Der letzte Vers des Büchleins, 4,11, ist der entscheidende.
Die Frage in 4,11 ist vor allem so zu stellen:
ob das Gottesvolk (das jüdische und das christliche) um das aufregende Mitleiden Gottes mit ihren schärfsten Gegnern nur weiß oder ob wir selbst Gottes Barmherzigkeit mit der Welt auch anerkennen.
„Der Erzähler hält sich frei von allen polemischen Tönen, weil er seine Leser in Freude an der Hoffnung für die Welt und im Kummer um ein nomistisch-prophetisch mit sich selbst beschäftigtes Israel zum Ein-

stimmen in Gottes Mitleid selbst mit den bösen Extrempositionen in der weiten Welt bewegen will!" (HWW S. 71).
Das ist ein für uns aktuelles Thema. Wir leiden unter der falschen Alternative: entweder Bekenntnisbewegung zur Bewahrung des Glaubens oder soziales Engagement für die Not in der Welt. Von Gott her und nach seinem Wort darf es kein Entweder-Oder geben. Glaube + Liebe, Bekenntnis + Aktion, Wort für die Welt + Brot für die Welt, Mission + Entwicklungshilfe – darin erweist sich christlicher Gehorsam.

Der Zielpunkt der Erzählung

Wen hat der Erzähler eigentlich im Auge? Durch seine Jona-Gestalt hindurch den Hörer und Leser! Ihm will er einen Spiegel vorhalten, damit er sich darin selbst erkenne. Das ist seine indirekte Methode, die heute erst durch die psychotherapeutische Gesprächsführung wieder neu entdeckt worden ist. Vor ihm hat sie Natan (1 Sam 12) meisterlich gehandhabt, und auch Jesaja im Lied vom Weinberg Kap. 5. Nach ihm gebraucht sie in vollkommener Weise Jesus in seinen Gleichnissen. Moralischer Zeigefinger und direkte Gerichtsdrohung wecken meist Opposition und Aggression. Aber Spiegelung führt zur Selbsterkenntnis. Ja, so bin ich! So hören die Menschen. So nehmen sie das Wort an. So behalten sie es!
Darum ist so zu fragen: Wer ist Jona? Und die eigentliche Antwort wird lauten: Ich! Wir! Unsere Gemeinde!
Aber dieser existentielle Bezug wird nicht hergestellt durch Drohen und Mahnen und aufdringliches Lehren. Die Erzählung ist vielmehr von feinem Humor und von Ironie begleitet.
Der prophetische Erzähler hat das Ziel, Israel an seine heilsgeschichtliche Aufgabe an der Menschheit zu erinnern. Gott wird sein Volk, dessen Sinnbild die Taube = Jona ist, an den Platz bringen, wo er es braucht – und sei es durch einen Fisch –, wie er später den Petrus durch die Vision der kultisch unreinen Tiere (auch ein Gleichnis!) dazu bewegte, die traditionelle Barriere zu überspringen und in das Haus des heidnischen Hauptmanns Kornelius zu gehen.

Die literarische Gestalt

Es handelt sich um eine Erzählung, deren Inhalt eine pädagogisch gezielte Verkündigung, deren Form eine kunstvolle Novelle darstellt. Prof. Wolff spricht von „verdichteter Geschichte und geschichtserfüllter Dichtung“ (HWW S. 9). „Als verdichtete Geschichte ist sie auf den Hörer hin gezielte Geschichte.“

Erzählende Verkündigung und verkündigende Erzählung ist einem jüdischen Midrasch, einem erzählenden Kommentar, vergleichbar. Eine andere Parallele ist das dramatische Lehrgedicht Ijob. Und vor allem die Gleichnisse Jesu.

Der Erzähler gebraucht als Stilmittel die szenische Spannung, die Verfremdung seines Anliegens (durch die Indirektheit, durch die Matrosen und Niniviten, durch die Gestalt Jona), den feinen Humor (besonders bei der Rizinus-Szene), die Übertreibung (etwa der Hinweis auf die drei Tage und Nächte im Fischbauch, auf die drei-Tage-Reise große Stadt und auf das Vieh, das in die Buße einbezogen wird).

Die Frage nach der *historischen Genauigkeit*

spielt für den Erzähler keine Rolle, weil er den gegenwärtigen Hörer im Auge hat.

- Die Gestalt des unbekannten Propheten Jona ben Amittai zwischen 780 und 750 v. Chr., der 2 Kön 14,25 erwähnt wird, ist nur der „Aufhänger“. Sie ist längst vergangen und verblaßt. Sie gehört offenbar zu der Art der nationalistischen Heilspropheten, wie sie 1 Kön 22 geschildert und von Jeremia bekämpft werden. Mit unserem Jona hat sie nicht viel zu tun.
- Ninive, das bereits 612 untergegangen ist, ist hier genauso eine Chiffre für die gottlose Weltstadt wie später Babylon für Rom in der Offenbarung des Johannes. Es wird auch kein König mit Namen genannt, weil es sich um ein Beispiel (scheinbar) ferner Vergangenheit handelt.
- Jafo wäre im 8. Jahrhundert kaum genannt worden, dafür aber Tyrus als wichtigste Hafenstadt.

Die Abfassungszeit unseres Büchleins liegt um 300 v. Chr. Dem Verfasser liegt nichts an der Historie, aber alles an der unmittelbaren Beziehung auf den Hörer und auf das Geschehen seiner Zeit. „Das Verhältnis zum Geschehen ist nicht protokollarisch, sondern eklektisch (auswählend); wobei die Quellen weniger den Charakter von geschehener als von verstandener, erzählter, gedeuteter Geschichte haben“ (HWW S. 29).

Die Frage nach der *typologischen Darstellung*

trifft erst das Wesentliche der Erzählung. Der Typos (Vorbild und Sinnbild) ist für das Verständnis der Bibel entscheidend.

- Jona ist der Typos eines Hebräers (1,9) oder des jüdischen Volkes. Jona heißt Taube. Das wird Hos 7,11 so verstanden: „Israel ist eine Taube ohne Herz“, d. h. ohne Orientierungsvermögen – ein Spitzname für die Schaukelpolitik des orientierungslosen Israel. Jona ist ein Modell des Lesers. Darum ist er auch mehr ein Befragter als ein Verkündiger. Er ist mehr mit sich selbst beschäftigt – das ist sein Hauptmerkmal und Grund für alle Verwicklungen.
- Die Matrosen sind Typen der unsteten Menschen, die in der Not nicht nur fluchen, sondern auch beten lernen, Modell der Heiden, die gar nicht unreligiös sind.
- Tarschisch – jene spanische Stadt – ist Sinnbild für Weite, für Sicherheit, für Reichtum.
- Ninive ist Typos der „Stadt ohne Gott“, der Weltstadt eines totalen Regimes, sogar ins Extrem typisiert.

Im NT Mt 12,38–42

ist Jona sogar Typos für Christus insofern, als seine drei Tage und Nächte in der Tiefe zum Sinnbild für Tod und Auferstehung Jesu werden. Aber „hier ist mehr als Jona!“. Die Buße der Niniviten wird zum Vorbild für das unbußfertige Israel.

In der christlichen *Tradition und Kunst*

wird Jona zum Taufsymbol im Sinn von Röm 6,3 (das Untertauchen als Tod, das Auftauchen als Auferstehung) und damit zugleich zum Sinnbild der Wiedergeburt;

wird Jona zum Kanzelsymbol, wie bei jener schlesischen Walfischkanzel, durch die der Prediger aufsteigen muß: eine Mahnung und Warnung für ihn, sich dem göttlichen Auftrag nicht zu entziehen;

wird Jona zur Gerichtsfigur, wie am Freiburger Münster, wo er in der obersten Spitze der Gerichtsszene steht.

Die Frage nach den *mythischen Elementen*

ergibt sich aus den Kenntnissen der Religions- und Kulturgeschichte, aus dem Vergleich mit der damaligen Umwelt.

Das Meerungeheuer
findet sich in den asiatischen Sonnenmythen; denn das Meer verschlingt im Westen die untergehende Sonne, und doch kehrt sie auf geheimnisvolle Weise in den Osten zurück und entsteigt wieder der Tiefe.
Die drei Tage und drei Nächte
haben Verbindung mit Mond-Mythen; denn drei Tage nach Neumond erscheint die schmale Sichel, mit der das Dunkel gleichsam aufgeschlitzt wird.
Das Verschlingen durch den großen Fisch
ist sowohl in den griechischen Mythen und Sagen zu finden (Perseus, Herakles, vor allem Jason) als auch in den indischen Mythen.
Die Schiffsszene mit dem Über-Bord-Werfen des Schuldigen hat ebenfalls sagenhafte Entsprechung.
Seefahrt-Erzählungen ähnlicher Art liefen damals durch die Hafenstädte. Aber das ist weder erschreckend noch für die Bedeutung maßgebend. Entscheidend ist vielmehr, daß der Verfasser Elemente volkstümlicher Erzählungen streng theologisch verarbeitet und so den Mythos gesprengt hat. Auch sonst werden in der Bibel Stilmittel jener Zeit gebraucht: Typos und Symbol, Gleichnis und Allegorie, Sagen und Legenden, Märchen und Mythen. Aber sie werden „eingeschmolzen" in eine einheitliche „Legierung", die dem Wort Gottes als Form zur Verfügung steht.

Die Frage nach der Wahrheit

läßt sich aber nun nicht mehr zurückstellen.
Historisches Desinteresse, Typologie, Mythologie – was ist denn nun wahr an der Geschichte, oder: Ist überhaupt noch etwas wahr? Ist das Erzählte so geschehen oder nicht?
Manche Ausleger suchen eine historische und naturwissenschaftliche Begründung dafür, daß die Erzählung wortwörtlich wahr sei; andere Ausleger lehnen eine historische Entsprechung ab und legen dennoch Wert darauf, daß der Sinn der Erzählung wahr sei.
Die Fragestellung verlangt Klärung des *Begriffs Wahrheit*.
Zunächst eine Überlegung: Ist die Erzählung vom barmherzigen Samariter so geschehen? Tatsache ist nur die stets gefährdete Straße zwischen Jerusalem und Jericho. Aber die Erzählung ist wahr! Ist die

Geschichte vom verlorenen Sohn so geschehen? Mancher Sohn ist weggelaufen, aber so hat kein Vater den Heimkehrer empfangen. Und doch ist die Geschichte wahr! Ist der „Bericht“ über den reichen Mann mit den vielen Schafen und dem Armen mit dem einzigen Schaf passiert? So zwar nicht, doch ist das Furchtbare geschehen. Und es ist wahr!

Predigt-Beispiele müssen manchmal verändert, verfremdet, zusammengezogen oder sogar, sachlich richtig, erfunden werden. Und sie sind dennoch „wahr“, d.h. dem wirklichen Leben nacherzählt! Auch sonst stellen wir bei einer Dichtung fest: Da steckt eine tiefe Wahrheit drin!

Wahrheit ist mehr als Richtigkeit. Wahrheit ist mehr als historische Genauigkeit mit amtlichem Protokoll, mit Filmaufnahme und Tonband. Wahrheit ist im eigentlichen Wesen der Dinge und der Menschen. Wahrheit ist die ganze Wirklichkeit und schließt den Sinnzusammenhang, den Grund und das Ziel, ein. Wahrheit ist nicht nur „absolut“, d.h. von Menschen und Verhältnissen losgelöst. Wahrheit ist auch „relativ“, d.h. auf die jetzigen Menschen und Verhältnisse bezogen. Wahrheit ist Einheit von Objektivität und Subjektivität. Es gibt nicht nur Wahrheit an sich, sondern Wahrheit für mich!

Die Wahrheit des Jona-Buches ist die Verkündigung der Reue Gottes für den egoistischen Menschen, der ich bin! Was sich früher einmal ereignet hat (vgl. „es war einmal“), ist für mich noch lange keine persönliche Wahrheit, sondern vielleicht eine sachliche Richtigkeit, die mich aber nicht unmittelbar angeht. Wahrheit geht mich aber immer persönlich an. Wahrheit ist Gottes Wort und Tat für mich und für die Welt.

Es geht hier nicht um die *Denkmöglichkeit eines Wunders*.

Es geht also nicht darum, ob überhaupt ein Fisch einen Menschen so verschlingen kann, daß der noch am Leben bleibt. Man könnte auf einige bemerkenswerte Beobachtungen oder Erfahrungen hinweisen:

- In Reader’s Digest wird einmal behauptet, im Mittelmeer sei ein Exemplar eines sonst ausgestorbenen Riesenfisches gesichtet worden, der vom Tang an den Steilküsten lebe, ein riesiges Maul und einen weiten Schlund habe. Vielleicht hat das etwas mit dem Leviatan des Ijob zu tun?

- Es gibt Berichte aus älterer und neuerer Zeit, daß bei der Jagd auf den indischen Wal (der kleiner ist als der Grönlandwal und einen weiteren Schlund hat) ein Harpunier verschlungen und beim Zerlegen des Tiers noch lebend gefunden worden sei. Ob das nachprüfbar ist, bleibt offen.
- Hans Hass zeigte im Fernsehen Haie, die einen Menschen nicht nur zersägen, sondern verschlingen können.

Wenn man schon naturwissenschaftlich und damit „unbiblisch" denkt, dann ist es nur schwierig, wie ein Mensch drei Tage den Verdauungssäften widerstehen soll, wie er bei Bewußtsein bleiben und sogar beten soll! Hier liegt doch schon ein Hinweis darauf, daß diese Aussagen Gleichnis-Charakter tragen.

Das ergibt sich außerdem aus dem in den Text später eingefügten Psalm Kap. 2,3–10. Hier ist vom Rachen des Todes, von der Tiefe des Meeres und von den Riegeln der Erde, vom heiligen Tempel und von Opfern die Rede. Das beweist nicht nur eine andere Situation, sondern den bildhaften Ausdruck einer Todesnot und einer Errettung. Und gerade dies sollte Verständnis erwecken für
eine *tiefenpsychologische Deutung*.

Sie kann das existentielle Verständnis aus den Tiefen unserer eigenen Seele erschließen. Im Unterbewußtsein und im Kollektiv Unbewußten leben Urbilder der Menschheit (Archetypen), die manchmal als Traumbilder aufsteigen können. Da hat das Wasser eine große Bedeutung, und Ungeheuer sind Sinnbilder der Mächte, die Angst erwekken. Verschlungen-Werden und Wieder-Ausgespieen-Werden sind Hinweise darauf, daß es ohne Tod kein Leben gibt und daß der Mensch wiedergeboren werden muß. Diese Gedanken sind es wert, daß wir sie zur Kenntnis nehmen und darüber nachsinnen. Von innen her kommen wir der Wahrheit näher als von außen her!

Es geht also nicht um „die Geschichte einer wunderbaren Errettung" oder „wie Gott aus Seenot retten kann", sondern um viel mehr. Das zeigt Psalm 107,23ff, fast ein Kommentar zu Jona!

Beim Nachdenken erhebt sich eine verständliche Frage:

Warum steht nicht zu Beginn des Jona-Buches: „Ein Mann Gottes erzählte seinem Volk folgendes Gleichnis"? So sind doch meist Jesu Gleichnisse eingeleitet. Und bei den Propheten wird von einem „Gesicht" gesprochen. Dann wüßte man, woran man ist!

Jesus hat allerdings seinen Hörern nicht gesagt: Ich erzähle euch ein Gleichnis. Er hat es ihrem Nachdenken überlassen und ihrer Betroffenheit, damit sie sich innerlich nicht distanzieren konnten. Wenn Natan zu David gesagt hätte: Ich erzähle dir ein Gleichnis, dann hätte es den König nicht erregt. Aus gleichem Grund fehlt auch hier diese Angabe. Die Botschaft muß aus einer inneren Wahrheit heraus wirken.
Die Unterscheidung von Geschehen und Gleichnis ist also nur aus dem Inhalt möglich.

Das Buch Ester

Israel unter den Heiden um 300 v. Chr.

Die beiden Schriften Jona und Ester haben Mesopotamien als Schauplatz des Geschehens. Dort geht es um das heidnische Volk, hier um Gottes Volk mitten unter den Heiden. Dort ist der Skopos das Erbarmen Gottes mit seinen Geschöpfen, die er nicht vernichten will, hier die Rettung seines Volkes, das er nicht vernichten lassen will. Dort ist die Grundhaltung des Verfassers der Universalismus, hier der Partikularismus. Mit diesem Begriff ist nicht ein Getto oder die Exklusivität der Esra-Reform gemeint, denn nach dieser Erzählung leben die Juden frei unter den anderen Völkerschaften des persischen Reichs und damit in einer großen Weite. Aber sie sind um ihrer Besonderheit willen immer und überall bedroht. Judenverfolgungen gehören zur Geschichte Israels. Es ist darum das Schicksal der Juden, sich trotzdem und dennoch in Kämpfen und Leiden gegen die Umwelt behaupten zu müssen. So entsteht auch in der Diaspora der jüdische Nationalismus, der im Buch Ester zum Ausdruck kommt.

Das Motiv der Erzählung

Der Beweggrund des Verfassers ist nicht eine Darstellung der Situation der Juden im persischen Reich, also keine Geschichtsschreibung. Es soll vielmehr die Entstehung des jüdischen Purimfestes begründet und geschildert werden. Es kam unter den persischen Juden auf. Vermutlich ist es überhaupt persischen Ursprungs, und zwar ein Neujahrsfest zur Zeit des letzten Vollmonds vor der Jahreswende im Frühjahr, am 14. und 15. Adar. Nach einem vorbereitenden Fasten (Est 4,16) wurde ein Freudenfest gefeiert mit Gastmählern und gegenseitigen Geschenken und Gaben für die Armen (Est 9,19ff). Die Juden beteiligten sich nicht nur daran, weil sie unter Persern wohnten, sondern sie übernahmen es mit einem neuen Inhalt: Sie feierten die wunderbare Bewahrung Israels vor einem Pogrom und die Rache an ihren Feinden. Es ist anzunehmen, daß dem ein historisches Ereignis zugrunde liegt.

Der Inhalt der Erzählung

Kap. 1:

Der Perserkönig Ahaschwerosch, den die Griechen Xerxes nennen, feiert nach drei Jahren der Festigung seines Throns endlich an Neujahr seinen Regierungsantritt mit einem pompösen Fest, an dem das Volk reichlichen Anteil hat. In seinem Stolz auf Macht und Pracht möchte er auch die schöne Königin zur Schau stellen. Rabbiner behaupten, wie es in einem Märchen heißt, sie habe nackt erscheinen sollen, nur mit der Krone auf dem Haupt. Die Königin weigert sich, Schaustück zu sein. Das verletzt den sonst allmächtigen König in seiner Ehre. Auf den Rat der Gesetzeskundigen, die befürchten, daß dieser Ungehorsam unter den Frauen Schule mache, wird Waschti abgesetzt und fristet ihr Dasein im Harem. Die Gehorsamspflicht der Ehefrauen ist „die Moral von der Geschicht'".

Kap. 2:

Um wieder zu einer Königin zu kommen, ergeht eine Ausschreibung zur Suche nach schönen Jungfrauen. Ein Jude namens Mordechai aus dem Geschlecht Sauls, dessen Vater 597 mit Jojachin nach Babel kam, der selbst aber im Exil geboren wurde und darum diesen babylonischen Namen erhielt, war der Pflegevater einer verwaisten Nichte, eines bildschönen Mädchens namens Hadassa, d. h. Myrte, das auch den persischen Namen Ester, d. h. Stern, trug. Er bringt es als Bewerberin ins Schloß. Ester muß aber verschweigen, daß sie Jüdin ist. Der oberste Eunuch über den Harem ist von ihrer Schönheit so fasziniert, daß er sie in der zwölfmonatigen Vorbereitungszeit protegiert, um später ihre Gunst zu haben. Sie wird tatsächlich „Schönheitskönigin", und die Hochzeit wird prachtvoll gefeiert. Verwunderlich ist, daß der König nicht nach ihrer Herkunft fragt, wo er doch nur eine Frau aus den sieben vornehmsten Familien heiraten darf! Dem Pflegevater gelingt es, eine Verschwörung gegen den König aufzudecken. Merkwürdigerweise wird er dafür nicht belohnt, d. h. der Erzähler spart die großartige Belohnung für einen späteren Zeitpunkt der dramatischen Zuspitzung auf.

Kap. 3:

Der König erwählt einen Großwesir namens Haman, den „Agagiter". Ob dies ein Hinweis sein soll auf einen Nachkommen des Amalekiterkönigs Agag, den Saul verschonte und Samuël erschlug (1 Sam 15), ob also der Saulnachkomme mit dem Agagnachkommen konfrontiert wird, oder ob es sich um ein persisches Geschlecht handelt? Den Großwesir muß man durch Kniebeugen (Proskynese) ehren. Der Jude Mordechai weigert sich. Er will anscheinend keinem Menschen die Ehre erweisen, die nur Gott zusteht und, von ihm abgeleitet, nur noch dem König. Das ergrimmt den Haman so sehr, daß er nicht nur den Widerspenstigen, sondern alle Juden umbringen will. Er erreicht die Vollmacht zu einem königlichen Erlaß, die Juden im ganzen Reich auszurotten. Verwunderlich ist dabei, daß ein König ohne nähere Angaben der Begründung ein Volk vernichten läßt, das ihm noch nicht einmal mit Namen genannt wird; denn die Perser haben die Juden begünstigt. Bemerkenswert ist ferner, daß Haman den Juden eine Frist von fast zwölf Monaten gibt. Die Erklärung enthält V. 7: Der für die Ausrottung günstige Termin wird durch das Los = Pur bestimmt, und das Purimfest wird am 13. bis 15. Adar gefeiert. Es geht ja um die Begründung der Entstehung des Purimfestes!

Kap. 4:

Mordechai wendet sich nun an Ester, sich beim König für die Juden einzusetzen. Dazu ist sie ja nach Gottes Vorsehung an den Hof gekommen! Sie zögert; denn sie weiß, daß mit dem Tod bestraft wird, wer ungerufen vor dem König erscheint – es sei denn, er wird begnadigt. Um eine Audienz zu bitten, kommt ihr anscheinend nicht in den Sinn oder erscheint ihr aussichtslos, nachdem sie schon dreißig Tage nicht mehr zu ihrem Gemahl gerufen wurde. Aber der Pflegevater drängt: „Denke nicht, daß du allein das Leben retten kannst. Wenn du schweigst, wird eine Hilfe und Errettung von einem anderen Ort erstehen, du aber wirst umkommen.“ Der andere Ort, hebr. *maqom*, ist eine Umschreibung für Himmel, und Himmel steht für Gott, dessen Name auszusprechen der Jude sich scheut. Ester ist nun bereit: „Komme ich um, so komme ich um.“ Sie bereitet sich durch Fasten vor.

Kap. 5:

In königlichem Schmuck geht Ester in den Palast des Königs und findet Gnade. „Was hast du, Ester?“ Sie rückt nicht gleich mit ihrem Anliegen heraus, sondern bittet den König und Haman zu einem Gastmahl. Der Großwesir fühlt sich geehrt. Nun soll auch der letzte Widerstand ausgeräumt werden: Haman läßt einen Galgen für Mordechai aufrichten.

Kap. 6:
In der schlaflosen Nacht liest der König in den täglichen Meldungen von Mordechais Vereitelung der Verschwörung und erfährt, daß dieser dafür noch keinen Lohn empfangen hat. Da kommt gerade Haman, um die Ermächtigung für die Hinrichtung des Juden einzuholen, und wird von seinem Herrn gefragt: „Was soll man dem tun, den der König ehren will?“ Er denkt natürlich an sich und macht einen grandiosen Vorschlag. Damit werden nun die Rollen vertauscht: Er selbst muß seinen Feind öffentlich ehren!
Kap. 7:
Am gleichen Abend muß er zum Gastmahl der Königin erscheinen. Und jetzt redet Ester und beschuldigt Haman des geplanten Judenmords. Sein Flehen um Gnade wird dazu noch falsch gedeutet. Haman wird an dem Galgen aufgehängt, den er für Mordechai bestimmt hatte.
Kap. 8:
Die große Wende geht weiter. Das Amt des Großwesirs wird Mordechai übertragen und ihm die Vollmacht gegeben, ein Gegendekret zu erlassen, das den Juden die Verteidigung und die Rache erlaubt. Und wiederum ein Einwand: Es ist unglaubhaft, daß der König seine Untertanen preisgibt – so unglaubhaft wie zuvor das Gegenteil.
Kap. 9:
Es wird kurz das Blutbad geschildert, dem aber keine Plünderung folgt. Das geschah am 13. Tag des 12. Monats. Der 14. Adar wurde zu einem Tag des Festmahls und der Freude. In Susa feierten sie erst am 15. Tag – eine Erklärung des in Stadt und Land verschiedenen Termins. So entstand also das Purimfest, das Freudenfest des Judentums.

Kritische Beurteilung

Die geschichtlichen Angaben des Verfassers stimmen mit den sonst bekannten Tatsachen nicht überein. Xerxes (486–465) war in der angegebenen Zeit mit den Griechen beschäftigt und nicht in Susa. Seine Gemahlin hieß nicht Waschti, sondern Hutaosa, griechisch Atossa. Eher paßt das Bild dieses Königs auf Artaxerxes II. (404–358). Der persische Name Ahaschwerosch steht hier allgemein für einen persischen König. Aber hätte ein Perserkönig zugelassen,

daß eine Völkerschaft, die Juden oder die eigene, ohne Grund niedergemetzelt wird? Andere kritische Fragen wurden bereits bei der Nacherzählung gestellt.
Auffallend sind die Namen: Mordechai kommt vom babylonischen Gott Merodach, und Ester ist mit der babylonischen Göttin Ischtar verwandt. Haman gleicht dem elamitischen Gott Human und Waschti der entsprechenden Göttin Maschti. Beide Götterpaare liegen im Kampf miteinander. Ob also auch mythische Elemente in die Erzählung eingewoben sind? Sie gehören vermutlich zu dem babylonisch-persischen Neujahrsfest, auf das die Erwähnung der 12 Monate hinweist (2,12; 3,7.13). Das akkadische Wort Pur = Los, Schicksal wird als Mittel zur Terminfindung eingeflochten, weil daher der Name des Festes stammt. Aber die Bedeutung des Loses ist letztlich unklar. Die Juden haben dem Fest aus eigenem Erleben heraus einen neuen Inhalt und eine eigene Festgeschichte gegeben. Der historische Kern ist ein Vorgang, der sich leider oft genug wiederholt hat: eine Judenverfolgung, vor allem aber: die Errettung aus oder vor der Verfolgung. Eben dies ist der Anlaß zur Freude und zur Feier. Die palästinischen Juden haben dieses Fest übernommen. Davon zeugt erstmals 2 Makk 15,36–37, wo das gleiche Datum des „Mordechaifestes" genannt wird.
Der theologische Gehalt der Schrift ist gering. Christen erschrecken wohl über die Rache der Juden, obgleich sie psychologisch zu verstehen ist. Der bestimmende Geist der Erzählung ist mehr nationalistisch als religiös. Daß der Name Gottes fehlt, darf allerdings nicht verwundern. Die Umschreibung „anderer Ort" (4,14) und der „Schrecken" (9,2f), vor allem aber die „Errettung" gehören zu der indirekten Redeweise der Juden. Die Verwandtschaft mit der Josefgeschichte drängt sich dem Leser auf. Über das Ganze könnte man schreiben: „Welch eine Wendung durch Gottes Fügung!" Diese Erzählung stellt somit einen Ausdruck der Gewißheit und des Bekenntnisses Israels dar: Gott verläßt sein Volk nicht!

Die Makkabäerzeit

Die Juden unter griechischer Herrschaft

Um das im jüdischen Kanon letzte Buch historisch verstehen zu können, ist ein Blick in die Zeitgeschichte nötig.

Die große Wende

Der Mazedonierkönig Alexander der Große besiegte 333 bei Issus in Nordsyrien den Perserkönig Darius III., heiratete 330 dessen Tochter und nannte sich „König von Asien". Die Geschichte des Alten Orients war damit zu Ende. Die hellenistische Zeit nahm ihren Anfang.
332 zog Alexander durch Syrien und Palästina nach Ägypten. Juda unterwarf sich ohne Widerstand.

Die Diadochen

Nach dem Tod des großen Eroberers 323 setzten die Diadochen-Kämpfe ein. („Diadochen" heißen Alexanders Nachfolger, seine Generäle, die sein Erbe „übernahmen" und aufteilten; denn *diadecho* heißt „übernehmen".) 301 besetzte Ptolemäus von Ägypten her Palästina. Im 3. Jahrhundert rangen die Seleukiden mit den Ptolemäern um den Besitz von Palästina-Phönizien. Darunter hatte Jerusalem sehr zu leiden. 198 kam es unter dem Seleukiden Antiochus dem Großen endgültig zu Syrien. Jerusalem erhielt als Dank für seine Mithilfe einige Privilegien.

Die Trennung der Samariter von Jerusalem

Um 300 bzw. im 3. Jahrhundert lösten sich die Samariter (unter ihnen die Reste der Nordstämme) von Juda und Jerusalem und bauten einen eigenen Tempel auf dem heiligen Berg Garizim bei Sichem.
Die Grundlage der neuen Kultgemeinde war der Pentateuch, seit 400 auch für Samaria verpflichtend.
Dieses Schisma wurde von Jerusalem aus als illegitim angesehen und vertiefte noch den Zwiespalt der Stämme und der Religionen. Das chronistische Geschichtswerk wurde in der Absicht verfaßt, die alleinige Legitimität der Jerusalemer Tradition nachzuweisen.

Jüdische Diaspora auf palästinischem Boden

In der griechischen Zeit bildete sich auf palästinischem Boden eine jüdische Diaspora, und zwar in den griechischen Städten, die auch anderen Religionsgemeinschaften Raum und Recht gewährten.

Besonders zu erwähnen ist die Dekapolis in der Nachbarschaft von Galiläa (nach dem Jahr 63) und die Kolonie der aus Babylonien eingewanderten Juden, die Herodes im Golan ansiedelte, wo sich geschlossene jüdische Gemeinden bis in die byzantinische Zeit halten konnten.

Ebenfalls zur Zeit des Herodes gründete ein radikaler Priester in Damaskus eine „Gemeinde des neuen Bundes" (nach Jer 31).

Im ganzen Ostjordanland siedelten sich Juden an. Später sogar das mächtige Geschlecht der Tobiaden mit großem Grundbesitz. Auch in Arabien östlich von Syrien entstanden Gemeinden.

Das geistliche Leben

wird erkennbar

a) an der Belebung der mündlichen Überlieferung, z.B. Dan 1–6, Judit, Tobit,

b) am Erstarken des Rabbinats, das die Tora verbindlich auslegte und auf die Praxis der verschiedenen Situationen anwandte,

c) an der Prophetie, die trotz der Lehre, daß sie seit Esra erloschen sei, weiter geschah, z.B. Deuterosacharja und Daniël,

d) an der Weisheit, die in Kohelet und Ijob, in Jesus Sirach und Weisheit Salomos dokumentiert ist,

e) an der Apokalyptik, die in Deuterosacharja beginnt und in Daniël zur Vollendung kommt; eine Weiterentwicklung ins Phantasievolle sind die Bücher 4Esra und Henoch,

f) am Pharisäismus. Die Pharisäer bezeichneten sich zunächst als *chassidim* = Fromme, dann als *perischim* = Abgesonderte. Ihre Theologie war die Lehre vom rechten Wandel, von der Halacha. Sie strebten nach einer geistlichen Herrschaft und unterwarfen das ganze Volk ihrer Zucht, die allen galt, auch den Fürsten. Mit dem Sünder hörte die Gemeinschaft auf. In der ersten Phase führten sie sogar einen Bürgerkrieg, d.h. einen Religionskrieg, gegen die Priester und gegen den Priesterfürsten Jannai, um ihrer Frömmigkeit Recht und Geltung zu verschaffen. Das führte zu einer Kata-

strophe. 800 Pharisäer wurden gekreuzigt. Viele flohen nach Ägypten. Aber das hatte tiefe Wirkung: Sie hatten erlebt, daß Gott nicht bei ihrem Feuereifer war, sondern sie verließ und zerschlug. Von nun an griffen die Pharisäer nicht mehr zum Schwert.
Das Dogma der Pharisäer war dieses: 1. die Einheit Gottes, 2. das Reich Gottes, 3. die Auferstehung der Toten, 4. die Inspiration der Heiligen Schriften.

g) An der Reinheitsbewegung der Hemerobaptisten, die bei Tagesanbruch tauften. Sie machten das Sakrament zum Hauptpunkt der Religion, weil dadurch geheimnisvolle Kräfte in den Menschen eindringen würden. Ihre Lehre war mit gnostischen Elementen gemischt.

h) An der Heiligungsgemeinschaft der Essäer oder Essener. *chaschaim* = die Verborgenen. Sie sind die „Söhne des Lichts". Zur Heiligung gehören tägliche Bäder, Ehelosigkeit, Schriftstudium (darum die große Bibliothek in Qumran) und eschatologische Hoffnung.

Der Makkabäerkrieg

Im 2. Jahrhundert kam es zu einem folgenschweren Konflikt zwischen der seleukidischen Herrschaft und der jüdischen Gemeinde.
Durch außenpolitische Gefährdung, die von Rom ausging – 190 wurde Antiochus III. von den Römern besiegt, und seine Macht begann zu sinken –, aber auch von Ägypten, dazu durch innenpolitische Wirren wurde Antiochus IV. Epiphanes empfindlich gegen das selbständige Eigenleben seiner Völker. Außerdem brauchte er ihr Geld und ihren Besitz.
In den jüdischen Gemeinden gab es Unruhen durch den Gegensatz zwischen dem gesetzestreuen Judentum und der hellenistischen Kultur. Man wehrte sich einerseits gegen fremde Einflüsse – die hebräische Bibel und das Psalmgebet erwiesen sich als ein fester Damm gegen die hellenistische Flut –, andererseits begehrte man den Anschluß an die neue Zeit und ihren Lebensstil.
Um 175 ließ z. B. ein Hoherpriester in der heiligen Stadt eine Sportschule (Gymnasion) einrichten (2 Makk 4). Die griechisch-hellenistischen Kampfspiele standen aber in alter Verbindung mit dem griechischen Götterkult. Dazu kamen in Jerusalem allerlei Kämpfe um das

hohepriesterliche Amt und damit um die Macht, in die sich der König einschaltete (2Makk 4).
Antiochus betrat 169 den Tempel in Jerusalem, schändete damit das Heiligtum und raubte das kostbare Inventar (vgl. Mt 24,15). Daraufhin kam es zum Aufruhr. 168 ließ Antiochus Jerusalem überfallen und plündern, die Häuser niederbrennen und die Mauern einreißen. Viele kamen dabei ums Leben; Frauen und Kinder wurden in die Sklaverei weggeführt. Die Feinde bauten für die Besatzungstruppe eine befestigte Anlage, Akra genannt. Gesetzestreue Jerusalemer flohen aus der Stadt.
Aber Antiochus ging noch einen Schritt weiter. Er wollte die rebellische Kultgemeinde überhaupt beseitigen und verbot bei Todesstrafe allen Kultus (1Makk 1,41ff): Opfer, Sabbatheiligung, Beschneidung, heilige Schriften. Er ließ in Jerusalem sogar einen fremden Kult einrichten (vgl. Mt 24,15) – wie auch auf dem Garizim – und zwang die Bevölkerung, sich daran zu beteiligen. Das geschah am 15. Kislev = Dezember 167. Der vom König eingesetzte Hohepriester fügte sich wahrscheinlich. Aber die Gesetzestreuen wurden dadurch zu einem Glaubenskrieg gedrängt. Darüber berichtet das 1. Makkabäerbuch.
Der alte Priester Mattatias aus dem Geschlecht Hasmon gab durch ein spontanes Eingreifen das Zeichen zum offenen Widerstand, starb aber bald. 166 übernahm sein dritter Sohn Judas Makkabäus (= der Hammer) die Führung. Er wurde der „Löwe von Juda" und hatte erstaunliche Erfolge. Sieg reihte sich an Sieg. 165 wurde er zum Herrn über die Provinz Juda, außer der Akra.
Dieser Krieg bekam einen apokalyptischen Charakter – vgl. Daniël! Er wurde als Kampf der Endzeit angesehen. Am 25. Kislev = Dezember 164 wurde der Tempel wieder eingeweiht. Zur Erinnerung daran feiern die Juden bis heute ein achttägiges Fest, das Lichtfest Chanukka (= Einweihung).
Im Frühjahr 163 starb Antiochus Epiphanes. Judas unternahm nun Kriegszüge in alle Povinzen. Der Reichsverweser Lysias mußte sogar Frieden anbieten und freie Religionsausübung zusagen.
Die Hasmonäer wollten nun die politische Unabhängigkeit, die Pharisäer und die Sadduzäer dagegen nur die Religionsfreiheit. Das ergab eine innere Spaltung.
Es war eine grundsätzliche Glaubensfrage: Wollen wir mit eigener

Kraft militärisch und politisch Siege erringen oder alles vom Walten und Handeln Gottes erwarten? Vgl. 2Mose 14,13; Jes 30,15. Beide Parteien erlebten Wunder über Wunder durch Gottes Eingreifen. Aber die einen neigten zum Aktivismus, die anderen zum Quietismus. Die Pharisäer verzichteten auf politisches Handeln und nahmen das Schicksal als Gottesfügung an.

Der Krieg flammte wieder auf. Judas fiel 160 in einer Schlacht. Jonatan, der jüngste der Brüder, wurde zum Nachfolger gewählt, da Johannes auf dem Weg zu den Nabatäern im Ostjordanland gefallen war. 157 war der Krieg vorerst zu Ende.

152 wurde Jonatan Hoherpriester und zugleich König unter seleukidischer Oberherrschaft. 143 fiel er einer List seiner Feinde zum Opfer.

Der Zweitälteste, Simon, wurde eingesetzt. Er nannte sich mit Zustimmung des Volkes „Großer Hoherpriester, Feldherr und Anführer der Judäer". Das Hohepriestertum wurde nun erblich. Aber in der Folgezeit verweltlichten die Hasmonäer.

Simon hielt die Beziehungen zu Sparta und Rom aufrecht. Er räumte die Akra und baute an ihrer Stelle den Hasmonäer-Palast. Er erweiterte die Provinz Juda und gab ihr Ruhe und Wohlergehen. 134 wurde er von seinem Schwiegersohn ermordet. Sein Sohn Johannes Hyrkanus übernahm die Regierung und vergrößerte sein Gebiet durch die Einnahme von Sichem, Samaria, das zerstört wurde, und Idumäa.

128 wurde Juda unabhängig.

Hyrkanus' Sohn Aristobulus, der alle Verwandten umbrachte, nahm den Königstitel an und unterwarf Galiläa. Sein Bruder Alexander Jannai beherrschte fast ganz Palästina. Erwähnenswert ist noch der Konflikt mit dem Nabatäerkönig Aretas in Petra/Ostjordanland, der sich lange hinzog.

In den nächsten Jahren war nur die Regierung der Königin Salome Alexandra (76-67) erfreulich. Die inneren Kämpfe schwächten das Herrscherhaus, das im Jahr 37 v. Chr. erlosch.

Das Buch Daniël

Typos der Apokalyptik
165 v. Chr.

Das Buch Daniël – literarisch gesehen

Vier Tatsachen:

1) Im Kanon der alttestamentlichen Schriften steht das Buch Daniël im dritten Teil unter den jüngsten Schriften.
2) Das Buch Daniël ist teils hebräisch, teils aramäisch geschrieben. Der aramäische Teil reicht von 2,4 bis 7,28. Der westaramäische Dialekt setzt sich etwa ab dem 3. Jahrhundert v. Chr. durch und war auch die Sprache Jesu. Vermutlich wurde das Buch Daniël ursprünglich ganz aramäisch verfaßt und ins Hebräische übersetzt, damit es als heiliges Buch der Vergangenheit anerkannt werden konnte. Dazwischen finden sich auch persische und griechische Lehnwörter.
3) Das Buch Daniël gibt einen Überblick über die Geschichte Israels, vom Exil bis zur Seleukiden-Zeit, bis etwa 165 v. Chr. Dabei ist die Zeit des Exils nur angedeutet und teilweise historisch ungenau oder unzutreffend dargestellt, die Zeit der Rückkehr und des Wiederaufbaus gar nicht erwähnt, dagegen die griechische Zeit und vor allem die Ereignisse zur Regierungszeit des Antiochus IV. Epiphanes bis in die Einzelheiten genau geschildert.
4) Das Buch Daniël ist das hervorragendste Exempel der apokalyptischen Literatur.

   Mit Apokalyptik bezeichnet man eine religiöse Geistesströmung, welche die Weltgeschichte in dualistischer Weise als Kampf zwischen Licht und Finsternis, Gut und Böse, Gott und Satan sieht. Der Kampf wird immer heftiger und schwerer, und die Gemeinde Gottes kommt dadurch immer mehr ins Leiden, bis Gottes Sieg der Not ein Ende macht und Gottes Reich aufgerichtet wird.

   „Der Gang der Geschichte ist also determiniert: es kommt, was kommen muß“ (Gerhard von Rad, Alttestamentliche Theologie II, S. 337).

   Hans Küng charakterisiert die apokalyptische Erwartung in

„Christsein", S. 173, so: „Gott wird in Bälde dem bisherigen Weltenlauf ein Ende setzen. Das Widergöttliche, Satanische wird vernichtet werden. Not, Leid und Tod werden abgeschafft, Heil und Frieden heraufgeführt: Weltwende und Weltgericht, Auferstehung der Toten, der neue Himmel und die neue Erde, die Welt Gottes, welche diese immer böser werdende Welt ablöst. Mit einem Wort: Gottes Reich."

Die Folgerungen aus diesen Tatsachen:

1) Das Buch Daniël ist die späteste Schrift des Alten Testaments. Sie paßt genau in die Makkabäer-Zeit, in die Geschichte des Aufstands nach der Entweihung des Tempels durch den gotteslästerlichen Tyrannen Antiochus IV. im Jahr 168 bis zur Wiedereinweihung des Tempels im Jahr 165.
2) Anlaß und Ziel dieses Buches ist
   a) die Stärkung der Hoffnung auf Gottes Reich durch den aufgezeichneten Gang der Geschichte (Visionen); und
   b) die Stärkung der Widerstandskraft (Geduld) durch das Beispiel der Zeugen aus dem Exil.
   „Diese apokalyptischen Schriften wollen trösten und durch den Hinweis auf die Nähe der Wende zum Ausharren ermahnen" (von Rad, S. 325).
3) Es ist zu unterscheiden zwischen dem Buch Daniël und der Person Daniël, auch zwischen den Geschichten um Daniël und den Gesichten Daniëls.
4) Der Grund des Pseudonyms:
   Ein unbekannter Prophet und Weisheitslehrer schreibt unter dem Namen Daniël und widmet ihm damit zugleich sein Buch, weil
   a) die Rabbinen erklärt hatten, die Zeit der Propheten sei vorbei;
   b) die Verbreitung dieser politisch gefährlichen Schrift unter einem Decknamen sicherer war – deshalb wurde auch die apokalyptische Bildersprache samt den Zahlensymbolen gewählt;
   c) diese Autorisierung durch einen führenden Mann der Vergangenheit nicht nur für das ganze Gesetzeswerk der Jahrhunderte galt („Gesetz Moses"), nicht nur für die Weisheitsliteratur („Sprüche Salomos", „Prediger Salomo", „Hoheslied Salomos", „Psal-

men Salomos"), sondern für die ganze apokalyptische Literatur. „Der Apokalyptiker verschleiert seinen eigenen Standort in der Geschichte und leiht sich Mund und Namen eines Prominenten der Vergangenheit" (von Rad, S. 322). Das erkennt man an folgenden Buchtiteln: Das Leben Adams und Evas, Das Buch Henoch, Die Testamente der zwölf Patriarchen, Die Himmelfahrt Moses, Die Weisheit Salomos, Das Buch Baruch, Das dritte und vierte Buch Esra, Zusätze zu Daniël usw.
Alte Autoritäten schafften neuen Erkenntnissen Eingang.

Die Person Daniël – historisch gesehen

Ihre Erwähnung im AT:

Es überrascht jeden, der die Konkordanz aufschlägt, daß Daniël im übrigen AT fast nicht vorkommt. In 1 Chron 3,1 wird ein Sohn Davids und der Abigajil namens Daniël erwähnt. In Esra 8,2 liest man von einem Daniël, der nach dem Exil nach Jerusalem zog. Der Prophet Daniël aber wird nur in Ez 14,14 unter den drei Gerechten der Vergangenheit genannt: Noach, Daniël, Ijob. Und in Ez 28,3 steht noch die Bemerkung „du hältst dich für klüger als Daniël". Wir finden die Stelle im Zusammenhang mit einem Gerichtswort über Tyrus. Also müßten die Phönizier einen Daniël als Lehrer höherer Weisheit, als Richter oder Herrscher gekannt haben. In den Schriften von Ugarit ist ‚Dnil' ein gerechter Herrscher. Das kompliziert das historische Problem noch mehr. Denn Ezechiël lebte selbst im Exil in Babylonien. Als Zeitgenosse im gleichen Land müßte er etwas von einem führenden jüdischen Politiker, Weisheitslehrer, Traumdeuter und Propheten am königlichen Hof wissen.
In 1 Makk 2,60 wird die Unschuld Daniëls hervorgehoben. In Mt 24,15 gibt Jesus oder Matthäus bei den endzeitlichen Weissagungen den Hinweis „davon gesagt ist durch den Propheten Daniël". Die Bibel weiß also wenig von Daniël.

Die historische Perspektive

Es gibt nur eine einzige Quelle der Kenntnis von der Person Daniëls: das Buch Daniël. Aus unbekannter und unkontrollierbarer mündlicher Tradition wird in diesem Buch aus einem Abstand von 400 Jahren von Daniël erzählt. Das ist zu beachten bei der spärlichen Kenntnis der exilischen und nachexilischen Geschichte und bei der genauen Berichterstattung aus dem 2. Jahrhundert v. Chr., die uns hier begegnet.

Wir haben also von dem Propheten Daniël nur Kunde durch den Propheten der Makkabäer-Zeit, welcher die ihm zugänglichen Überlieferungen für seine Zwecke ausgewählt und bearbeitet hat.

Es legt sich hier ein Vergleich nahe: So wie wir Jesus nur noch in den Zeugnissen der Apostel haben, so haben wir Daniël nur noch in den apokalyptischen Predigten des makkabäischen Propheten – jedoch mit dem gewaltigen Unterschied, daß die Apostel mit Jesus gleichzeitig lebten und seine Augen- und Ohrenzeugen waren und daß der unbekannte Schreiber von Daniël nur aus alten Erzählungen hörte.

Darum berichtet er auch nicht viel von Daniël:

a) seine Erziehung und Stellung am königlichen Hof – in 1,21 mit einer Zeitangabe, nach der man sein Leben und Wirken etwa von 610 bis 537 schätzen kann, davon rund 50 Jahre am Königshof;

b) seine Traumdeutungen und Traumgesichte, vgl. Josef in Ägypten;

c) seine wunderbare Errettung.

Aber dieses wenige reicht dem Schreiber für seine prophetische Botschaft an sein Volk.

Im Daniël-Buch wird die Tradition von Daniël mit der Botschaft des Apokalyptikers zu einer Einheit verschmolzen, die eine klare Tendenz für die Zeit um 165 hat: nämlich die Glaubenstreue und Widerstandskraft der Heiligen zu stärken (vgl. Offb 13,10).

Wie steht es dann mit der Glaubwürdigkeit?

Erster Einwand:

Die Bibel ist doch durch Inspiration entstanden! Antwort: Eben weil wir das glauben, rechnen wir damit, daß der Apokalyptiker inspiriert wurde, seine Botschaft in dieser chiffrierten Form zu schreiben und seinem Volk durch eine Gestalt der Vergangenheit mit neuen Erkenntnissen zu dienen. Die Inspiration zeigt sich nicht in der Rekonstruktion vergangener Ereignisse, sondern

a) in der Entdeckung der ähnlichen Situation, die Beispielcharakter hat, und

b) in der Überzeugungskraft der Botschaft, die in der Form der Tradition Gottes Weisung für die Gegenwart enthält. Und diese Inspiration spürt man heute noch beim Lesen.
Zweiter Einwand:
Eine Glaubensaussage geschieht doch nur aufgrund von Tatsachen!
Antwort: Der Glaube hat ein objektives Fundament und eine subjektive Erfahrung, die man nicht auseinanderreißen kann, ohne ihn zu verlieren. Ohne die objektive geschichtliche Grundlage hängt der Glaube in der Luft, und ohne die subjektive Erfahrung und Bewährung ist der Glaube ein leeres Für-Wahr-Halten. Nun ist bei allen biblischen Berichten das Wesentliche die Wirkung des Heiligen Geistes. Letztlich glauben wir nicht an objektive Tatsachen noch an die subjektiven Erfahrungen, sondern an Gott, der wirkt und Wirklichkeit schafft. Tatsachen allein nützen noch nicht viel, Glaubensaussagen allein nützen noch nicht viel, sondern der Geist Gottes bewirkt die Heilstatsachen und das Glaubenserleben und macht aus beiden eine Einheit. So entstehen Zeugnisse von Ereignissen und Erlebnissen, die aus Glauben kommen und Glauben wecken.
Darum die präzise Frage: Hat Daniël überhaupt gelebt, oder ist er eine Sagengestalt?
Historisch ist diese Frage nicht zu beantworten, weil wir außer diesem einen Buch keine weiteren biblischen Zeugnisse haben. Historisch ist beides möglich. Aber da wir auch die nicht kontrollierbaren Überlieferungen der Bibel ernst nehmen dürfen, können wir auch ohne historische Beweise annehmen, daß Daniël gelebt und als Weisheitslehrer und Politiker gewirkt hat. Es wundert uns nicht, daß die mündliche Überlieferung über 400 Jahre hinweg durch den Volksmund manche Ausschmückungen und Übertreibungen erfahren hat, die sagenhaft klingen. Das zeigen folgende Beispiele: 1,20 „zehnmal klüger“; 3,19 „siebenmal heißer“; 3,27 „nichts versengt, versehrt, kein Brandgeruch“; 3,32f+4,31ff das Bekenntnis des Königs; 6,25 „ehe sie den Boden erreichten“. Diese „Übermalungen des Bildes“ zerstören aber nicht seine ursprüngliche „Gestalt“. Es ist historisch, daß Juden in Babylonien zu höheren Stellungen kamen und den Neid anderer auf sich zogen und dadurch in Gefahr gerieten. Es ist historisch, daß ihre Weisheit so überragend war wie ihre Glaubenstreue. Die wesentlichen Linien der Erzählungen können also sehr wohl historische Ereignisse

widerspiegeln und die Gestalt eines historischen Daniël nachzeichnen, so daß die Glaubensaussagen dieser Tradition nicht in der Luft hängen. Wenn daraus eine Volkssage und eine prophetische Dichtung entstanden sein sollte, so verhält es sich wie bei Ijob. Entscheidend ist die inspirierte Botschaft des unbekannten Propheten.

Die Botschaft des Propheten – theologisch gesehen

Das Glaubenszeugnis in den Gebeten

In das Buch sind Hymnen der Anbetung eingewoben, vergleichbar der Anbetung in der Offenbarung des Johannes, und zwar: 2,20–23; 2,47; 3,33; 4,31–34; 6,27–28. Die Not des Leidens erstickt nicht die Anbetung, sondern weckt sie. Darum gehört der Hymnus zur Apokalyptik.

Dazu kommt das berühmte Bußgebet des Daniël 9,4–19 mit seinem Kernsatz in Vers 9: „Wir liegen vor dir mit unserem Gebet und vertrauen nicht auf unsere Gerechtigkeit, sondern auf deine große Barmherzigkeit."

Das Glaubenszeugnis in den Erzählungen

Kapitel 1–6 ist der älteste, der erbauliche Teil des Buches, nach längerer mündlicher Überlieferung im 3. Jahrhundert geschrieben (Martin Noth).

Von Bedrohung und Bewährung wird hier erzählt.

Zum Ausharren im Glauben wird ermahnt. Vgl. Hebr 11,33–34.

Denn Gott ist der Herr über die Welt und über ihre Mächte.

Kapitel 1: Gottes Vorsehung und Fürsorge,
der jungen Männer Glaubensgehorsam und Charakterfestigkeit.

Kapitel 3: Gottes Wundermacht und Engelschutz,
der Freunde Glaubenstrotz.

3,17 ist eine der besten Definitionen des Glaubens: „Unser Gott kann uns wohl erretten. Wenn er es aber nicht tun will, sollst du dennoch wissen, daß wir deinen Gott nicht anbeten." Ob nun dieses herrliche Wort so vor dem babylonischen König gesprochen oder erst 165 formuliert wurde, ändert nichts an seiner Wahrheit! Es ist eine Inspiration angesichts des Todes. Der Glaube zwingt Gott nicht zum Wunder und läßt ihm die Freiheit und Souveränität. Das Wunder ist Stütze für

den Glauben, aber nicht Bedingung. Zum Wunder selbst: Bewahrung im Feuer ist kein naturwissenschaftliches Problem, zumal wenn man bedenkt, daß Fakire allein durch geistige Konzentration mit bloßen Füßen über glühende Kohlen gehen können, ohne sich zu versengen. Jes 43,2 ist ebenfalls von einer solchen Bewahrung die Rede.
Kapitel 6: Gottes Überlegenheit,
Daniëls Unerschütterlichkeit.
Auch für das Wunder inmitten der Löwen gibt es Beispiele bis zur Gegenwart.
Kapitel 4: Gottes Heiligkeit
bringt den Hochmut zu Fall und führt zur Buße.
Kapitel 5: Gottes Gerechtigkeit
gibt ein Signal für das Gericht in der Wende der Geschichte. Gottes Zeichen wollen gedeutet werden.

Das Glaubenszeugnis in den Visionen

Kapitel 7–12 ist der jüngste, der apokalyptische Teil des Buches. Er enthält die heilsgeschichtliche Schau der „Zukunft“, der Endzeit: Gottes Reich ist nah.
Kapitel 2: Die Weltreiche als Standbild
Das Denkmal aus Gold, Silber, Kupfer, Eisen und Ton wird von einem himmlischen Felsen zertrümmert.
Das Thema der Apokalyptik ist: Die Weltreiche vergehen, Gottes Reich kommt. Die geschichtlich richtige Deutung ist die: Die vergehenden Reiche der Assyrer, Babylonier, Meder + Perser, Griechen und Diadochen werden jetzt von Gottes Reich überwunden.
Die altkirchliche Deutung auf das babylonische, medisch-persische, griechische, römische Reich und die Teilung in das ost- und weströmische Reich wird weder den Aussagen noch dem Auftrag des Buches gerecht. Prophetie geschieht nicht in eine nebelhafte Zukunft hinein, sondern für die gegenwärtige Gemeinde und ihren Weg in die Zukunft. Man wollte aber durch diese Deutung und Dehnung unbedingt die Zeit Jesu einbeziehen und sein Kommen schon bei Daniël geweissagt finden. Das gleiche gilt für
Kapitel 7: Die Weltreiche als Tiergestalten
Der Greif, der Bär, der Panther mit 4 Flügeln und 4 Köpfen (4 ist die Zahl der Welt, ihrer Himmelsrichtungen und ihrer Grundelemente

Feuer, Wasser, Luft, Erde) und das Ungeheuer mit 10 Hörnern (auch 10 ist die Zahl des Weltreichs) stellen wieder die 4 Reiche der Assyrer, Babylonier, Meder + Perser und Griechen dar bis auf Antiochus IV. Epiphanes, der 175-164 regierte. Er hat im Dezember 168 den Tempel durch Schweineopfer entheiligt und dadurch den Aufstand der Makkabäer entfacht. Diese haben 165 nach ihrem Sieg den Tempel wieder geweiht. Das hat der Hoffnung Auftrieb gegeben, daß nun das Ende der Welt nahe sei und Gottes Reich bald aufgerichtet werde.
Über diese gewaltigen „Tiere" ergeht dann das Gericht Gottes, das dem „Menschensohn" (7,13) übertragen wird. Das ist das wichtigste Wort und die wichtigste Vision des ganzen Buches. Denn Jesus hat sich als den Menschensohn bezeichnet, teils um seine Macht zu verhüllen, teils um den höchsten Anspruch des AT für sich zu erheben und diese Stelle auf sich zu beziehen. Die Juden deuten den Menschensohn als Vertreter der „Heiligen des Höchsten", des erwählten Volkes Israel. Die Christen können ihn nur auf Jesus beziehen, der sowohl der Messias als auch der Menschensohn ist und beide Vorstellungen des AT zu einer Einheit verschmolzen hat.
Kapitel 8: Geschichte der griechischen Epoche
Das Bild vom Widder und Ziegenbock wird in Vers 20 und 21 auf Persien und Griechenland gedeutet. Das ist für alle Auslegung maßgebend und entwertet jede andere Deutung der Bilder und Zahlen in Kapitel 2.7.9 auf das Römische Reich oder gar auf die Gegenwart hin.
Von daher fällt ein Licht auf 8,11–14 und 12,11: auf die Tempelentheiligung und Tempelreinigung unter Antiochus. Die Zahlen in 7,25 und 12,7 „drei und ein halbes Jahr", in 8,14 „2300 Abende und Morgen" (d.h. 1150 Abende und 1150 Morgen), in 12,11–12 „1290 und 1335 Tage" beschreiben die Ereignisse der Jahre 168 bis 165. Daran sollte man nicht zweifeln.
Kapitel 9,24–27: Die 70-Jahr-Wochen
Zwar ist hier nur von „Wochen" die Rede. Gemeint sind aber eindeutig „Jahr-Wochen". Der Ausgangspunkt für die Zahl 70 ist die Weissagung Jeremias (25,11–13;29,10), die babylonische Gefangenschaft werde 70 Jahre dauern. Diese Zeitangabe stimmt ungefähr, wenn man nicht von der Zerstörung Jerusalems 587, sondern von der ersten Eroberung 597 ausgeht oder wenn man das Ende nicht mit dem Tole-

ranz-Edikt 538 ansetzt, sondern mit der Tempelweihe 515. Streng genommen braucht man nur 49 Jahre zu rechnen.
Hier ist die Zahl zunächst symbolisch verstanden als ein Hall-Jahr höherer Potenz. Das normale Hall-Jahr kommt nach 7 Jahr-Wochen als das 50. Jahr. Die Heilszeit kommt nach 70 Jahr-Wochen als das 500. Jahr nach der Zerstörung des Tempels. Jakob Kroeker schreibt in seinem Daniel-Kommentar S. 214: „Das Primäre in der Zahl der Jahre ist nicht deren Quantität, sondern deren Qualität, nicht die genaue Erfüllung von deren Zeitmaß, sondern die Erfüllung ihrer gnädigen Bestimmung."
Nun wird aber die Symbolzahl gleichzeitig als Kalenderzahl angesehen. Und damit beginnt das Ausrechnen, das schon so viele Irrtümer und Irrwege verursacht hat.
Diese geschichtlich gemeinte Zeit wird in drei ungleiche Abschnitte eingeteilt:
a) Die ersten 7 Jahr-Wochen reichen genau von 587–538. Der Ansatzpunkt ist nach Dan 9,2 trotz Dan 9,25 die Zeit Jeremias; denn mit den 70 Jahren ist nicht nur der Anfang der Zerstörung Jerusalems, sondern auch das Ende des Wiederaufbaus gemeint. Der „gesalbte Fürst" ist vielleicht der Perserkönig Kyrus, der auch von Deuterojesaja der Gesalbte Gottes genannt wird, oder der Hohepriester Jeschua (Sach 6). Nach Dan 9,25 müßte man eigentlich als Anfang das Jahr setzen, in dem Jeremia die Weissagung gesprochen hat, und das ist gemäß Jer 25,1 das Jahr 605. Aber dann kommt man auf 558, den Regierungsantritt des Kyrus.
b) Die weiteren 62 Jahr-Wochen = 434 Jahre sind zu weit gegriffen, weil man den genauen Ablauf der Geschichte nicht mehr kannte. Denn die erwähnte Hinrichtung des gesalbten Hohenpriesters Onias III. geschah im Jahr 171 (also bereits nach 367 oder 387 Jahren).
c) Die letzte Jahr-Woche 171–164 wird in der Mitte geteilt durch die Entweihung des Heiligtums. Nach weiteren 3 ½ Jahren wird das Gottesreich aufgerichtet werden: also nach der Tempelreinigung 165. (Diese Deutung vertritt auch der pietistische Exeget Jakob Kroeker und erwähnt auch die Jubiläumsbibel als jüdische Auslegung.) Hier ist Naherwartung des Heils in Zahlen! Ähnlich war die Naherwartung Jesu und seiner Apostel.
Es gibt freilich noch eine andere „christliche" Deutung, die in der

Jubiläumsbibel ebenfalls erwähnt wird: Ausgangspunkt sei gemäß Dan 9,25 der Aufbau der Mauern Jerusalems im 20. Jahr des Artaxerxes (Nehemia 1,1–3; 2,17), d.h. im Jahre 445. Damit fehlt aber der Bezug auf Jeremia. Der oft gehinderte Wiederaufbau habe danach 49 Jahre gedauert, also bis 406, tatsächlich nur 52 Tage bis Okt. 445! Rechnet man nun die 434 Jahre der 62 Jahr-Wochen genau ab, so kommt man in das Jahr 28 n. Chr. und kann dann unter dem Gesalbten, der ausgerottet wird, Jesus Christus annehmen (der allerdings im Jahr 28 sein Amt antrat und 30 starb). Dann ist der Fürst von V. 26 nicht Antiochus, sondern Titus. Der Feldzug des Titus geschah aber 67–70, paßt also nicht in die Rechnung. Der V. 27 wird dann vergewaltigt. Die ersten Christen mußten freilich bei der Zerstörung Jerusalems an Daniël denken (Mt 24,15). Aber eine Berechnung war nicht möglich. Die Rechnung geht überhaupt nie ganz auf, wenn man den Symbolwert der Zahlen außer acht läßt.

Enthalten die Visionen Zukunftsprophetie oder Vergangenheitsprophetie?

Genauer gefragt: Hatte der Daniël des Exils diese hier geschilderten Visionen, oder deutet der makkabäische Apokalyptiker die abgelaufene Geschichte prophetisch?

Es gibt wohl keinen Grund zu bezweifeln, daß der Weisheitslehrer und Traumdeuter Daniël einst Visionen hatte, in denen er den Wechsel der Weltreiche sah (vgl. Kap. 5), und daß der wesentliche Inhalt dieser Schau bekannt und weitererzählt wurde. Daran anknüpfend wird vermutlich der Apokalyptiker der Makkabäerzeit seine Schau der Weltgeschichte und seine Erwartung des nahen Gottesreiches in den Formen prophetischer Visionen ausgedrückt haben. Abgesehen davon, daß dies zu den Ausdrucksmitteln der apokalyptischen Literatur gehört, hat der Verfasser des Buchs insofern ein Recht dazu, als er selbst prophetische Visionen hatte und nach Dan 7 einen tiefen Blick in die himmlische Welt tun durfte; und außerdem darum, weil das Entscheidende in diesen Visionen nicht der Wechsel der Weltreiche, sondern die Ankündigung des nahenden Gottesreiches ist. Der Untergang der Reiche von Nebukadnezzar bis Alexander war bereits Vergangenheit, der Tod des Antiochus IV. im Jahre 164 ist für ihn Gegenwart, das Kommen des Reiches Gottes sieht er in nächster Zukunft.

Darauf will er Israel vorbereiten. Das ist sein prophetischer Auftrag. Wir brauchen uns nicht daran zu stoßen, daß dieser Auftrag anders ausgerichtet wurde, als wir dachten. Gott benützt vielerlei Mittel und Wege.

Der Dienst der Engel

Im apokalyptischen Buch Henoch wird eine ausführliche Lehre von den Engeln geboten. Hier wollen wir nur auf die Funktion der Engel hinweisen:
3,28 und 6,23 erscheinen sie als Schutzengel zur Rettung aus Todesnot.
4,10.20 werden sie „heilige Wächter" genannt, die nach 4,24 einen „Rat der Wächter" bilden.
7,10 wird ihre Menge symbolisch mit „tausend mal tausend" angegeben.
8,10 stellt ihren Dienst als Kampf dar, spricht darum vom „Heer des Himmels" und erkennt einen „Fürst des Heeres".
9,21 erfahren wir den Namen eines Engelfürsten: Gabriël, der auch in Lk 1 als „Sonderbotschafter" Gottes erscheint.
10,5–7 wird die Herrlichkeit eines unbekannten Engelfürsten geschildert, „der einem Menschen gleicht" (V. 16).
10,13 erfahren wir von Michaël, daß er „einer der ersten unter den Engelfürsten" sei.
12,1 ist Michaël „der große Engelfürst, der für dein Volk eintritt", also der Mittler für Israel.
10,13+20 werden Engelfürsten von Persien und Griechenland erwähnt, so daß daraus geschlossen werden kann, daß allen Völkern Engel zugeordnet sind.
Demnach sind den einzelnen Menschen Engel zu- und übergeordnet (Mt 18,10), den einzelnen Gemeinden (Offb 2,1ff), den Völkern (Dan 10,13), der Erde (Lucifer vgl. Lk 10,18; Offb 12,7–9; Judas 9).
Grundsätzlich ist festzustellen: Engel sind geschaffene Wesen der unsichtbaren Welt, des Himmels; Menschen sind geschaffene Wesen der sichtbaren Welt, der Erde. Beide sind darin wesensverschieden, daß Menschen einen Leib haben, Engel aber Geister sind. Sie haben keinen Leib, können aber Menschengestalt annehmen, wenn sie

erscheinen sollen. Auch in der neuen Welt wird diese Verschiedenheit bleiben.
In der Funktion ergeben sich Ähnlichkeiten oder Berührungspunkte: nicht nur in der Anbetung Gottes, sondern auch wenn es um Hilfe und Schutz anderer geht. Da können auch Menschen „Engelsdienste“ tun.

Die Hoffnung auf die Auferstehung der Toten

Für Israel ist typisch die Hoffnung auf Gottes Reich. Allmählich wurde die Erkenntnis geschenkt, daß der einzelne Gläubige nach seinem Tod bei Gott sein darf (z. B. Psalm 73,24). Die Auferstehung der Toten wird sehr spät geoffenbart. Faßbar ist diese Erkenntnis eigentlich erst in der Zeit der Apokalyptik. Auch die Sätze Jes 26,19 und 25,8 gehören zu einer späten Apokalypse. Dan 12,2+13 ist ein klares Zeugnis der Auferstehungshoffnung. Joh 5,29 greift dieses Wort auf.

Die Wirkung des Buches Daniël

Auf das Judentum:

Es gehört zur Tragik der Heilsgeschichte, daß die Prophetie des Apokalyptikers für das Jahr 164 nicht erfüllt wurde. Er hat sich getäuscht und wurde enttäuscht. Das mag eine große Erschütterung gegeben haben. Es erging ihm wie zuvor dem Deuterojesaja, der in Kyrus den Vorläufer des Reiches Gottes sah und die geschichtliche Wende 538 als Weltenwende verstand. Diesem blieb nicht nur die Enttäuschung, sondern zuletzt vielleicht auch noch das Martyrium. Er sah und verkündigte von da an den leidenden Gottesknecht. Und dennoch hat seine Erwartung des Reiches Gottes dem Volk Israel eine Hoffnung gegeben, die es in allen Nöten und Verfolgungen nicht mehr losgelassen hat. Über das Schicksal des Unbekannten der Makkabäerzeit wissen wir nichts. Gerhard von Rad meint, er sei kein Freund des revolutionären Aufstands gewesen. Er habe das Heil nicht von den Waffen erwartet, sondern vom Eingreifen Gottes und darum die Geduld und die Glaubenstreue und die Hoffnung gepredigt. Die Widerstandskraft des Volkes wurde durch ihn wirklich gestärkt. Bei den einen der aktive Widerstand bis zum endgültigen Sieg, bei den anderen der passive Widerstand, der den Glauben nicht verleugnete und zum Martyrium

bereit war. Die Wirkung dieses Buches war darum gewaltig – und zwar weit über diese Zeit hinaus.
Die Apokalyptik dieses Buches, verbunden mit der Gesetzestreue und Opferbereitschaft, mit dem Glaubenstrotz und der Hoffnung auf Gottes Reich und die Auferstehung der Toten prägten den Pharisäismus, aus dem Jesus herkam und die meisten seiner Jünger. Auch sie hatten ja die gleiche Naherwartung. Die Apokalyptik war der Hintergrund auch der Erweckungsbewegung Johannes des Täufers. Sie war ebenfalls die Grundlage der Heiligungsbewegung des Essener-Ordens, von dem man durch die Funde von Qumran gehört hat. Hier wurde die Apokalyptik zur religiösen Gemeinschaft. Andererseits wurden auch die Zeloten, gewissermaßen als Nachfolger der Makkabäer, davon beeinflußt und wollten das Reich Gottes herbeizwingen. Und schließlich wirkte diese Apokalyptik einerseits auf die falschen „Messiasse" und andererseits auf die Freiheitskämpfer des römisch-jüdischen Kriegs, deren Rest sich in der Festung Massada selbst den Tod gab.

Auf das Christentum:

Auf Jesus:
Jesus sah die Vision vom Menschensohn in seiner Person und in seinem Auftrag erfüllt. Er ist der Menschensohn, dem alles Gericht übergeben ist. Er wird kommen mit den Wolken des Himmels und das ewige Reich aufrichten, das zunächst den Heiligen des Höchsten gegeben wird.
Er sagt auch die Not der letzten Zeiten an und erwartet seine Wiederkunft in Kürze zu Lebzeiten der Apostel. Er ist also beeinflußt vom Geist der Apokalyptik, ohne diese Tradition ganz zu übernehmen.

Auf die Urgemeinde:
Sie war durch die Verheißung der nahen Wiederkunft ihres Herrn apokalyptisch orientiert. Sie erlebte zuerst das Martyrium der Apostel, dann die Christenverfolgungen und dazwischen den Untergang Jerusalems. Nun mußte doch das Ende nahe sein! So wurde das Buch Daniël zum Vorbild für die Offenbarung des Johannes, und Antiochus zum Typos für den Antichristen.

Auf unsere Zeit:
Vor allem haben es die Zahlen von Dan 9 vielen apokalyptischen Christen angetan. Trotz der Warnung Jesu rechnen sie immer wieder das Ende der Zeiten aus. Das Ausbleiben der Wiederkunft schreckt sie nicht ab, verstärkt sogar die Hoffnung, daß das Reich darum jetzt kommen müsse. Alle Fehlrechnungen halten sie nicht davon ab, noch richtiger rechnen zu wollen.
Wichtiger aber ist die Stärkung der Hoffnung und der Ausdauer und der Trost in der großen Trübsal. Das soll auch heute noch der Dienst des Buches Daniël sein.

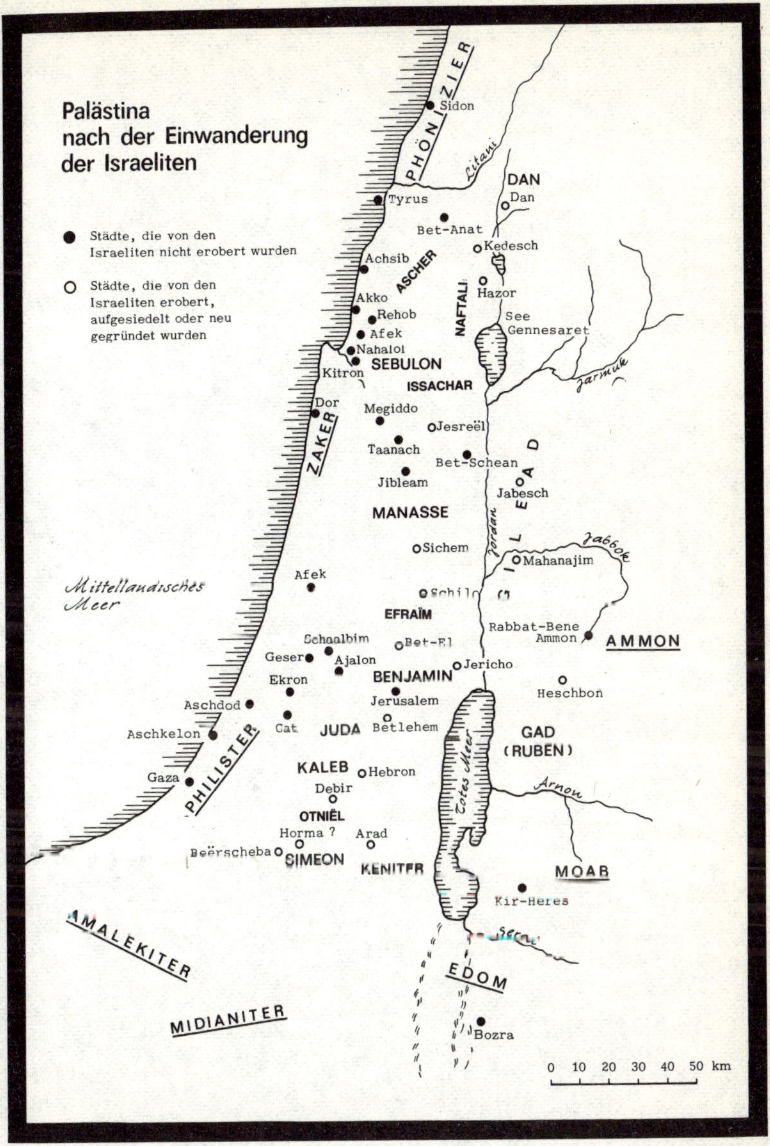

Palästina
nach der Einwanderung
der Israeliten
Städte, die von den Israeliten nicht erobert wurden
Städte, die von den Israeliten erobert, aufgesiedelt oder neu gegründet wurden
PHÖNIZIER
Sidon
Litani
DAN
Dan
Tyrus
Bet-Anat
Kedesch
Achsib
ASCHER
NAFTALI
Hazor
Akko
Rehob
Afek
See Gennesaret
Nahalol
SEBULON
Kitron
ISSACHAR
Jarmuk
Dor
Megiddo
Jesreël
ZAKER
Taanach
Bet-Schean
Jibleam
Jabesch
GILEAD
MANASSE
Jordan
Sichem
Jabbok
Mahanajim
Afek
Mittelländisches Meer
Schilo
EFRAÏM
Rabbat-Bene Ammon
Schaalbim
Bet-El
AMMON
Geser
Ajalon
Jericho
Ekron
BENJAMIN
Heschbon
Aschdod
Jerusalem
Aschkelon
Cat
JUDA
Betlehem
GAD (RUBEN)
PHILISTER
KALEB
Hebron
Totes Meer
Gaza
Debir
Arnon
OTNIËL
Horma ?
Arad
Beërscheba
SIMEON
KENITER
MOAB
Kir-Heres
AMALEKITER
Sered
EDOM
MIDIANITER
Bozra
0 10 20 30 40 50 km

bibel kirche gemeinde

Eine Sachbuchreihe mit Arbeitsbüchern für die Praxis

Band 15 **Unser Tun und Lassen.** Leitfaden evangelischer Ethik. 444 Seiten

Band 16 **Kleines Lexikon des Judentums.** 332 Seiten mit 34 Abb.

Band 17 **Israels Geschichte zur alttestamentlichen Zeit.** 320 Seiten mit 10 Karten

Band 18 **Religiöse Feste der Juden, Christen und Moslems.** Daten und Erläuterungen. 54 Seiten. 2. Auflage

Band 19 **Das Neue Testament verstehen.** Einführung, Auslegung und Hinführung zu einem lebendigen Glauben. 432 Seiten

Band 21 **Kleines Register zur Bibel.** Wo steht was – was steht wo? 237 Seiten

Band 22 **Kleine Konkordanz zur Lutherbibel '84.** 329 Seiten.

Band 23 **Das Alte Testament verstehen I.** Die fünf Bücher Mose oder der Pentateuch. 350 Seiten.

Die Reihe wird fortgesetzt

Christliche Verlagsanstalt Konstanz